中原家谱与家训初探

王仁磊 著

牧野论史——河南师范大学历史文化学院史学文库

苏全有 主编

河南人民出版社
·郑州·

图书在版编目（CIP）数据

中原家谱与家训初探 / 王仁磊著. —郑州 ：河南人民出版社，2024. 10
ISBN 978-7-215-13318-1

Ⅰ. ①中… Ⅱ. ①王… Ⅲ. ①家谱－文化研究－中国②家庭道德－文化研究－中国 Ⅳ. ①K820. 9②B823. 1

中国国家版本馆 CIP 数据核字(2023)第 069780 号

河南人民出版社出版发行
（地址：郑州市郑东新区祥盛街 27 号 邮政编码：450016 电话：0371－65788065）
新华书店经销　　河南新华印刷集团有限公司印刷
开本　710 mm×1000 mm　1/16　印张　18. 75
字数　288 千
2024 年 10 月第 1 版　　2024 年 10 月第 1 次印刷

定价：68. 00 元

本书系河南省教育厅人文社会科学一般项目《中原家谱研究》（2014-GH-586）、河南省教育厅人文社会科学重点项目《新乡地区家谱提要及名人家谱研究》（2016-ZD-067）、河南省哲学社会科学规划一般项目《中原家谱所载家训文献整理与优良家风研究》（2016BZH004）的研究成果

序
深远家庭文化的精当演绎

收到河南师范大学历史文化学院副教授王仁磊博士发来的《中原家谱与家训初探》书稿，阅读后内心感触颇深，我由衷地为这位年轻的曾在图书馆工作9年的同仁，通过苦心钻研取得这样的重要成果感到激动、欣喜和赞佩。

我与仁磊交往多年，深知他是一位潜心学习、广泛涉猎、扎实钻研、成果频出的优秀青年学者。纵观仁磊的学术研究路程，可以清晰地看出，他在21世纪之初就开始发表研究论文。仁磊的学术研究领域非常广泛，触角伸展到了历史、政治、民族、教育、藏书、地方文献、图书馆等多个方面，其中尤以魏晋南北朝史与中原文化研究两个方向最为集中。

在仁磊取得的学术成果中，"家庭文化"是一个闪亮的、突出的焦点。他完成的博士毕业论文，题为《魏晋南北朝家庭关系研究》，2013年在中州古籍出版社出版；他承担的科研项目包括河南省教育厅人文社会科学项目《中原家谱研究》(2014-GH-586)、河南省教育厅人文社会科学重点项目《新乡地区家谱提要及名人家谱研究》(2016-ZD-067)、河南省哲学社会科学规划项目《中原家谱所载家训文献整理与优良家风研究》(2016BZH004)等；他陆续发表了一系列相关论文，例如《曹魏士家家庭管窥》《魏晋南北朝时期出嫁女与本家关系初探》《魏晋南北朝家庭与家族、宗族关系初探》《印刷术通行前中原私家藏书文化初探》《从户籍档案看魏晋北朝的家庭规模》《中原家谱的主要内容及其史料价值管窥——以新乡家谱为中心的考察》《当代中原家谱的新修及其时代特征》等。他的这一系列研究，逐步隆起了"家庭文化"研究的一方高地，在学术界产生了积极的影响。

辛勤耕耘会润养出丰硕的成果，这部极具分量的《中原家谱与家训初探》书稿就是仁磊在长时间的、坚实的学术积累的基础上完成的。初读这部著作,深深感受到它是一部视角独特、取材广博、论叙深入的著作。

“家谱”是这部著作涉猎与聚焦的第一个焦点。家谱又称家乘、族谱、祖谱、宗谱、谱牒等,是以表谱形式记载以血缘关系为主体的家族世系、人物事迹的文献。中华民族的文化传统源远流长,正史、方志、家谱这三大支柱共同构成了中华民族的历史大厦。在图书馆、档案馆等文献收藏机构,家谱是重要的收藏对象,我参与整理、编纂的《张氏族谱》光绪十年版影印本和 2017 年新版,就曾捐赠、收藏在 15 家包括河南省图书馆、郑州大学图书馆、河南大学图书馆在内的河南省各级各类图书馆,以及 8 家包括河南师范大学图书馆、新乡市图书馆、新乡县图书馆在内的地处新乡地区的各级各类图书馆。

仁磊在他的这部著作中,首先从历史学的视角,对几千年来中原家谱的历史变迁进行了钩沉式的探索,作为认识中原家谱文化的基础。继而,他又对当代中原家谱的发展以及中原家谱的文献价值等内容进行了较为全面系统的调查和研究,对新乡地区的部分典型中原家谱进行了提要式的揭示,对新乡地区部分名人家谱进行了初步研究,以此来探究中原家谱的真实面貌、独特风格及其与中国家谱文化的整体联系。他在书稿中从一般看个性,从个性证一般,为中原家谱文化的传承发展及家谱产业的发展繁荣作出了积极贡献,从而在一定程度上推动了中国家谱研究的深入,并为相关学术研究提供了有益借鉴。

“家训”是这部著作涉猎与聚焦的第二个焦点。家训又称家诫、家诲、家约、家规、家教、族训、族规、宗约等,主要指长辈对晚辈的训示教诲,也有夫妻间的嘱托、兄弟姊妹间的诫勉。家训是中国传统文化的重要组成部分,在中国历史上对个人修身、家风形成以及社会稳定发挥了重要的作用。

仁磊在他的这部著作中,对中原家谱所载的优秀家训家规文献资料进行了辑录整理,为学界提供了可资借鉴的第一手资料,可谓嘉惠学林。据了解,他在写作过程中,查阅了 2000 多部中原家谱,对其中近 200 部家谱中包含的约 500 则家训进行了辑录,并最终选择了 100 多则代表性家训收入本书。他把这些家训分为传统家训、当代家训、格言诗训、字派与楹联家训、古代名人家训、少数民族家训等几种不同的类型。在此基础上,他又对中原家谱所载优秀家训的内容与特色进行了探讨,并对中原家谱与家训所反映的优良家风进行了个案研究。

“中原文化”是这部著作涉猎与聚焦的第三个焦点。中原地区是中华文明的摇篮，中原文化是黄河中下游地区的物质文化和精神文化的总称。中原文化以河南为核心，以广大的黄河中下游地区为腹地，逐层向外辐射，影响延及海外。中原文化是中华文化的重要源头和核心组成部分，是中华文化的母体和主干。中国历史上先后有二十多个朝代定都于中原地区，中国八大古都有一半在河南。中原在古代是华夏族部落集中分布的区域，家庭文化、姓氏文化的萌芽、形成和发展，都与河南息息相关。我历来也非常关注中原文化的发展，曾与吴志恩老师共同发表了学术论文《郑文化的内涵及其研究资源》。

仁磊在他的这部著作中，无论是对中原家谱的历史变迁、发展现状与文献价值的探讨，对部分中原家谱的提要式揭示，对新乡地区名人家谱的研究，还是对中原家谱所载优秀家训家规文献资料的辑录整理及其内容与特色的探讨，对河南有代表性的名人和名门望族以及部分普通家族的优良家风进行个案研究，都无不置身于中原文化研究的大背景之中。同时，中原家谱与家训文化本身也是中原文化的重要组成部分。通过对书稿的阅读，我深信，本书的研究，必将推动中原家谱与家训文化研究乃至整个中原文化研究走向深入。

我与仁磊可以说是忘年之交，我是20世纪的“50后”，他是20世纪的“80后”。初识仁磊是在河南省图书馆界的学术研讨会上，他儒雅大方、谈吐有致，有内涵、有修养，洋溢着浓郁的青年知识分子的风范，给我留下了深刻的印象。与仁磊多次交流，总是感觉到我们之间有一种自然的亲切感。我们虽然都不善言辞，都属于内向的人，但却能够畅所欲言，真诚交心。

仁磊对我往往有不同的贴切称呼，这也体现了我们之间多重的亲密感情、多层的交集关系。

有时仁磊以乡亲的身份称我为“老乡”，是因为我们有共通的“乡里之情”。我们的家乡同属于河南省新乡县七里营镇，他在沟王村，我在东曹村。仁磊曾任河南师范大学图书馆新乡地方文献整理中心主任，秉承“搜集地方文献，服务教学科研；保存新乡记忆，助力地方发展”的理念，该中心收集了丰富的新乡地方文献，包括珍贵的图片、地方志、家谱、图书、报纸杂志等，我曾多次前往参观考察、学习交流，仁磊也曾多次将关于家乡的图片拍照发送给我，以葆有我们深厚的乡情。

有时仁磊以晚辈的身份称我为“叔叔”，是因为我们有共通的“世交之谊”。除仁磊和我的年纪是两代人之外，仁磊的嫡亲姑母王晓莉女士与我是高中同届同学，我们从 1973 年 2 月至 1975 年 5 月在新乡县七里营高中（又称新乡县第六中学）读书。在那个特殊年代，只有我们这一届是在狠抓教学质量的“智育回潮”背景下通过全县统一考试入校的，而我们的前后届都是通过“推荐”上高中的。

有时仁磊以同行的身份称我为“张馆长”，是因为我们有共通的“同行之缘”。仁磊是较早进入图书馆行业的博士，可谓当时高精尖的稀缺人才。当时在馆长苏全有教授的主政下，仁磊参与了河南师范大学图书馆新乡地方文献整理中心的建设工作，并出任主任。经过各位同行全身心的投入，该中心建成为享誉社会的特色文献基地、地方文献重镇。我也以新乡籍学者的身份，将拙著 16 部捐赠给新乡地方文献整理中心收藏。辛亥革命元老郭仲隗先生是新乡县大召营村人，有着重要的历史功绩，新乡地方文献整理中心重点收藏了与其相关的文献，我与仁磊以及郭仲隗先生的后人、著名策划人郭力共同发表了学术论文《辛亥革命元老郭仲隗的研究现状》。

有时仁磊以学生的身份称我为“张老师”，是因为我们共有“学术之交”。我与仁磊可以说是亦师亦友，在每次的学术探讨和交流中都能够教学相长，我也鼓励他“当仁不让于师”。仁磊的硕士学位、博士学位皆攻读于郑州大学历史学院，我长期在郑州大学信息管理学院担任兼职教授，培养研究生。更为巧合的是，仁磊硕士学位、博士学位的导师均为张旭华教授，而我与张旭华教授巧为同窗。1998 年上半年，我与张旭华教授同班参加培训，常常共同讨论，还共同乘车。仁磊说，他是郑州大学的学生，我是郑州大学的教师；他入图书馆行业晚，我入图书馆行业早，他尊我一声“张老师”名副其实。

当然，针对一部颇具分量的优秀著作，抓取几个关键词便打算全面评析，显然有些鲁莽和草率，若想恰切地、深入地把握还需细读。仁磊恰在不惑之年，未来的道路还很长，我写这篇文字的初衷便是为他喝彩、加油。正是：

书香家庭天地宽，
润泽代代好心田。

文脉赓续根枝壮，
当仁不让后更先。

张怀涛
2022年8月15日

（作者系中原工学院图书馆原馆长、郑州大学兼职教授、中国图书馆学会学术委员、中国阅读学研究会学术顾问、河南图书馆学会副理事长、教育部高校图书情报工作委员会委员、河南省高校图书情报工作委员会副主任）

目 录

绪 论

家谱亦称族谱、宗谱、谱牒等,是以特殊形式记载同宗共祖的血缘集团世系、人物和事迹等方面情况的文献。家谱与方志、正史共同构成了中华民族历史大厦的三大支柱。深入研究家谱文化有助于进一步了解我们赖以生存的社会。中原家谱即自古至今产生于中原大地的家谱,主要以当今河南省行政区划为界限,它是中国家谱的缩影和重要组成部分,中原家谱文化是中原文化乃至中华传统文化的重要组成部分。

本书所关注的中原家谱包括1949年以前的"旧谱"及以后的"新谱",力争做到不厚古薄今也不厚今薄古,并且注重二者在传承中华优秀传统文化方面的连续性。明清以前的中原家谱存世较少,主要以传世文献与出土文献中有关中原家谱的记载为研究对象,力图勾勒出中原家谱发展演变的大致历史线索。民国以来的中原家谱存世数量较大,其编修风格各异,内容丰富,为本书提供了主要文献依据。当代中原家谱的新修,有其鲜明的时代特点,同时也推动了河南家谱产业的发展。河南师范大学图书馆新乡地方文献整理中心收藏有200多种新乡地区的家谱,是中原家谱的一个缩影,对其进行提要式揭示和部分名人家谱的研究,有利于我们对中原家谱的深入了解和研究。

家训主要是指长辈对晚辈的训示教诲,也有夫妻间的嘱托、兄弟姊妹间的诫勉,其核心始终围绕治家教子、修身做人展开,特别强调伦理道德教育和人格塑造。除口耳相传的家训家规外,比较成熟的家训家规通常会被载入家谱,而家谱所载本家族人物传记又反映了本家族的优良家风。

据徐建华教授考证,"大约到了元代,家谱的体例与收录范围发生变化,这种家训类文献方才被收进新修的家谱之中,成为新修家谱的一个重要组成部分”[1]。因此,考察中原家谱文献,是我们全面了解中原家训家规和研究优良家风的重要途径。家训、家规、家教是家风营造的基本手段,家训与家风相辅相成,不可分割。中原家谱所载家训家规,可以为今天的家庭教育、家风营造和家庭建设提供富有价值的参考,使优秀家训成为当今社会共同的文化财富,从而引导人们从中汲取家训家规精华,以培育当代优良家风,践行社会主义核心价值观。

总之,家谱与家训文化是中华传统文化的重要组成部分,本书即以中原家谱与家训为研究对象。

一、研究意义

(一)理论意义

“中原文化的本质是根文化,河南根文化资源主要包括姓氏资源和名人资源。”[2]中原地区是中华民族的根脉所在,相关研究表明,中华民族有源可考的姓氏中,三分之一起源于河南,100 个大姓中有 78 个源头或部分源头在河南,“根亲文化”成为河南的特色文化品牌。中原根亲文化与姓氏文化及由此发展起来的中原家谱文化,是中原文化乃至中华传统文化的重要组成部分。对中原家谱发展历史与现状的探讨,有利于我们深化对整个中国家谱史的研究。中原家谱中的序跋等文献,是中原地区政治、经济、文化和社会发展的民间记录,具有重要的文献价值,对其进行揭示,可以为学界提供有益的资料。本书对新乡地区家谱进行提要式揭示,以及开展新乡名人家谱研究,均在广度和深度上推进了河南根亲文化和姓氏文化研究。

天下之本在国,国之本在家。传统家训既是中国文化的产物,也是中国文化代代相传、绵延长久的重要支柱。传统家训文化的伦理教化功能为儒家“修齐治平”的政治伦理思想和理想人格模式的实现提供了现实的基础。中原家谱文化是中原文化的重要组成部分,对中原家谱所载优秀家训家规文献的整理与优良家风的研究,有利于我们深化对中原家谱、家训、家风的研究。中原家谱中的家训家规等文献,是中原地区社会面貌的民间记录,具有重要的文献价值,对

---

① 徐建华:《中国的家谱》,百花文艺出版社 2010 年版,第 69 页。

② 张新斌:《河南寻根文化资源开发的战略思考》,《黄河科技大学学报》2006 年第 3 期。

其进行整理与研究,可以为相关研究提供第一手资料。对中原名人、名门望族家训与家风的探讨,有利于我们探索名门家族文化,传承优良家风。

总之,本书有利于深化中原家谱研究、中原家训家风研究乃至中原文化研究,并可为相关学术研究提供借鉴和重要参考资料。同时,本书对中原家谱与家训的研究,或许也可为全国其他地区家谱、家训研究提供参考与借鉴。

(二)现实意义

党的十八大报告指出,要扎实推进社会主义文化强国建设。习近平总书记指出,要重视中华传统文化研究,继承和发扬中华优秀传统文化。不论时代发生多大变化,不论生活格局发生多大变化,我们都要重视家庭建设,注重家庭、注重家教、注重家风,使得千千万万个家庭成为国家发展、民族进步、社会和谐的重要基点。2019 年 9 月,习近平总书记在河南考察期间,提出要保护、传承、弘扬黄河文化:“黄河文化是中华文明的重要组成部分,是中华民族的根和魂。要推进黄河文化遗产的系统保护,守好老祖宗留给我们的宝贵遗产。要深入挖掘黄河文化蕴含的时代价值,讲好‘黄河故事’,延续历史文脉,坚定文化自信,为实现中华民族伟大复兴的中国梦凝聚精神力量。”①在这样一个新的历史起点上,我们必须充分挖掘中原家谱与家训中的宝贵文化资源,为传承和弘扬黄河文化,为社会主义文化大发展大繁荣和践行社会主义核心价值观作出贡献。

中华民族的优良家训、家风,是老祖宗留给我们的宝贵遗产,是加强社会主义精神文明建设的宝贵财富。培育和传承良好的家风,小而言之是为了自己的家庭——我们的国家就是这千千万万家庭组成的,大而言之也是为国家培养“爱国、敬业、诚信、友善”的公民,培养一个个践行社会主义核心价值观的公民。《中国共产党廉洁自律准则》要求党员领导干部要“廉洁齐家,自觉带头树立良好家风”。习近平总书记也多次强调,领导干部的家风,不是个人小事、家庭私事,而是领导干部作风的重要表现。党员领导干部要树立良好的家风,不仅要学党章党规,学系列讲话,也要学习继承优秀的家训、家风文化传统,这对当前的党风廉政建设有着积极的意义。

本书通过对中原家谱的历史变迁、中原家谱的新修进行调查和研究,对中原家谱文献价值的探讨,对新乡地区家谱的提要式揭示,对新乡名人家谱的研

① 习近平:《在黄河流域生态保护和高质量发展座谈会上的讲话》,《求是》2019 年第 20 期。

究,以及对中原家谱所载优秀家训的整理与优良家风的研究,有利于中原家谱文化的传承和发展,有利于进一步加强海峡两岸炎黄子孙的联系以及全球华人的联系,增强中华民族的凝聚力,发扬光大中华民族传统家庭美德。

二、中原家谱的收藏现状

就家谱收藏整体而言,除民间私藏以外,不仅上海图书馆、国家图书馆、山西省社会科学院家谱资料研究中心和一些高校图书馆等公藏单位收藏有大量的中国家谱,就连美国犹他家谱学会等国外一些机构也收藏了一定数量的中国家谱。具体到中原家谱,亦有公藏与私藏之分。私藏又有各个家族对自己家族家谱的收藏和私人藏书者的集中收藏。

近年来,笔者对中原家谱的收藏现状进行了一些调研。在全国范围内,上海图书馆和国家图书馆,都有一部分的河南家谱收藏。在河南省内,河南省图书馆地方文献部,约有家谱馆藏1000多种。南阳市图书馆地方文献部,约有家谱280多种600余册。[①] 商丘师范学院图书馆特藏部,约有家谱馆藏600多种,多为商丘地区的家谱。洛阳理工学院图书馆,约有家谱馆藏400多种,多为洛阳地区的家谱。郑州大学图书馆河南文献中心,约有家谱馆藏200多种(为赵长海私人藏书)。河南师范大学图书馆新乡地方文献整理中心,约有家谱馆藏200多种,多为新乡地区的家谱。总体来看,省内其他各地市公共图书馆、部分档案馆和地方志办公室(方志馆)也有一定数量的家谱收藏,省内其他高校图书馆、博物馆也有少量家谱收藏。

公藏机构之外,一些民间收藏组织也拥有一定数量的家谱。由河南省姓氏文化研究会家谱委员会主办的郑州中华家谱馆,收藏全国各姓氏家谱3万多部共10万余册,并称以后还将以每年两千多部收藏速度增加。此外,还有一些印刷厂,特别是以家谱印刷为主要业务的印刷厂也收藏有一些家谱。

当然,家谱作为家族文献,最多的收藏还是存在于各个家族内部。有的家族是每个家庭各存一部,有的家族则只是在祠堂保存一部,或是族长家庭保存一部,或是家族董事会成员每个家庭保存一部。以前,绝大多数家族对家谱有

---

① 赵爱勤:《南阳家谱收藏与研究》,河南师范大学图书馆编:《第二届全国图书馆地方文献建设学术研讨会论文集》,河南师范大学图书馆2019年,第197页。

"秘而不宣"的理念,非本族人不允许阅览、保存。当今社会,人们的理念也逐渐发生了变化,多数家族已不再遵循家谱"概不示人"的祖训,有些家谱在修成之后还主动联系图书馆、方志办等收藏单位进行捐赠,这是家谱收藏的一大变化,值得提倡。

三、学术史回顾与存在的问题

人们对家谱的理解存在一些差异,比如,1979年版《辞海》对"家谱"的定义是:"旧时记载一姓世系和重要人物事迹的书。"而1986年版《辞源》称"家谱"为:"封建家族记录世系和事迹的书。"显然,现在看来,二十世纪七八十年代对家谱的解释还带有很浓的阶级色彩,把家谱看成是旧社会的产物。对近几十年来新修的家谱则无法用这些定义描述。所以近些年来人们重新寻找"家谱"新的表述方式,有十几种之多,但笔者还是比较倾向于使用王鹤鸣的定义,他认为家谱最简要的表述就是"记述血缘集团世系的载体"①。详细说来,家谱亦称族谱、宗谱、谱牒等,是以特殊形式记载同宗共祖的血缘集团世系、人物和事迹等方面情况的文献。

近年来,家谱研究引起了文献学、历史学、社会学及民族学等方面学者的关注。在全国家谱整理与研究方面,上海图书馆所编《中国家谱总目》是迄今为止收录中国家谱最多、著录内容最为丰富的一部专题性联合目录,有学者称其"将古往今来的家谱整理推向了一个在可预期的时间内无法逾越的高峰"②。王鹤鸣《中国家谱通论》在家谱研究中具有里程碑意义,该书系统考察了中国家谱发展历史,全面介绍了家谱的体例、内容、功能等。徐少锦、陈延斌《中国家训史》遴选了从先秦到清末几千年中200多位典型人物,将他们训育子女的理论基础、主要内容、基本原则、具体方法等,进行分类归纳,理出其历史演进线索,揭示其间的内在联系与发展规律,可谓中国家训史研究的奠基之作。朱明勋《中国家训史论稿》论述了关于家训的几个问题,如家训的发轫期、成熟期、转型期,传统家训的历史反思与当代价值等,也是中国家训研究的重要著作。在区域或

---

① 王鹤鸣:《中国家谱通论》,上海古籍出版社2011年版,第3页。

② 徐建华、吴凯:《永远的引领者——王鹤鸣先生〈中国家谱通论〉读后》,《图书馆杂志》2010年第6期。

民族家谱整理与研究方面，也有比较丰硕的成果，如安徽的徽州家谱研究、东北的满族家谱研究、宁夏的回族家谱研究等都取得了较高的学术成就。陈支平《福建族谱》从社会发展史和区域研究角度深入探讨了福建族谱，堪称区域家谱研究的典范之作。2014 年，由陈延斌担任首席专家的国家社科基金重大项目——《中国传统家训文献资料整理与优秀家风研究》获得立项，体现了国家与社会对家训、家风研究的重视。2017 年，楼含松主编的《中国历代家训集成（全 12 册）》出版，是目前收集家训最多的一部著作。此外，近些年来全国各地陆续出版有《上海名人家训》《徽商家训》《福建家训》《以德齐家——浙江家风家训研究》《晋商家训》《苏州家训选编》《家规·家训·家风：湖南故事》《江苏历史名人家训选编》《安康优秀传统家训注译》《佛山家风家教研究》《江南望族家训研究》《广东家训选编》等著作。2014 年春节，中央电视台《新春走基层·家风是什么》特别节目引发了全民关于家风的大讨论，也激发了学界对家风的研究热情。2015 年春节团拜会上，习近平总书记关于“注重家庭、注重家教、注重家风”的重要讲话将家风研究推向了高潮。全国各地在贯彻落实习近平总书记重要指示精神方面都做了许多探索，传承和弘扬了优秀家训、家风。中共河南省委宣传部、省文明办、省妇联等单位也开展了弘扬家训、家风相关活动。然而，在家训与家风的学术研究层面，仍需文献学、历史学、社会学等相关研究者深入挖掘家谱等民间文献资料，推进家训文献整理，加大优良家风研究力度。

作为中华民族重要发祥地的中原地区，家谱文献尚未引起学界的足够重视，对中原家谱的研究也还比较薄弱。多年来，河南部分高校图书馆、各级公共图书馆和档案馆等收藏了大量的家谱文献，但无论是图书馆界的学者还是历史学、文学等研究领域的学者，对中原家谱研究的重视程度还很不够，研究成果尚不多见，这与中原家谱的重要地位很不相称。

目前所见有关中原家谱整理与研究的主要论著有：上海图书馆主持编写的《中国家谱总目》河南部分（由河南省图书馆负责河南部分），洛阳理工学院图书馆谢琳惠的专著《洛阳地区家谱提要》及《河洛地区家谱特点初探》《河洛地区洛宁张氏家谱典型特征探微》等系列论文，赵振《中国历代家训文献叙录》河南部分及《孙奇逢〈孝友堂家规〉源流考》等论文，河南省地方史志办公室组织人员编辑、管仁富任主编的《河南家训家规》。此外还有少数几篇对河南名人家谱、家训、家风的研究论文。2013 年，谢琳惠申请的《河洛地区名人家谱收集、整理与研究》获得国家社科基金立项资助,推动了洛阳乃至中原家谱研究走向深入。2020年,谢琳惠再次以“基于中原地区家谱的中华优秀家风家训搜集、整理与研究”为题成功申请国家社科基金项目,随着研究的深入开展,必将进一步推动中原家谱、家训与家风研究。郑州大学历史学院高文豪2020年硕士学位论文《河南新修家谱初探》,编写了作者所见706种河南各地新修家谱目录,探究了河南新修家谱的史料价值与不足之处。此外,自2013年河南省姓氏文化研究会家谱委员会成立以来,每年都举办家谱展谱大会、家谱研讨会等各种活动,推动了中原家谱的收藏与研究及河南家谱产业的发展。

新乡北依太行,南临黄河,地处豫北地区的中心地带,新乡家谱即产生于这片沃土。新乡家谱能够较为全面地反映豫北家谱的面貌,新乡家谱中的序跋等文献,是豫北地区政治、经济、文化和社会发展的民间记录,具有较高的史料价值。几千年来,新乡产生了众多的历史名人,一些名人家谱便记载了这些名人家族的历史变迁。对新乡家谱与家族的研究甚为少见,仅有申红星《明清以来的豫北宗族与地方社会》《试述明清时期北方郭氏宗族的兴衰——以〈郭氏家谱〉为中心》《明清以来豫北族谱修撰问题研究》及王仁磊《中原家谱的主要内容及其史料价值管窥——以新乡家谱为中心的考察》和邱胜利《豫北蒙古族源流及其文化认同》等数篇论文。

总之,以往学界对部分中原家谱进行了编目、提要和初步研究,但对几千年来中原家谱发展变化的历史和新中国成立以来中原家谱的流失、抢救和新修情况,以及河南家谱产业的发展现状、中原家谱的内容与文献价值等却很少涉及,缺乏系统研究。对新乡地区的家谱缺乏揭示,对新乡地区名人家谱也缺乏系统研究。对中原地区家训文献的整理与优良家风研究也没有全面展开。因此,本书拟对中原家谱的历史变迁与新修、中原家谱文献价值进行探讨,并选取河南师范大学图书馆新乡地方文献中心所藏部分典型新乡地区家谱,进行提要式的揭示,对部分新乡名人家谱进行研究。对中原家谱所载家训文献进行辑录整理,并以此为基础,结合相关文献,对中原地区优良家风进行初步研究。

四、基本思路与研究方法

（一）基本思路

本书主要分为中原家谱整理与研究、中原家训整理与研究两大部分。

在家谱整理与研究部分中，对中原家谱的历史变迁、当代中原家谱的发展以及中原家谱的文献价值等内容进行较为全面系统的调查和研究，对新乡地区的部分典型家谱进行提要式的揭示，对新乡地区部分名人家谱进行初步研究，以期探究中原家谱的真实面貌、独特风格及其与中国家谱文化的整体联系，旨在为中原家谱文化的传承发展及家谱产业的繁荣作出积极贡献，推动中国家谱研究的深入，为学术研究提供借鉴。

在家训整理与研究部分中，首先对中原家谱所载优秀家训、家规文献资料进行辑录整理，以期为学界提供可资借鉴的第一手资料，同时也是本书后续研究的起点。本书辑录了中原家谱所载100多则具有代表性的家训，分为传统家训、当代家训和格言诗训、字派与楹联家训、古代名人家训、少数民族家训等类型。然后对中原家谱所载优秀家训的内容与特色进行探讨，并对中原家谱与家训所反映的优良家风进行个案研究。

本书分为绪论和以下10章。

第一章：对中原家谱历史变迁的梳理与研究，是认识中原家谱文化的基础。中原家谱形诸文字的历史始于安阳殷墟的甲骨家谱，这同时也拉开了中华民族家谱书写的序幕。魏晋南北朝隋唐时期，中原家谱得到了发展，官修谱牒与私修家谱并行。此外，洛阳等地区出土的大量墓志，记载有家族世系，是家谱的一种特殊形式，我们暂称之为“墓志家谱”。到了北宋时期，官修公谱废绝，私修家谱兴盛，奠定了后世修谱的基本格局，中原家谱出现了较大发展，并对全国产生了重要影响。明代以后，中原家谱文化更是日趋繁荣，特别是到了清代和民国时期，家谱逐步普及，达到了中原家谱的编修高潮。

第二章：中原家谱的新修，不仅是历史时期中原家谱的延续和发展，也是河南家谱产业发展的文化与社会基础。在新中国成立之后的30年间，仍然不断有新的中原家谱问世，以往对该时期家谱编修“中断”的看法应当改变。当然，该时期确有大量家谱遭到破坏，但各种力量为保护、抢救家谱也做出了努力。

改革开放以来，又迎来了中原家谱新修的盛世。新修的中原家谱，在装帧形式、编纂内容和表达方式上都有着显著的进步。当代中原家谱具有鲜明的时代特征和地域特征，对其进行研究，具有谱学史研究的学术价值。中原家谱的新修，带动了河南家谱产业的发展。

第三章：通过阅读大量中原家谱，对中原家谱文献本身进行研究，探讨其编纂体例、主要内容与文献价值，有利于中原家谱研究的深入开展。对"新谱"与"旧谱"在体例、内容和文献价值方面进行对比研究，有利于我们全面认识家谱及家谱文化的发展与变革。中原家谱内容丰富、包罗万象，是中原文化的重要组成部分，也是一份非常珍贵的历史文化遗产，其在宗族史、家族史、家庭史、人口史、婚姻史、移民史、社会史、风俗史、区域史、经济史、灾害史、思想史和文学史等多个方面都具有较高的史料价值，值得引起学界的进一步关注，并充分利用这一文献宝藏开展学术研究。

第四章：对典型中原家谱以提要的形式进行揭示，有利于学术研究对家谱文献的充分利用，是图书馆家谱资源开发利用的应有之义。河南师范大学图书馆新乡地方文献中心收藏有新乡家谱 200 多种，全面反映了新乡家谱的整体面貌，甚至代表了豫北家谱乃至中原家谱的面貌。将馆藏新乡家谱文献分县（市）进行提要式的揭示，把家谱的文献价值展现于世，可以为历史学、社会学、民族学等相关学术研究提供第一手的民间文献资料，有助于推动相关学术研究的发展，有利于引导新修家谱与社会主义社会相适应。本章共选取了 50 部新乡地区家谱做了提要。

第五章：新乡地处中原腹地，南临黄河、北依太行，钟灵毓秀、人杰地灵，涌现出了众多历史名人与当代英杰。这些名人的家谱在众多新乡家谱之中，虽然从数量上来说很少，但因其记载了名人，便使其闪耀着夺人的光芒，引起众人的瞩目。对新乡名人家谱，如先秦时期的比干后裔，唐宋八大家之首韩愈后裔，"北宋五子"之一、寓居百泉的邵雍后裔，宋代民族英雄岳飞后裔，被誉为清代"新乡三绝"之一的定国村郭氏家族和延津周氏家族等的家谱，结合新乡地方历史文化，进行较为系统和全面的研究，有利于我们认知新乡名门家族文化，弘扬和传承优良家风，从而激发热爱家乡之情，并增添爱国主义情怀。

第六至八章：对中原家谱所载优秀家训、家规文献资料进行辑录整理，可为学术研究提供可借鉴的第一手资料，同时也是本书后续相关章节研究的起点。

在写作过程中，笔者查阅了2000多部中原家谱，其中有近200部家谱中包含有约500则家训，对其一一进行辑录，本书最终选择了其中100多则代表性家训。从这些家训、家规的内容来看，几乎涉及家庭生活和个人品德的方方面面，主要有教子立身、睦亲治家、处世之道等方面，因而具有重要的教育价值。本书选取河南各地有代表性的家族家谱，特别是具有全国影响的名人家族和当地著名家族家谱，对其中所载家训、家规进行辑录，分为传统家训、当代家训、格言家训、字派与楹联家训、综合性家训和少数民族家训等不同类型，每种类型按照家谱修成时间顺序进行整理。中原历史名人及名门望族如比干后代林氏家族、白居易家族、"二程"家族等著名家族的家训、家规均有辑录。此外，数量繁多的普通家族的家训、家规同样在整理之列，因为它们反映了中原地区人民大众的普遍风貌，具有更为广泛的社会代表性。

第九章：在对中原家训分类整理的基础上，对中原家训的内容与特色进行初步探讨，以窥见中原家训文化的博大精深。中原家谱所载家训内容丰富，从伦理教育到道德教育，从爱国教育到技能教育，从勤学教育到宗族教育，从处世教育到其他诸如励志教育、女子教育、为官教育、养生教育、安全教育、环保教育、卫生教育和法治教育等，千百年来一直发挥着重要的家庭教育功能，甚至是社会教化功能。中原家训特色突出，其形式多样、内容丰富、历久弥新、影响广泛，是中原家谱文化乃至中原文化的重要组成部分，不愧为我们奋力实现中原崛起的重要精神财富。

第十章：家风是一个家庭或家族的传统风尚，承载着一个家庭或家族的生活方式、生活态度、文化理念、价值观和人生观等。家风能从小影响一个人，也能影响一代又一代人。本章选取河南有代表性的名人和名门望族，如林氏家族、岳飞家族、孙奇逢家族等，并择取部分普通家族，如新乡市牧野区西牧村尚氏家族，对其优良家风进行个案研究。家庭作为社会的细胞，是培育和践行社会主义核心价值观的重要场所和基本阵地。优良家风的传承能够促使社会主义核心价值观真正内化于心、外化于行，我们应采取各种有力措施，积极努力把中原家训、家风的资源优势转变为经济社会发展的内在动力因素。

（二）具体研究方法

本书在研究方法上不拘泥于任何一门学科或一种方法，而是博采历史学、文献学、图书馆学、社会学、人类学、经济学等学科有效的方法。

采取历史学的基本方法,将传世文献与出土文献相结合,完成对中原家谱及中原家谱文化历史变迁的梳理。

运用社会学、人类学、经济学的方法,走向田野与社会,深入农村与基层,对中原家谱的新修及河南家谱产业的发展现状进行社会调查。

运用文献学的方法,对中原家谱的主要内容与文献价值进行探讨,并对"新谱"与"旧谱"、中原家谱与其他地区家谱进行比较研究。

采取图书馆学、文献学的方法,对河南师范大学图书馆新乡地方文献中心馆藏部分典型新乡地区家谱进行提要式的揭示,对其中部分具有重要史料价值的内容进行辑录。

运用历史学、社会学和人类学方法,结合新乡地方历史文化,对部分新乡地区名人家谱进行研究。

采用文献学的方法,对中原家谱所载优秀家训、家规进行辑录,并对之进行分类整理,辅之以相关背景知识,探索出一些规律性认识。

(三)创新之处

本书拟在以下五个方面力求有所创新。

一是对中原家谱从古至今的历史发展脉络进行钩沉。区域家谱研究要注重其发展演变的历史,以往学界暂未对中原家谱的发展历史进行系统梳理,本书对中原家谱发展历史的探讨,对当代中原家谱研究也有着重要的基础意义。

二是对河南师范大学图书馆新乡地方文献中心所藏新乡地区家谱进行提要式揭示,为学界相关研究提供便利。本书从 200 多种馆藏新乡家谱中选取 50 种典型代表,通过仔细阅读,撰写家谱提要。

三是从中原家谱文献中辑录家训、家规,扩大了家训收集渠道。在以往的家训研究中,人们更多关注的是像《颜氏家训》《朱子治家格言》这样的家训单行本著作。而对家谱文献的深入挖掘,能够让我们看到更多鲜为人知的家训文献,从而大大丰富家训研究对象。

四是重视当代新修的中原家谱,不能只重视"旧谱",而忽视"新谱"。在以往的家谱研究中,人们往往重视那些年代较为久远的民国及其以前的家谱,即旧谱,而对 1949 年以后所修新谱重视程度不够。在新中国成立之初的 30 年间，家谱新修也不曾间断。当代家谱鱼龙混杂，但不应因家谱中部分内容缺乏真实性就否定整个家谱的文献价值。其实，新谱的史料价值并不亚于旧谱，这与家谱类文献的性质、编修方式密不可分。[①] 新谱所载家训、家规是对传统文化的继承和发展。

五是本书力图运用历史学、文献学、图书馆学、社会学等多学科的相关知识，采用综合研究方法。对中原家谱的发展历史与编修现状及其文献价值的探讨、新乡地区家谱提要与名人家谱研究、中原家谱所载家训、家规整理和优良家风研究，分别采用了历史学、文献学、图书馆学、社会学等多学科的多种方法，不局限于某一学科的某种定向思维。

当然，本书的研究也存在一些难点。如对中原家谱发展历史的探讨，史料较为缺乏。又如家训整理难。本书需要从大量的中原家谱中辑出家训、家规部分，有些家谱由于编修年代较早或存在书写、印刷质量问题，不甚清晰，给家训整理工作带来一定困难。从整理的家训中找出规律性认识，也应是家训整理的应有之义，同样具有一定难度。又如家风研究难。对中原家谱所载人物传记等文献中反映优良家风的个案研究，必须对中原历史名人有清晰的认识，只有结合中原历史文化背景知识，并将其放在整个中国历史发展的长河中，才能更好地认识和研究优良家风。

由于以上客观条件的限制，加之本人研究水平的局限，本书研究目标是否能够达到，还请各位专家及读者批评指正。

（四）需要说明的几个问题

1. 本书引用、辑录中原家谱文献中的资料，以原文照录为基本原则。
2. 家谱原文中若有残缺、脱落或无法辨认之字，则以“□”代替。
3. 家谱原文中若有错字，则错字加“（）”，其后用“〔〕”标出正字。
4. 家谱原文中若有衍字，则加“（）”表示删去。
5. 家谱原文中若有明显脱字，则增补之，并加“〔〕”。
6. 家谱原文中若有明显印刷错误之处，则径改，不再一一注明。
7. 家谱原文为繁体字者，本书一律改为简体字。
8. 家谱原文若有存疑、需解释之处，以括号内加“仁注”的形式给出笔者的

① 钱杭：《关注“新谱”——中国谱学史研究的深化之路》，《光明日报》2014年5月27日第16版。

看法。

9. 本书中引用中原家谱的文字，均在正文中注明引自何种家谱，一般不再出注。

10. 为便于区分和查找方便，本书通常将家谱冠以“年代+地域+姓氏”的形式统一命名，并结合该谱封面或内页所题谱名，具体称家谱还是族谱、宗谱等，则忠于该谱所题。如《1941年新乡县茹岗茹氏宗谱》《2015年唐河县郭滩镇马岗马氏家谱》《2016年商丘市梁园区白云办事处大陈庄陈氏族谱》等。个别章节为了行文叙述之便，将家谱命名为“（地域）+姓氏”，如《（辉县胡桥请下佛）侯氏族谱》《（新乡县古固寨三王庄）曹氏族谱》等。

第一章　中原家谱的历史变迁钩沉

研究一种事物，离不开对其历史的考察，对中原家谱历史变迁的考述，有助于我们全面了解中原家谱和深入理解中原家谱文化。本章我们即对文字产生以来，中原家谱与中原家谱文化的历史变迁进行钩沉。

第一节　先秦秦汉时期的中原家谱

一、殷商时期的甲骨家谱

有关研究表明，在文字产生以前，我国已经产生口传家谱及结绳家谱。口传家谱就是通过口耳相传流传下来的反映家族世系的家谱。《山海经》中对炎帝神农氏的家族世系的记载，应当就是首先通过口耳相传流传下来，即口传家谱，然后才被后人用文字记录下来。结绳家谱就是用结绳记事方式反映家族世系的家谱，这与文字产生之前我们的先民用结绳记事有关，是我国最原始的实物家谱。

商代产生了我国现存最古老的成熟文字——甲骨文。人们开始在甲骨上刻字来记事。记载家族世系名字的甲骨，就是甲骨家谱。甲骨家谱是我国最原始、最古老的用文字记载的家谱。绝大部分商代甲骨文发现于河南省安阳市殷墟。殷墟是著名的殷商时代遗址，范围包括今安阳市西北的小屯村、花园庄、侯家庄等地，这里在 3000 多年前是殷商后期的都城。

据有关研究，有三件甲骨被认为是家族世系的记录，即甲骨家谱。它们应当都是出土于河南安阳，因而成为中原家谱最初的形式，同时也是我国最早的文字家谱，在中国家谱发展史上具有重要地位。

一件见于容庚等编《殷契卜辞》，序号为 209；一件见于董作宾编《殷墟文字乙编》,序号为4856;一件见于《库方二氏藏甲骨卜辞》,序号为1506。这三件甲骨家谱中,第一件有两句,每句四字,第二件仅有一句,六字,它们反映的家族世系均很有限。而第三件甲骨记载家族世系的信息比较丰富,该刻辞共有13行,每行四字(第一行五字),非常完整地记载了兒氏家族的世系。该刻辞共涉及兒氏家族14个人名,记载了该家族至少11代的世系,其中父子关系的11人,兄弟关系的2人,关系不明的1人。这件甲骨家谱在中原家谱史乃至中国家谱史上都具有重要地位。虽然专家学者对该甲骨的真伪有过争议,但多数专家还是认为它是真品。

陈梦家把这件甲骨定为武丁时代的产物。武丁是商代第10世23任国王,距今大约有3200年。商代父系统治地位已确立,这在该甲骨家谱中也有印证。该甲骨家谱中记载兒氏家族的世系一律为父系,称"某子曰某"或"某弟曰某",只有男子才有记载,未见到关于女子的记载。①

二、周代中原家谱的正式诞生

周代建立了由氏族社会父系家长制演变而来的以血缘为基础的宗法制度,即嫡长子继承制。在该制度下,周王自称天子,王位由嫡长子孙继承。天子的幼子、庶子则被封为诸侯,诸侯职位由其嫡长子孙继承。诸侯的幼子、庶子则被封为卿大夫。从卿大夫到士,其基础制度亦是如此。由天子到士民,层层分封,通过血缘关系确定权力和财产的分配。这种严密的等级制度,呼唤着家谱的出现。一些大的家族纷纷在青铜器上铭刻自己的家族世系。可惜的是,目前在河南出土的周代青铜器中,暂未发现典型的这类铭文。

周王室与诸侯国都设立史官,负责记录和保管各贵族的家谱,并形成了完备的史官修谱制度。据《周礼·春官》记载:"小史掌邦国之志,奠系世,辨昭穆。若有事,则诏王之忌讳。"这里的"系世"便是指系谱或世系,小史为负责王族谱系记录和管理的官职。此外,周王室还设有太史、内史等官职来管理诸侯与卿大夫的谱系。各诸侯国也有类似的职位掌管诸侯王族谱牒。

值得指出的是,周代出现了两种谱学著作——《大戴礼记·帝系》与《世本》,它们的问世,标志着中国谱学已正式诞生,其意义深远。

《大戴礼记·帝系》一般被认为是成书于春秋战国时期。《帝系》内容

① 参见王鹤鸣《中国家谱通论》,上海古籍出版社2011年版,第44—46页。

如下：

少典产轩辕，是为黄帝。黄帝产元嚣，元嚣产蟜极，蟜极产高辛，是为帝喾。帝喾产放勋，是为帝尧。黄帝产昌意，昌意产高阳，是为帝颛顼。颛顼产穷蝉，穷蝉产敬康，敬康产句芒，句芒产蟜牛，蟜牛产瞽叟，瞽叟产重华，是为帝舜，及产象，敖。颛顼产鲧，鲧产文命，是为禹。黄帝居轩辕之邱，娶于西陵氏之子，谓之嫘祖，氏产青阳及昌意。青阳降居泜水，昌意降居若水。昌意娶于蜀山氏，蜀山氏之子谓之昌濮，氏产颛顼。颛顼娶于滕氏，滕氏奔之子谓之女禄，氏产老童。老童娶于竭水氏，竭水氏之子谓之高緺，氏产重黎及吴回。吴回氏产陆终。陆终氏娶于鬼方氏，鬼方氏之妹谓之女隤，氏产六子；孕而不粥，三年，启其左胁，六人出焉。其一曰樊，是为昆吾；其二曰惠连，是为参胡；其三曰籛，是为彭祖；其四曰莱言，是为云郐人；其五曰安，是为曹姓；其六曰季连，是为芈姓。季连产什祖氏，什祖氏产内熊，九世至于渠，娄鲧出。自熊渠有子三人，其孟之名为无康，为句亶王；其中之名为红，为鄂王；其季之名为疵，为戚章王。昆吾者，卫氏也；参胡者，韩氏也；彭祖者，彭氏也；郐人者，郑氏也；曹姓者，邾氏也；季连者，楚氏也。帝喾卜其四妃之子，而皆有天下。上妃有邰氏之女也，曰姜嫄，氏产后稷；次妃有娀氏之女也，曰简狄，氏产契；次妃曰陈隆氏，产帝尧；次妃陬訾氏，产帝挚。帝尧娶于散宜氏之子，谓之女皇氏。帝舜娶于帝尧之子，谓之女匽氏。鲧娶于有莘氏之子，谓之女志氏，产文命。禹娶于涂山氏之子，谓之女憍氏，产启。”①

该篇包含了大量的上古史信息，记录了黄帝轩辕氏的世系，可以认为是黄帝轩辕氏的系谱，为后来司马迁撰写《史记》提供了重要资料。河南新郑是轩辕黄帝故里，因而《大戴礼记·帝系》可被认为是周代中原家谱的代表作品。

三、汉代中原家谱的发展

秦朝统治时间较短，在家谱发展史上没有太多的可书之处。但接下来的两汉时期，谱学经历了新的发展时期。汉代借鉴秦朝废除分封制而实行郡县制二

① 戴德撰，卢辩注：《大戴礼记》第一册，中华书局1985年版，第118—120页。

世而亡的教训,大封同姓与异姓王侯,宗族势力得到了恢复和发展,家谱也随之得到了新的发展。

汉代设有专门机构管理皇帝属籍、诸王世籍和诸侯侯籍,形成了大量的官修谱牒。九卿之一的宗正,即朝廷中管理宗室谱牒之官,由皇族中选人担任。据《后汉书·百官志》载:“宗正,卿一人,中二千石。本注曰:掌序录王国嫡庶之次,及诸宗室亲属远近,郡国岁因计上宗室名籍。若有犯法当髡以上,先上诸宗正,宗正以闻,乃报决。丞一人,比千石。”①当时的官修谱牒,据《汉书·艺文志》记载,有《帝王诸侯世谱》二十卷。中原地区有颍川太守聊谋的《万姓谱》和记载了诸多姓氏由来的汝南郡南顿县(今河南项城市)人应劭所著的《风俗通义·姓氏篇》。可惜的是,汉末的丧乱导致谱传多亡失,汉代的这些谱牒著作没能流传下来,但《风俗通义·姓氏篇》有大量遗文散见于类书中,为历代学者所重。

西汉中后期以后,随着宗族势力的复苏与发展,私人家谱也得到了迅速的发展。我们熟知的《史记·太史公自序》就是司马家族的家谱。班固在修《汉书》时也效仿司马迁,著有《汉书·叙传》。可惜的是,中原地区类似的私人家谱未见到流传至今的。东汉以来,出现了新的家谱形式——碑谱。东汉光武帝建武二十八年(52)的《三老碑》和东汉桓帝延熹三年(160)的《孙叔敖碑阴》便是其中著名的两通碑谱。

孙叔敖,名敖,字孙叔,春秋时楚国期思(今河南淮滨东南)人。《孙叔敖碑阴》载:

> 相君有三嗣:长子即封食邑固始,少子在江陵,中子居三(阙)虚袭(阙)业,缭、材二宗,则其苗胄也。相君卒后十有余世,有渤海太守字武伯。武伯有二子:长子字伯尉,少子字仲尉,仕郡为掾史。伯尉有一子,字世伯,举江夏孝廉,城门侯。仲尉有二子:长子字孝伯,荆州从事,弟世信,仕(阙二字)掾功曹。会平、哀之间,宗党为贼寇所杀。世伯、孝伯、世信、(阙)各遗一子,财才八九岁,微弱不能仕学。世伯子字子仲,治产于缭虚,有六男一女:大子长都,次子兰卿,次弟字仲阳,次弟字叔通,次弟字卫公,次弟字刘卿,此缭宗六父也。孝伯子字文(阙)亦不仕学,治产于材虚,亦有六男一

① 范晔:《后汉书》卷116《百官志三》,中华书局1965年版。

女:大子惠明,次弟字次卿,次弟字圣公,次弟字稚卿,次弟字彦卿,次弟字少都,此材宗六父也。世信一子相承,季陵文卿孝公此。(阙)虚一父别其高祖,与材高祖父亲兄弟孙氏宗族别(阙)谱纪也。[1]

《孙叔敖碑阴》详细列出了孙叔敖的世系,这种碑谱要比甲骨家谱和青铜家谱成熟得多,由于孙叔敖是河南人,所以该谱可称之为汉代中原家谱的代表。

第二节 魏晋隋唐时期的中原家谱

一、魏晋隋唐时期中原家谱的兴盛

魏晋南北朝隋唐时期,是我国谱学发展的兴盛时期,中原家谱是其中的重要组成部分。

魏晋南北朝时期谱学兴盛,“人尚谱系之学,家藏谱系之书”[2],出现了大量的谱牒著作,但都没能保留到今天。然而,《三国志》裴松之注、《世说新语》刘孝标注等书中引用谱牒数十种,《隋书·经籍志》、两唐书《艺文志》中也著录了大量的家谱著作,这些家谱著作按类别分,主要有以下几类:一是某个家族的家谱,记载一姓一族的谱系,如《阮氏谱》。二是总谱,记载全国众多家谱的谱系,如《族姓昭穆》十卷。三是郡谱,记载一州或多州众多家族的谱系,如《集十八州谱》七百一十卷。四是皇室谱,记载帝室的谱系,如《后魏皇帝宗族谱》四卷。

魏晋南北朝时期谱学兴盛的政治原因就是九品中正制的实行。本来,中正品第人物的标准有家世、才干和品德三项,但实际上,尤其是到了西晋时期,家世成为主要标准。家谱作为九品中正制下选官的家世门第依据,受到了前所未有的重视,形成了“有司选举,必稽谱籍”的局面。魏晋南北朝时期,产生了大量的谱学著作,涌现出了一批谱学家。

隋唐时期,家谱得到了进一步的发展。隋代以降,随着科举制的推行,“有司选举,必稽谱籍”的办法逐渐废弃,但家谱编修的兴盛局面没有改变。唐代统

---

① 洪适:《隶释》卷3,陈延嘉校点:《全上古三代秦汉三国六朝文》第二册,河北教育出版社1997年版,第932页。

② 郑樵:《通志》卷25《氏族略·氏族序》,中华书局1987年版,第439页。

治者是关陇贵族,为了巩固其统治地位,必然要打压山东旧士族的势力,在这一过程中,充分利用谱牒作为斗争工具,先后三次大规模官修谱牒:唐太宗时修《氏族志》,高宗时修《姓氏录》,中宗、玄宗时修《大唐姓族系录》。经过几次大的以编修谱牒为手段的打击,魏晋南北朝以来的士族衰落下来,"旧时王谢堂前燕,飞入寻常百姓家"就是对这种现象的真实描绘。

唐代家谱著作中,除上述三次大规模官修家谱和其他几部官修家谱外,绝大部分还是私修家谱。中原地区私修家谱中于邵所作的《河南于氏家谱后序》保存于《全唐文》中。其序全文如下:

序曰:邵高叔祖皇朝尚书左仆射侍中太子太师燕国定公讳志宁,博学多闻,循忠秉直。为秦府十八学士,其左右庶子不道,尝撰《谏苑》三十篇讽之。凡有文集若干卷于代。

又述作之外,修集家谱,其受姓,封邑,衣冠,婚嫁,著之谱序,亦既备矣。历一百七十余年,家藏一本,人人遵守,未尝失坠。自天宝末,幽寇叛乱,今三十七年。顷属中原失守,族类逃难,不南驰吴越,则北走沙朔。或转死沟壑,其谁与知?或因兵祸纵横,吊魂无所;或道路阻塞,不由我归。或田园淹没,无可回顾。所以旧谱散落无余。将期会同,考集不齐,奚为修集,实难有待。今且从邵一房,自为数例。有若九祖长房今太子少保谯国公欣,与邵同升于朝,股肱四圣,为国元老,邵之弟也。有若九祖第三房今襄王府录事参军载,与邵同在京列,保家履道,为宗室长,邵之兄也。各引才识子弟,参定其宜,从而审之,谁曰不可。

又以子孙渐多,昭穆编次,纸幅有量,须变前规,亦《春秋》之新意也。今请每房分为两卷。其上卷自九祖某公至元孙止,其下卷自父考及身已降,迭相补注。

即令邵以皇考工部尚书为下卷之首,此其例也。且诸房昭穆即同,寻而绎之,可以明矣。后能代习家法,述作相因,从子及孙,从孙及子,孙孙子子,兴复宗祧,岂唯两卷乎?将十部而弥盛矣。其文公第四子安平公房,此建平公已上三房,衣冠人物全少。今与文公第五子齐国公,文公第六子叶阳公,文公第七子平恩公,文公第八子襄阳公,文公第九子恒州刺史,并以六房,同为一卷。

就中第五卷已下，子孙皆名位不扬，婚姻无地，湮沉断绝，寂尔无闻，但存旧卷而已。后有遇之者知之者，以时书之。

其五祖、九祖分今叙在三卷，并录之于后。时贞元八年岁在壬申八月朔日。金紫光禄大夫太子宾客上柱国袭恒山郡开国公于邵述。①

河南（今洛阳）于氏家族是北周以来显赫的北方士族，序中所言其先人文公即北周八大柱国之一的于瑾。到了唐代，于氏家族出了三个宰相——于志宁、于休烈和于琮。从序中可知，于志宁曾在唐初修撰过一次家谱。后来，家谱在安史之乱中散落，于是于邵重修家谱。于邵所修家谱分卷以五世为断，更重视五世原则，这与儒家传统文化有关，后世宋代欧、苏族谱的五世图式体例与此相似，即继承了这一形式，对明清时期的家谱编修影响很大。

二、魏晋南北朝时期的墓志家谱

魏晋南北朝时期出现了大量的谱学著作，然而遗憾的是，该时期的谱牒没有一部能够完整保存下来，现在仅能见到后人从相关典籍中辑录出来的只言片语。20世纪新疆吐鲁番出土的两件高昌家谱，被认为是现在仅存的该时期家谱实物，可惜也残缺不全。② 长期以来，由于有关该时期的家谱史料严重匮乏，相关研究也未能取得实质性的进展。可喜的是，陈直先生独辟蹊径，从墓志中探寻南北朝时期的家谱，为我们提供了挖掘该时期家谱资料的新方向。③ 陈爽先生循此路径，提出了“引谱入志”概念，认为中古谱牒以特殊形式大量保存于墓志之中，把魏晋南北朝家谱研究引向深入。④ 本书在前人研究的基础上，主要以中原地区出土的墓志或中原人士的墓志为中心，以家谱研究的视角，就魏晋南北朝时期的墓志家谱谈一些粗略的看法。

（一）“墓志家谱”概念的引入

关于家谱的定义，学界有不同的看法，笔者较为赞同王鹤鸣先生将家谱定

---

① 董诰编：《全唐文》卷428，中华书局1983年版，第4366页。

② 相关研究见马雍《略谈有关高昌的几件新出土文书》，《考古》1972年第4期；李裕民《北朝家谱研究》，载于中国谱牒学研究会编、武新立主编《谱牒学研究》第3辑，书目文献出版社1992年版；王素《吐鲁番出土〈某氏族谱〉新探》，《敦煌研究》1993年第3期。

③ 参见陈直《南北朝谱牒形式的发现和索隐》，《西北大学学报》1980年第3期。

④ 参见陈爽《出土墓志所见中古谱牒探迹》，《中国史研究》2013年第4期。

义为"记述血缘集团世系的载体"[①]。依此定义,王先生又将家谱分为书本家谱和非书本家谱两大类别。书本家谱即书写、印刷在纸上装订成册的家谱,现在所见到的绝大部分家谱均属此类。非书本家谱则包括口传家谱、结绳家谱、甲骨家谱、青铜家谱、碑谱、塔谱、布谱等十余种。

其中的碑谱,即刻在石碑上的家谱,在汉代已开始盛行,一直延续到民国时期甚至当代。浙江余姚出土的东汉建武二十八年(52)的"三老碑"和延熹三年(160)的"孙叔敖碑",就是汉代碑谱的代表。[②]

魏晋南北朝时期,墓志使用较为普遍,尤其是在上层社会。其中大量墓志上刻有墓主家族世系、婚姻、任官等内容,成为该时期墓志撰写的一个惯例,陈爽先生称这种现象为"引谱入志",并总结了以下几种书写方式:在墓志起首(墓主事迹之前)即完整叙述家族世系婚宦;在墓志结尾(辞铭之后)完整叙述家族世系婚宦;在墓志起首记述父祖世系婚宦;在墓志结尾记录子女行辈婚宦;在墓志起首记述父祖世系婚宦,同时在墓志尾部记述子女行辈婚宦;在墓志志阴等位置记述家族世系婚宦;几乎通篇墓志记录家族谱系。魏晋南北朝时期这类墓志的数量,目前能够见到的有 200 方左右。唐代以后,这种"引谱入志"的"志例"基本上消失了。[③]

笔者认为,魏晋南北朝时期这类墓志中记录的家族世系,以及墓志中记述墓主姓氏来历、追述祖先的文字,与当时社会上普通的书本家谱同时存在,可称之为墓志家谱,它是魏晋南北朝时期家谱的一种独特的重要形式。墓志家谱也可以纳入广义的碑谱之中,但与地面上的碑谱又有所区别。

墓志家谱与当时普通的书本家谱存在一定的关联,在书写墓志时,通常情况下会参考书本家谱,如北魏《郭定兴墓志》言:"氏系之由,以载史册,三祖之分,具记家谱,故不复备详焉。"[④]又如北魏《高猛墓志》云:"其氏族所出,弈叶之华,固已备诸方策,可得而详焉,不复一二言也。"[⑤]东魏《大魏故信都县令张(瓘)君墓志铭》记载张氏家族:"代有人焉。缅究遗编,可略而言矣。"[⑥]其所言

① 王鹤鸣:《中国家谱通论》,上海古籍出版社 2011 年版,第 4 页。
② 参见王鹤鸣《中国家谱通论》,上海古籍出版社 2011 年版,第 9 页。
③ 参见陈爽《出土墓志所见中古谱牒探迹》,《中国史研究》2013 年第 4 期。
④ 罗新、叶炜:《新出魏晋南北朝墓志疏证》,中华书局 2005 年版,第 95 页。
⑤ 罗新、叶炜:《新出魏晋南北朝墓志疏证》,中华书局 2005 年版,第 101 页。
⑥ 赵超:《汉魏南北朝墓志汇编》,天津古籍出版社 2008 年版,第 314 页。

家谱、方策、遗编，当均是魏晋南北朝时期普通的书本家谱。

（二）墓志家谱的时代特征

通检赵超先生《汉魏南北朝墓志汇编》和罗新、叶炜二位先生《新出魏晋南北朝墓志疏证》中的墓志家谱，魏晋南北朝墓志家谱可以看出以下时代特征。

1. 重父祖官爵，轻子孙。

魏晋南北朝墓志家谱中，对先祖的记述较多，且较为详细，包括名讳、官爵、事迹、夫人（甚至包括夫人的父祖名讳、官爵）等，而对子孙或只记数量，或只记名讳，或干脆不予记录，总之比较简略。而对从祖、从父及兄弟姐妹的情况，则更少有墓志家谱做详细记录。

如《魏故假节龙骧将军豫州刺史李（蕤）简子墓志铭》在墓志结尾处记述墓主的家族世系云："亡祖宝，字怀素，仪同三司敦煌宣公。夫人金城杨氏。父祎，前军长史。亡父承，字伯业，雍州刺史姑臧穆侯。夫人太原王氏。父慧龙，荆州刺史长社穆侯。君夫人太原王氏，讳恩荣，封晋阳县君。合葬君墓。父洛成，太宰中山宣王。君八男，四女。"[①]在这里，详细记述了墓主祖父和父亲的名讳、官爵，甚至包括其祖母和母亲的姓氏、父讳及官爵，但对于子女情况，只是用简单的"八男，四女"一带而过，不仅没有任官、婚姻等情况的记录，甚至连名字都没有留下。

又如《魏侍中大司马华山王妃故公孙（甑生）氏墓志铭》在志首详细记述了公孙甑生的父祖情况："祖顺，字顺孙，给事中义平子。夫人河南长孙氏。父讳寿，字敕斤陵，散骑常侍左光禄大夫都督秦雍荆梁益五州诸军事征西将军东阳氿池镇都大将征东将军都督青州诸军事青州刺史蜀郡公，谥曰庄王。父冏，字九略，大鸿胪少卿营州大中正使持节冠军将军燕州刺史义平子。夫人河南长孙氏。父讳遐，字乐延，使持节抚军将军衮秦相三州刺史。"[②]在接下来介绍完墓主本人的基本情况后，只是简单以一句"凡生二男一女"，交代了其后代的情况。

当然，魏晋南北朝时期也有很多墓志家谱详细记录了墓主后代的情况，包括子女的姓名、年龄、官爵、婚配情况等。"轻子孙"未必存在于每一方墓志家谱

① 赵超：《汉魏南北朝墓志汇编》，天津古籍出版社2008年版，第48页。

② 赵超：《汉魏南北朝墓志汇编》，天津古籍出版社2008年版，第321页。

中，只是相对而言，但“重父祖”却是普遍现象。

2. 重姻亲关系，轻名字。

魏晋南北朝墓志家谱在记述墓主及其父祖、子孙时，往往会一并述及他们的婚姻情况，写明姻亲家族姓氏郡望，甚至包括配偶的父祖名讳及官爵、事迹，但配偶的名字一般不出现在墓志家谱中。

这种情况在墓志家谱中较为普遍，前述两方墓志家谱均是如此，人们在论及该时期墓志家谱时常举的例子《魏故使持节假黄钺侍中太师领司徒都督中外诸军事彭城武宣王妃李（媛华）氏墓志铭》①中也存在这种情况。对墓主母亲、子妇的记载，只有家族姓氏郡望，而无名字，但女性家族成员所适，一般是写明夫婿家族郡望与姓名的。

3. 再娶与继亲如实书写。

对于男子有多任妻子的情况，魏晋南北朝墓志家谱中也如实记录，比如《晋使持节侍中都督幽州诸军事领护乌丸校尉幽州刺史骠骑大将军博陵公太原晋阳王公故夫人平原华（芳）氏之铭》②中就详细记载了华芳夫君王浚三任夫人（前夫人济阴文氏、中夫人河东卫氏、夫人华氏）的姓氏郡望、父祖名讳及官爵、姻亲等情况。

又如《寇臻墓志》志尾载：“夫人本州都谯国高士夏侯融之女，生男五人。后夫人本州治中安定席他之女，生男四人。”③

记载继亲情况的墓志家谱也是存在的，如《魏故龙骧将军荆州刺史广川孝王（元焕）墓志铭》详细记载了元焕的本亲及继亲：“本祖干，侍中使持节征东大将军都督中外诸军事录尚书司州牧赵郡灵王。祖亲南安谯氏，父鼇头，本州治中从事史济南太守。父谌，给事黄门侍郎使持节散骑常侍都督相州诸军事中军将军相州刺史。亲勃海高氏，父信，使持节镇东将军幽瀛二州刺史卫尉卿惠公。妃河南穆氏，父纂，荆州长史。继曾祖贺略汗，侍中征北大将军中都大官，又加车骑大将军广川庄王。曾祖亲上谷侯氏，父石拔，平南将军洛州刺史。祖谐，散骑常侍武卫将军东中郎将广川刚王。祖亲太原王氏，父叡，侍中吏部尚书卫大将军尚书令太宰公中山文宣王。父灵遵，冠军将军青州刺史广川哀王。亲河南

① 赵超：《汉魏南北朝墓志汇编》，天津古籍出版社 2008 年版，第 148—150 页。
② 赵超：《汉魏南北朝墓志汇编》，天津古籍出版社 2008 年版，第 12 页。
③ 赵超：《汉魏南北朝墓志汇编》，天津古籍出版社 2008 年版，第 49 页。

宇文氏，父伯昇，镇东府长史悬氏侯。”①值得注意的是，志中元焕的本亲只书父祖二代，而继亲则更是从曾祖父记起。本亲与继亲之间记述了元焕妻子的姓氏、郡望及其父讳与官职。

又如《魏故汝北郡中正寇君（胤哲）墓志》载：“雍州刺史河南宣穆公之玄孙，郢州使君昌平威公之曾孙，顺阳府君轨之孙，光州刺史遵贵第二子。继第五叔父遵略之孙。”志尾又言：“中正（按：指墓主）无子，第四弟憗以第三息文叡继后。”②该志记录了两个继亲关系。

4. 重视家族中女性成员。

魏晋南北朝时期的墓志家谱，对家族中的女性成员较为重视，这与宋元以后女子一般不入谱有很大不同。虽然是重视家族中的女性成员，但她们的名讳不一定都有记载，这显然是与墓志家谱重姻亲关系有关，并不能说明当时女子地位高。③ 这一时期的墓志家谱中，有许多子女并列记述的例子（一般按先子后女的顺序排列，也有按年龄大小子女混排的），甚至有的记述了女子所适家族及夫婿姓名，而未记儿子所娶妻子家族的情况。

如《君讳昂（崔昂）墓志》志尾记述崔昂子女情况：“长子谋，字君赞。第二子恪，字君和。第三子液，字君洽。第四子天师。第五子人师。长女适荥阳郑思仁。第二女适赵郡李孝贞。第三女适范阳卢公顺□。”④这里，崔昂的五个儿子均未记及妻族情况（据墓志推测，其五子均未婚的可能性不大），但三女所适家族均有记录，甚至有夫婿的名字。

又如《李祖牧墓志》志尾载：“外祖广平宋弁，魏吏部尚书。夫人广平宋，父维，魏洛州刺史。长子君荣，字长谋，司空府刑狱参军。第二子君明，字仲爽，齐符玺郎中，卅九亡，同日祔葬于茔西北。第三子君颖，字叔睿，安德王开府长史，年卅四亡，同日祔葬于茔东北。第四子君弘，字季宽，太尉府行参军。庶第五子君亮。庶子君华，染道。庶子君盛。庶子君褒。长女魏颍川王元斌之世子世铎。第二女适博陵崔子信，信太子舍人。第三女适博陵崔伯友，友梁州骑兵参军。第四女齐世宗文襄皇帝第五子太尉公安德王延宗妃。”⑤

① 赵超：《汉魏南北朝墓志汇编》，天津古籍出版社 2008 年版，第 169 页。
② 赵超：《汉魏南北朝墓志汇编》，天津古籍出版社 2008 年版，第 489 页。
③ 参见陈爽《出土墓志所见中古谱牒探迹》，《中国史研究》2013 年第 4 期。
④ 赵超：《汉魏南北朝墓志汇编》，天津古籍出版社 2008 年版，第 434 页。
⑤ 罗新、叶炜：《新出魏晋南北朝墓志疏证》，中华书局 2005 年版，第 220 页。

《魏故乐安王妃冯(季华)氏墓志铭》则详细记载了其七个姐姐的婚配情况,即便是在该时期的墓志家谱中也较为少见,志载:“长姊南平王妃。第二第三姊并为孝文皇帝后。第四第五姊并为孝文皇帝昭仪。第六姊安丰王妃。第七姊任城王妃。”①之所以会出现这种情况,主要是为了凸显冯氏家族与北魏帝室的关系。

5. 女子墓志侧重所生子。

在魏晋南北朝时期女子的墓志家谱中,有的只记其所生子的情况。

如《周故邵州刺史寇峤妻襄城君薛夫人墓志》在志尾只记有:“第三子士宽。第四子士宣。女柔华。”②据志载:“前后夫人,各有二子。夫人以眇眇之年,鞠孤孤之胤。”薛夫人对前夫人所生二子不可谓不慈,但志尾却没有记下他们的名讳,而只是记录了所生二子。

又如《魏故平西将军汾州刺史华阴伯杨保元妻华山郡主元氏志铭》中间有“长子熙之,位大鸿胪卿。次子叡景,夙年零落”之语,志尾又载其子女情况云:“长子名熙之,骠骑大将军北华州刺史大鸿胪卿,华阴县开国男。次子叡秀。次子叡景。次子叡和。次子叡弼。次子叡邕。”③则中间所记二子,有可能只是墓主的所生子。

6. 追记先祖代数不确定。

魏晋南北朝墓志家谱中追记先祖的代数不确定,有的只记到父辈,有的述及父祖二代,有的叙述曾祖、祖、父三代,有的追及高祖、七世祖甚至更远。宗室成员(或其他政权统治者后代)的墓志家谱,一般追记到某位皇帝(或某政权最高统治者)为止。总体看来,墓志家谱一般是追记到能够充分体现墓主家族地位的先祖为止。

只记到父辈的墓志家谱,如《魏故中给事中谒者关西十州台使郭显墓志铭》在志首载:“父苌命,东兖州别驾。母赵郡李氏。显妻济州平原柏氏。息金龙。息女洪妃,适段苌洛。次息女景妃,适杨康生。龙妻刘氏。龙息文憘,次息见憘。”④

述及父祖二代的墓志家谱,如前引《魏故假节龙骧将军豫州刺史李(蕤)简

---

① 赵超:《汉魏南北朝墓志汇编》,天津古籍出版社 2008 年版,第 156 页。
② 赵超:《汉魏南北朝墓志汇编》,天津古籍出版社 2008 年版,第 490 页。
③ 赵超:《汉魏南北朝墓志汇编》,天津古籍出版社 2008 年版,第 385 页。
④ 赵超:《汉魏南北朝墓志汇编》,天津古籍出版社 2008 年版,第 157—158 页。

子墓志铭》和《魏侍中大司马华山王妃故公孙(甑生)氏墓志铭》均是。

叙述曾祖、祖、父三代的墓志家谱,如《齐故车骑大将军银青光禄大夫济南郡太守顿丘男赠使持节都督豫州诸军事豫州刺史李(云)公墓志铭》言:"曾祖方叔,仪同三司顿丘献王,魏文成皇元恭后之父也。以外姻之重,启封河卫。祖峻,开府仪同太宰羽真录尚书顿丘宣王。父肃,侍中相州刺史穆公。"①

追记到七世祖的墓志家谱如《魏故员外散骑常侍清河崔(猷)府君墓志铭》云:"七世祖岳,元嵩,晋散骑侍郎。高祖荫,道崇,大司农卿。祖乐陵太守旷,元达,德懋乡家,当世宗重。父清河太守灵瑰,言行无玷,名秀一时。"②但这里只是提及其七世祖,接下来的世系却并非每代都有记载。

(三)墓志家谱的文献价值

魏晋南北朝时期的墓志家谱,在中国家谱发展史上具有重要地位,包含了大量的原始史料,对魏晋南北朝史、地方史等学术研究均具有重要意义,应当引起学界的进一步重视。

第一,墓志家谱是中国家谱发展史中的重要一环,在中国家谱史上占有重要地位,与该时期存在的书本家谱同样重要。特别是在该时期书本家谱亡佚殆尽的今天,墓志家谱为我们研究魏晋南北朝家谱提供了重要的实物材料,使我们探讨该时期的家谱成为可能。我们今天所能见到的家谱,多为明清以来的书本家谱,宋代以前的家谱由于年代久远,极其罕见。从甲骨卜辞、青铜器皿、碑刻墓志等上面保留下来的家谱就显得十分宝贵,对我们完整研究中国家谱发展史起到了重要作用。

第二,墓志家谱是研究魏晋南北朝史的重要参考资料,具有第一手材料的重要意义,有待于我们进一步深入挖掘。正像陈爽先生所指出的那样:"古代石刻中新史料的开掘与清理,为我们研究中古社会风貌提供了丰富而详尽原始史料,也将进一步拓展中古历史研究的学术视野。"③至少,墓志家谱对墓主家族世系的记述,往往能够补史书记载之缺。又如,墓志家谱中所涉及的职官名称,也可以丰富我们对魏晋南北朝时期职官的认识。

第三,墓志家谱中记载的一些地名,对地方史研究也具有一定的参考价值。

---

① 赵超:《汉魏南北朝墓志汇编》,天津古籍出版社2008年版,第478页。

② 赵超:《汉魏南北朝墓志汇编》,天津古籍出版社2008年版,第66—67页。

③ 陈爽:《出土墓志所见中古谱牒探迹》,《中国史研究》2013年第4期。

如《晋使持节侍中都督幽州诸军事领护乌丸校尉幽州刺史骠骑大将军博陵公太原晋阳王公故夫人平原华(芳)氏之铭》言:“祖父讳机,字产平,故魏东郡太守。夫人郭氏、鲍氏。墓在河内野王县北白径道东北,比从曾祖代郡府君墓,南邻从祖东平府君墓。”①在墓志家谱中,记述了相关家族成员的墓茔所在方位,这也是宋元以后家谱中应有的内容之一。此例中所提到的白径道,疑为白陉道,然而现在的一般看法认为太行八陉之一的白陉位于今河南辉县市与山西陵川县之间,即先秦时期就已经存在的孟门,而河内野王县(今河南沁阳市)北是太行八陉的另外一条——太行陉所在地。不知此墓志中的白径道是否与后来的辉县白陉有关联,还有待于今后考证,但这至少给我们研究白陉提供了一条新的史料。

第三节　宋元明清以来的中原家谱

一、宋元时期家谱的发展

北宋建都汴京(今开封),中原地区成为当时的政治、文化中心。随着唐末农民战争的打击和五代时期长期战乱的破坏,门阀士族受到了致命的打击,加之受科举制长期的影响,人们的婚姻观也有了很大的变化,社会风气为之一变,官修谱牒已经失去仕途与婚姻的实用价值。与此同时,随着家谱功能转化为尊祖、收族方面,宋朝统治者也对私家修谱持支持态度,以巩固其基层统治,私家修谱兴盛起来。宋代社会经济继续发展,汴京、洛阳、苏州、扬州、杭州、泉州等城市成为繁荣的大都市,随着商品经济的发展,一些大的家族逐渐兴起,这也是宋代私家修谱的社会环境。

研究宋代家谱,不得不提位列唐宋八大家的欧阳修和苏洵,他们以新的编修宗旨、原则、体例与方法,分别修撰了《欧阳氏谱图》和《苏氏族谱》,推动了有宋一代私家修谱的发展,众多士大夫纷纷编修本族家谱,并被后世列为家谱编修的典范。

欧阳修曾主持编修《新唐书》,在编修家谱时,他便采用了史书的体例和图表方式,将本家族的迁徙、婚宦情况和家族成员的名谥、享年、墓葬及行事等,画出世系,五世为一图制成谱图,编修成了不同于以往的新型家谱。苏洵所修《苏

① 赵超:《汉魏南北朝墓志汇编》,天津古籍出版社2008年版,第12页。

氏家谱》包括谱例、世系图、人物传记等内容。以五世为图，五世以外亲尽服穷，则图表不载。可以说，苏洵借鉴了欧阳修的编修方法，但又有所创新。

与之前的魏晋南北朝隋唐时期相比，宋代家谱在编修宗旨和形式、谱图之法、内容和续修时间上都发生了明显的变化。

在编修宗旨上，正如有学者所说的那样："中古谱牒均上呈官府，专员执掌，目的在选官；宋元族谱是私家记述，目的在收族。这是宋元以下族谱与中古谱牒的本质差异。"①编修形式上，宋代朝廷不再设立图谱局，官府也不再编修谱牒，家谱变为完全的家族行为。在谱图之法上，宋代为之一变。"在宋代以前，从始祖延续到家谱编撰人的世代谱系，究竟以几代人为一图的谱图之法并不统一，有的以六世为一图，有的以七世为一图，有的以五世为一图等等。自从欧苏以小宗宗法，按'近亲疏远'的原则，创制了五世为一图的世系图，即上至高祖，下至元孙，五世为一图，第五世元孙别提为第二图之首，成为第二图之高祖，又是五世为图，这样第一图与第二图共九世，既有五世服内之情，又有九世九族之亲。欧苏的这种五世为图、近亲疏远的谱图之法，是欧苏总结了前人修谱法则，适应了宋代私修家谱的需求而创制出来的，对宋代及后世的谱图之法有着巨大影响，基本上为宋代及后世编修家谱者所采用，开创了中国家谱谱图之法的新阶段。"②

到了元代，私修家谱仍是家谱的主流。元代家谱总体上延续了宋代家谱的编修方法，呈现出承前启后的过渡特征。蒙元在统一中国的过程中，战乱频繁，地处中原的河南地区也遭到了重创。战乱中，许多宋金时期的家谱散佚不存。元代文学家、彰德汤阴（今安阳市汤阴县）人许有壬在《至正集》卷72《题刘氏族谱》中称："士大夫家贵知其族，及荡于兵，宰相世系之隆，子孙有不知其自出者，况齐民乎！士大夫家能有其谱者，百不一二也。"③从中可见宋元之际战乱对家谱的破坏之大。

元代家谱遵循了宋代的欧阳修、苏洵的五世谱图之法，但由于其统治者为蒙古族，所以也打上了蒙古族统治的时代烙印，朱熹的理学思想没能像后世那样渗透到家谱之中。元代的统治时间较短，元代家谱只能看作是宋代家谱到明

---

① 杜正胜：《传统家族试论》，载黄宽重、刘增贵编：《家族与社会》，中国大百科全书出版社2005年版，第84页。

② 王鹤鸣：《中国家谱通论》，上海古籍出版社2011年版，第118页。

③ 李修生主编：《全元文》38，凤凰出版社2004年版，第154页。

清家谱的一个过渡形态。

《宋史·艺文志》中收录的宋代家谱种数达110种，有学者估计元代家谱数当在200种以上，但历经战乱，存世的宋元家谱较少，不足十分之一，其中徽州地区的家谱居多，中原地区尚未发现存世的宋元家谱。

二、明清民国时期的中原家谱

到了明代，编修家谱的数量有了大幅度的增加。据不完全统计，整个明代家谱存世者当在近千种，可见，当时编修的家谱肯定更多。

明代开国皇帝朱元璋颁布了“圣谕六言”：“孝顺父母，尊敬长上，和睦乡里，教训子孙，各安生理，毋作非为。”其目的是维护封建统治秩序，但在客观上也推动了明代家谱的编修。

明代家谱的体例与内容得到了完善，主要有谱序、谱例、姓氏源流、世系图、祠堂、居徙、仕宦、恩纶、神像、文献、家传、行状、家训、族规、风俗、遗迹、里社、派字、领谱字号、修谱名录等，比宋元家谱的内容更加丰富，体例更加完善。从现存明代家谱来看，江南地区的居多，尤以徽州家谱为盛。中原地区已失去北宋以前长期在全国的政治、文化、经济中心地位。但即便是在南方各家族的家谱中，追述家族源流时往往会述及中原地区。

清代及民国时期，家谱发展到了高峰时期，稍有条件的家族便会编修家谱，可以说是达到了普及的程度，其准确数量难以估计，应该在上万种之多。从内容与体例上来说，清代与民国时期的家谱与明代家谱大体一致，是明谱的延续，没有多少创新。

南宋以后，江南地区经济发展超过了中原地区，此后南方地区的家谱编修也明显盛于中原地区。甚至在清代江南出现了“族必有祠，宗必有谱”的局面，在河南还没有达到这样的程度，但家谱的编修也比较普遍，有甚于祠堂的修建。1923年编修的《(新乡)畅氏族谱》序中写道：“(族谱)遂付石工，印造成簿。至于建修祠堂，愧无资财，须中缓时日，积石亦可为山矣。”可见，家谱的编修花费较小，一般家族还能够承担，但修建祠堂就需要有一定的家族经济实力才能实现。

清代家谱续修的时间有“三十年一修”的说法，比南宋朱熹所认为的“三代不修谱，是为不孝”有较大的缩短。以新乡定国村郭氏家族为例，我们来看一下清代以来家谱续修的间隔时间。新乡郭氏族谱，由十世郭士标依据明代郭涓所著《郭氏家乘》，于清顺治十二年(1655)编修而成，十一世郭遇熙于康熙三十三年(1694)重修并刊印，此后，又于乾隆六年(1741)、嘉庆二年(1797)、道光二十五年(1845)、光绪二年(1876)、1915年、1956年、1986年和2006年数次续修。由此可见，历次续修的间隔时间分别为44年、42年、56年、48年、31年、39年、41年、30年、20年。除去后三次为中华人民共和国成立后的续修外，其他几次平均间隔时间在40年以上。

第二章　中原家谱的当代发展探研

历史的车轮进入1949年之后,随着社会制度的巨变,家谱文化也随之变化。在新中国成立初期的30年间,家谱的编修与社会制度不断发生碰撞,并逐步适应了新生的社会主义制度。1980年代以来,思想的进一步解放,经济的进一步发展,家谱的大规模新修也随之而来,从而使家谱编修进入一个新的历史活跃期。当代中原家谱的新修呈现出新的时代特征。中原家谱的新修,带动了河南家谱产业的发展,一些人士和文化机构专门从事家谱编修和印刷,其中部分企业形成了较大的规模,甚至在全国产生了较大的影响。

第一节　1949—1979年中原家谱编修状况

中华人民共和国成立以后的30年间,被人们认为是家谱编修的沉默期或中断期。王鹤鸣《中国家谱通论》对这段时间家谱的新修便付之阙如,仅写道:"由于受'左'的影响,人们视家谱为封建糟粕,大量家谱被销毁,即使存放在图书馆的家谱,也是堆在角落里,任其虫蛀、尘封。人们谈谱色变,续修家谱当然提不上议程。"①

然而,我们如果仔细考察就不难发现,中华人民共和国成立后30年间的家谱编修从未停顿,仅从上海图书馆编《中国家谱总目》中便可看到,这一期间编修的家谱有1150种(其中著录河南家谱18种),而且是30年间无一年中断。我们知道,《中国家谱总目》仅仅著录了一部分家谱而已,还有很多这一时期编修的家谱没有得到著录。如上海师范大学历史系钱杭教授对浙南6县的调查

① 王鹤鸣:《中国家谱通论》,上海古籍出版社2011年版,第251页。

发现了该时期的新谱 40 种,《中国家谱总目》均未著录。①

关于这一时期的中原家谱编修情况,有一条曾被广泛引用的史料。1963 年 4 月 15 日《河南省委关于当前农村社会主义教育运动情况的报告》(以下简称《报告》)称:“这次运动中揭发出来的大量事实,确凿地说明当前我省农村中的阶级斗争是十分激烈的。光是九十个县三级干部会议上所揭发的材料……续家谱一万多宗……特别严重的是,不少党员、干部参与了这些活动,有些甚至是他们带头干的。”②一万多宗!平均到每个县也有一百多宗。这一续家谱的数量和普及程度令现在的我们也感到吃惊。有学者统计:“在上海图书馆编《中国家谱总目》中,对这批数量惊人的‘一万多宗’,目前仅能著录七种,其中 1962 年 3 种:河南镇平《李氏长门宗系谱》,1962 年稿本一册;河南太康《汪氏族谱》不分卷,1962 年稿本四册;河南太康《刘氏族谱》,1962 年油印本四册。1963 年 4 种:河南洛阳《洛阳大营百忍堂张氏族谱》不分卷,1963 年抄本一册;河南太康《张氏族谱》,1963 年稿本五册;河南《宁氏家谱》,1963 年石印本一册;河南洛宁《刘营长门家谱》,1963 年抄本一册——存世比例低得真是难以想象。”③当然,也许当时的报告存在夸张,但续家谱的事看来在当时的河南全省是普遍存在的。从我们现在馆藏家谱和地方文献记载的中原家谱编修情况来看,这一时期中原家谱的编修的确没有停止,而且较好地起到了承前启后的重要作用,在家谱史上应当有其一笔,不能忽视。

河南师范大学图书馆新乡地方文献整理中心馆藏一部手写本家谱《(辉县穆家营)敦本堂王氏族谱》即编修于 1963 年,为《报告》所称现象提供了注脚。让我们来看看这部家谱的情况。

《1963 年辉县穆家营敦本堂王氏族谱》序曰:“尝闻创之于前者树其基也,续之于后者继其美也。我王氏族谱创修于民国四年,续修于民国二十六年,迄今二十余年矣。其中生齿日繁,变更日伙,娶而复娶,生而又生,取继与继,各有其人,若不及时续修,恐人丁日繁,门户益多,愈久而愈难修矣。言念及此,续修之念勃然而动。余商同族侄子敬邀请合族人等商议续修族谱,众皆称善,欣然

① 钱杭:《关注“新谱”——中国谱学史研究的深化之路》,《光明日报》2014 年 5 月 27 日第 16 版。

② 中共湖北省委办公厅编:《中共中央关于目前农村工作中的若干问题的决定(草案)的七个附件》,中共湖北省委办公厅,1963 年 6 月。

③ 钱杭:《20 世纪 60 年代初河南中部农村的宗族与族谱——细读〈前十条〉附件中的〈偃师报告〉》,《社会科学》2016 年第 4 期。

乐从,于是筹措款项,重订新谱,分派人员挨户调查,详究细问,使无遗漏,某人系某人子,娶妻某氏生子几人,某人承继某人取某人子为嗣,一一登入草谱,汇订成册,挨次复核校证无讹誊录,新谱经月余而告竣。余愧才疏学浅不能为文,聊作俚语以叙其事,庶使后之览者一目了然,分清门第,知其远近,各念一本九族之谊,团结和睦,相亲相爱,互助合作,搞好生产,促其社会主义早日到来,过着美满幸福之生活,则余之心愿足矣。是为序。"在这篇序言里,作者既提到了续谱的意义所在,也提到了续谱的过程,最后还不忘与当时的社会形势相结合,"互助合作,搞好生产,促其社会主义早日到来",憧憬着美好的未来。

除上述族谱外,《(新乡县古固寨三王庄)曹氏族谱》编修于 1962 年 10 月[①],《(辉县胡桥南云门)刘氏族谱》曾于 1963 年续修,《(辉县胡桥请下佛)侯氏族谱》于 1961 年创修[②],均是 1960 年代初期编修的家谱,与《报告》所称现象相符。这一时期的家谱编修热,刚好处于三年困难时期之后,从某种程度上反映了人们对生命的敬畏和对家族延续的渴望。

其实,除上述所讲的 1960 年代初期的家谱编修热之外,1950 年代中期也有一大批家谱问世。比如《1951 年长垣县苗寨东榆林吴氏家谱》《1953 年新乡县古固寨史屯崔氏族谱》《1955 年获嘉岳氏族谱》《1955 年原阳县西李寨李氏族谱》《1955 年长垣县苗寨东庙景氏族谱》《1956 年新乡县定国村郭氏族谱》《1957 年辉县峪河穆家营王氏族谱》等。

《1955 年获嘉岳氏族谱》序曰:"(族谱)自民国辛巳年(1941)增修后迄于今又十余年矣。其间经过饥馑变乱,各处所存谱册或经残缺,或被焚毁,现存者几无完璧。若不(急)〔及〕时修续,一经中断,岂非吾族一大憾事哉!况我族家户日繁,人丁日盛,青年未续入者亦甚繁伙。吾全体族众有鉴于此,所以今春有续修家乘之议,一唱百和,无不赞同。"这一序言所讲的代表了当时那批家谱编修的普遍情况。

1950 年代中期处于中华人民共和国成立后恢复和发展生产的时期,社会稳定,广大农民翻身做了主人,政治热情高涨,各个家族有必要对近些年来新增人口入谱,所以才会出现一个续修家谱的高峰期。但这一时期续修的家谱,在编修体例与风格上和旧谱差别不大,指导思想上也没有太多的改变。

---

① 据新乡县古固寨镇志编纂委员会办公室:《古固寨镇志(评审稿)》,2012 年,第 93 页。

② 据《胡桥乡志》编纂委员会:《(辉县市)胡桥乡志》,中州古籍出版社 2011 年版,第 488、489 页。

应当承认，在大量当代“新谱”修成的同时，也有大量“旧谱”遭到了人为或自然的破坏，流失相当严重。

南京大学徐雁教授对二十世纪五六十年代家谱文献的损毁进行了钩沉式的研究，依据江苏、浙江、安徽和湖南等省部分地方史志的记载，家谱文献在“土改运动”，尤其是在“破四旧”的“文革”初期被损毁的事实，展现家谱文献先后进入图书馆典藏、古旧书市场和拍卖市场买卖的情景。① 根据地方文献记载，河南在当时也有类似的情况。当然，只要不是把家谱焚烧，其他的流失如入藏图书馆、进入市场等，还不算是家谱真正的消亡。

在家谱遭到破坏的时候，家族成员出于对祖先的敬畏之心和对家族的责任感，会想尽一切办法保护家谱。如《1992 年新乡八里营白氏家谱》序曰：“历经‘文革’，老谱遭劫。多亏有富贤侄，想方设法，历经周折，将我家谱录下。”②又如新乡市茹岗村的茹垦海老人，在“文革”期间，为保全家谱和宗祠，多方奔走，哪怕是受到迫害，也始终矢志不渝。类似的情况还有很多，许多家谱就是靠家族中热心人士的保护而留存下来。

第二节　1980 年代以来中原家谱编修状况

改革开放以后，特别是 1980 年代以来，人们的思想得到进一步解放，国家经济也得到进一步的发展，中原家谱的编修逐渐进入一个新的历史活跃期，而且要超越以往的任何一个历史时期。

1981 年，在政府倡导和推动下，各省、市、县普遍开展地方志编修工作，即我们现在通常所说的第一轮修志工作。在新志编修的影响下，人们对家谱是“封建宗法制度的象征”的认识逐渐改变，家谱的新修也逐步升温。正像有学者所言的那样：“八十年代前期，随着修撰新志的升温，谱牒作为可供利用的史料之一，恶名逐渐脱去；虽然仍是配角，但地位不断提升。”③

① 参见徐雁《“百代孝慈高仰止，千年支派永流长”——20 世纪五六十年代家谱文献毁损钩沉》，《图书馆论坛》2014 年第 12 期。

② 转引自刘海山主编《（新乡市卫滨区）八里营村志》，2008 年，第 71 页。

③ 梁洪生：《新谱与新志的对接——方志界对谱牒的认识和一种理想设计的考察》，载王鹤鸣、马远良、王世伟主编《中国谱牒研究——全国谱牒开发与利用学术研讨会论文集》，上海古籍出版社 1999 年版，第 341 页。

我们从《1985 年原阳县西李寨李氏族谱》的《第五次修族谱序》可以看出这一时期修志对修谱的影响:"古人言:国之所重者在乎史,家之所赖者在乎谱,国有史则古今明,家有谱而昭穆序。遵古人之训,近几年国家为了继往开来,(今)〔令〕省地市县及乡镇厂矿层层撰史修志,看来已是势在必行。以此而论,上行下效、家谱为尽报本追远之心而续修谱牒,想必也是理所当然。"

国家档案局、教育部、文化部下发文件《关于协助编好〈中国家谱综合目录〉的通知》(国档会字[1984]7 号),对家谱的编修起到了直接的推动作用。《关于协助编好〈中国家谱综合目录〉的通知》对家谱的学术价值和现实作用进行了阐述:"家谱是我国宝贵文化遗产中亟待发掘的一部分,蕴藏着大量有关人口学、社会学、民族学、民俗学、经济史、人物传记、宗族制度以及地方史的资料,它不仅对开展学术研究有重要价值,而且对当前某些工作也起着很大作用。但是,由于国内收藏的家谱极为分散,又没有专门目录,因而长期以来国内对家谱的发掘、研究工作做得不多,这与国外学者、机构对中国家谱搜集不遗余力、研究多有成果的状况很不相称。同时,随着对外开放政策的实行,许多根在大陆的台湾同胞、海外侨胞的思乡之情日趋浓烈,他们也亟须利用家谱来寻找自己的血缘关系。"这些表述对当时人们对家谱的重新认识起到了引领作用,许多家族正是在这一精神的指导下,开始了家谱的新修工作。

根据《中国家谱总目》,有学者统计:"1980 年至 2005 年间,河南省新编族谱已达 650 种,其中 80 年代 109 种,涉及 43 县市;90 年代 401 种,涉及 77 县市;2000—2005 年 140 种,涉及 51 县市。"①虽然这一统计数据不是这些年间河南全省新编家谱的全部数据,但也可以在一定程度上反映出 1980 年以来中原家谱新修的繁荣状况。

我们以豫北新乡县一个乡镇——古固寨镇在 1949 年以后 60 余年间的家谱编修为例,来管窥当代中原新谱的编修情况。

古固寨镇隶属于新乡市新乡县,距新乡市政府驻地 12 公里,属城市近郊区县。该镇东邻延津县榆林乡,南毗原阳县福宁集镇和本县朗公庙镇,北靠新乡经济技术开发区(小店工业园区),西依新乡市高新技术开发区和新乡市红旗区。据 2011 年统计数字,全镇辖 15 个行政村,总面积 44.1 平方公里,总人口

① 钱杭:《20 世纪 60 年代初河南中部农村的宗族与族谱——细读〈前十条〉附件中的〈偃师报告〉》,《社会科学》2016 年第 4 期。

3.7万人,有男性姓氏69个,其中姓氏最多的村为三王庄(24个),分布最广的姓氏为李姓(13个村)。

据新乡县古固寨镇志编纂委员会办公室编《古固寨镇志(评审稿)》记载,1953年至2011年的近60年间,古固寨共有34部家谱创修或续修。其中2部为二十世纪五六十年代所修,上文已经提到,其余32部为1986年至2011年所修(其中部分为其他地区所主修,如表中所列2006年古南街《郭氏族谱》为牧野区定国村郭赞兴主修)。由此可见,在20世纪80年代中期以后,中原家谱的新修进入了一个新的历史活跃期。

表2-1 新乡县古固寨镇境内1986—2011年家谱编修一览表

村别	家谱名称	时间	村别	家谱名称	时间
三王庄	吕氏族谱	1986.12	三王庄	贾氏族谱	2000.02
南张庄	马氏宗谱	1988.04	古北街	卢氏族谱	2001.07
古南街	牛氏宗谱	1989.08	冷庄	冷氏族谱	2001.11
小屯	曹氏家谱	1990.01	三王庄	汪氏家谱	2003.03
古中街	李氏家谱备忘	1991.02	三王庄	梁氏家谱	2003.12
古北街	张氏家谱	1992.02	三王庄	王氏族谱	2003.12
古南街	马氏家谱	1994.08	南张庄	樊氏族谱	2004.05
古北街	冯氏族谱	1994.02	三王庄	张氏家谱	2004.12
王连屯李庄	李氏族谱	1995	三王庄	郭氏族谱	2005.12
小屯	申氏族谱	1995	三王庄、古南街	魏氏家谱	2005.12
三王庄	孔氏支谱	1996.03	古北街	李氏家谱	2006.06
古中街	刘氏宗谱	1996.06	古南街	郭氏族谱	2006.10
王连屯苏庄	苏氏族谱	1997	冷庄	田氏族谱	2006.11
三王庄	闫氏族谱	1997.02	南张庄	张氏家谱	2010
三王庄	闫氏家谱	1998.01	古南街	惠氏族谱	2011.01
王连屯	李氏族谱	1999.03	古中街	银氏家谱	2011.12

资料来源:新乡县古固寨镇志编纂委员会办公室:《古固寨镇志(评审稿)》,2012年,第93—95页。

第三节　当代中原家谱的时代特征

当代中原家谱与以往的旧谱相比，从指导思想到体例与规模，都有着鲜明的时代特征。

一、指导思想，古今结合

新修家谱一般对旧谱进行了批判继承，在指导思想上积极以历史唯物主义为指导，适应社会主义新的时代要求，将修谱的指导思想充分与现代社会相结合。

对于女儿是否入谱的问题，各个家族的处理方法也不尽相同。以往的旧谱，一般情况下女儿是不入谱的，当然也有例外，如《1941 年新乡县茹岗茹氏宗谱》就有女儿的记载。1949 年以后的 30 年，女儿入谱的也很少见。

1980 年代以来的新修家谱，女儿入谱的越来越多。这中间也有过渡的痕迹，比如《1996 年新乡定国村郭氏族谱》，据编修者郭赞兴先生介绍，因为当时无论男女，入谱者要按人头缴纳 5 元钱，所以对女儿入谱没有作强制性的规定，但是毕竟开创了该支郭氏族谱女儿入谱的先例。当代新修家谱，特别是一些人口较少的家族，女儿一般是入谱的，有些甚至把外孙、外孙女也写入谱中。有些家谱对女儿是否入谱有年代限定，规定某一年（如 1980 年）之后由于计划生育政策的施行，独生女也写入家谱。

二、体例多样，表现灵活

当代家谱在体例上表现不一，突破了宋代以来传统家谱的体例。在书写方式上，有传统风格的繁体竖排版式，有现代风格的简体横排版式，甚至还有繁体与简体混排的。有些新谱采取章节体，如《1998 年新乡孙姓谱牒》就分为《孙姓家族渊源考》《新乡各地（村）孙姓家族谱》《新乡孙姓家族的文化》《新乡孙姓家族人物志》《孙姓家族的典故》《华夏孙姓名人谱》《华夏孙姓史迹游》七章，以及前言、凡例、编后记、附录等内容。

三、颁谱仪式，隆重热烈

在家谱编修完成之后，通常会举行颁谱仪式，当代的这种庆典活动借助现代科技手段,比过去更加隆重热烈。参加颁谱庆典的除本族宗亲外,有的还邀请当地政府官员或名人参加。比如,新乡畅氏家族的《2012 年鄘南畅氏家谱》告竣后,选择端午节时间,部分族人聚会新乡市中原路天泉宾馆,举行颁谱仪式并合影留念,参加颁谱仪式的族人无不感到光荣和自豪。有的颁谱仪式在本村进行,除传统的鞭炮外,还有现代音响等庆典设备,气氛非常喜庆。

四、科技影响,规模宏大

当代家谱的编修,受到科技发展的影响较大。有些家族在印刷纸质家谱的同时,也会附带有光盘,或是有电子版保存于家族之中,甚至上传至互联网上,流传更广。有些家谱中每个家庭有一张全家福照片,《2012 年南阳唐河大符桥符氏家谱》就是如此,这在以往是无法实现的。

当代出现了一批规模宏大的会通谱、统宗谱。比如中国保存最长久和最完整的家族谱系《孔子世家谱》,在 2009 年完成了第五次大修,由文化艺术出版社出版,共 80 册 2000 多万字,收录孔氏族人 200 多万人,河南多地的孔子后裔参与了此次修谱,如新乡花园村支、新乡八里营支等。

《郑氏族系大典》也是一部规模宏大的家谱著作。荥阳郑氏是北朝著名的汉族士族,影响深远。2001 年 11 月 16 日,“郑氏历史文化研讨暨《郑氏族系大典》编纂委员会第一次扩大会议”在荥阳召开,正式启动了该谱的编纂工作。该谱计划分为八部,规模宏大。2015 年该谱已由中州古籍出版社正式出版四部,还有数部正在编纂之中。

当代中原家谱的编修,从过去旧谱单一注重血缘纽带关系到血缘纽带与文化认同相结合,这是社会发展进步的表现。当然,当代中原家谱编修中也存在一些问题,应该引起我们的注意。有些村庄在村委会选举中拉选票的情况十分严重,甚至引发群体性事件,一些家族利用家族观念,借修家谱之名凝聚族人民心来拉选票,本来应该为全村百姓服务的村委会干部,变成了为特定家族甚至个人谋利益的工具。对于这种情况,我们应该正确加以引导。编修家谱“聚族”本身没有错,但不应局限于某个家族利益,而应顾全大局、敦睦乡里,为建设社会主义和谐社会和乡村振兴作出应有贡献。

第四节 当代中原家谱的产业化发展

当代大规模的家谱编修已形成一股社会风气，影响着众多的家族，同时，许多家族没有能力完全依靠自己的力量完成家谱的编修，这一社会现实助推了家谱产业的发展。中原家谱的新修，带动了河南家谱产业的发展，一些人士和文化机构专门从事家谱编修和印刷，其中部分企业已经形成了较大的规模，甚至在全国产生了较大的影响。家谱产业应当成为文化产业的重要组成部分，直接为社会经济发展贡献力量。对河南家谱产业进行调查和研究，有利于进一步推动河南姓氏文化产业的大发展和大繁荣。

一、河南姓氏文化产业的迅速发展

中原地区是中华民族的根脉所在，相关研究表明，中华民族有源可考的姓氏中，三分之一起源于河南，100 个大姓中有 78 个源头或部分源头在河南，“根亲文化”成为河南的特色文化品牌，我们理应深入研究中原根亲文化，并努力把根亲文化与姓氏文化产业做大做强。

在五千年悠远深厚的中华文明传承中，姓氏文化一直被认为是优秀传统文化的源头之一，它不仅连接着中华民族的血脉之根，也是我们追寻人类历史、人类文化发生和发展进程的起点。

近些年来，新郑市轩辕黄帝故里、卫辉市比干庙等在姓氏文化产业方面都进行了积极探索。每年农历三月初三的新郑黄帝拜祖祭典在 2008 年被国务院确定为第一批国家级非物质文化遗产扩展项目。黄帝故里拜祖大典现由国务院侨务办公室、国务院台湾事务办公室、郑州市人民政府、新郑市人民政府等单位承办。中国国民党荣誉主席连战、吴伯雄，新党主席郁慕明，中国亲民党主席宋楚瑜曾出席往届大典。黄帝故里拜祖大典曾被评选为“全球最具影响力的十大根亲文化盛事”。“卫辉比干庙，天下林氏根。”卫辉市比干庙是中国第一座含墓祭人之祠庙，被称为“天下第一庙”，是国家重点文物保护单位、国家 AAAA 级景区。每年农历四月初四的比干诞辰纪念活动已成为著名的文化活动品牌。类似的文化活动在河南还有不少，他们共同为繁荣河南文化产业作出了积极贡献。

据新浪网2014年11月21日报道,在中国文化管理协会姓氏文化委员会成立发布会上,负责人表示,除深入开拓传统文化领域的文化研究、学术活动和文艺创作之外,该委员会还规划在河南省建立全国首个以姓氏文化为主题的生态型博物馆群。未来,新建成的姓氏文化博物馆群将依托华夏姓氏文化资源和地域自然风貌,使人文建设和生态环境有机融合,打造既充分诠释中国古典文化精髓,又富含现代文明元素的开放互通性平台,通过对优秀传统文化的继承和弘扬,促进社会主义精神文明的深入建设。姓氏文化博物馆群计划落户中华文明的重要发祥地河南省,包括主题馆、祭坛、姓氏广场、祠堂、国粹苑五大主题区域,共计划建成147个博物馆,总规划用地3000亩。①

中国国情网2015年1月13日报道,河南省濮阳县政府2015年1月10日在北京举办新闻发布会,会上宣布国魂家风文化价值创新工程——"中华姓氏文化创意产业园"将在河南濮阳兴建。创意产业园项目落户濮阳充分利用了濮阳的文化区位优势,依靠濮阳深厚的文化底蕴,为濮阳的文化旅游产业发展增加了新动力。建成后的创意园将整合史、教、观、动等资源,成为集教育、旅游、休闲、度假、健身五位一体的发展平台,同时也将成为全国一流国学教育旅游总部基地。国魂家风文化价值创新工程2015年的重头戏就是通过举办全国少儿"中华魂·家风演讲"大赛,传承中华民族精神,推动核心价值观的普适教育,促进文化产业发展。②

2015年4月19日,中华姓氏文化创意产业园开工奠基仪式在濮阳县张挥公园举行。中华姓氏文化创意产业园项目位于濮阳县张挥公园,占地约800亩,由中新信达文化产业有限公司投资兴建,项目总投资6.3亿元,将开发建设"姓氏林""老年宗亲文化大学""孝悌文化园亲子教育基地""姓氏名人园""宗亲文化研修院""互联网、物联网运营中心""中华宗亲文化风情商业街"等,全力打造集教育、旅游、休闲、度假、健身五位一体的姓氏文化主题公园。项目建成后,中华姓氏文化创意产业园将成为中国第一个宗亲文化主题公园,中国第一个姓氏文化智库中心,中国第一个学院建制的老年文化大学,中国第一个青少

① 《河南将建首个生态型姓氏文化博物馆群》,http://ent.sina.com.cn/j/opusculum/2014-11-21/doc-iczmvun0157283.shtml,2015-4-26。

② 《河南濮阳将建中华姓氏文化创意产业园》,http://www.china1cn.com/MLZG/201501/142114493731414.html,2015-4-26。

年孝悌文化教育基地,中国第一个宗亲文化产品交易中心。[①]

随着姓氏文化产业园的落户,河南的姓氏文化产业必将迎来新的发展。

二、中原家谱编修与印刷的产业化

当代大量新家谱的编修与印刷需求,同样导致了家谱产业的发展。无论是各地中小型的家谱编修与印刷企业,还是具有全省乃至全国影响的家谱编修与印刷企业都在中原大地出现了。笔者曾到过一些家谱编修印刷企业调研,并专门采访过相关企业的负责人。

郑州有多家从事家谱编修与印刷的企业,其中规模最大的是郑州家谱印刷中心。郑州家谱印刷中心(郑州家谱印刷厂)隶属于郑州百印通印刷制作有限公司,是一家专业从事家谱服务的综合型企业,其业务包括排版设计和印刷家谱、代写家谱(续修家谱)、旧家谱修复、历代家谱的查询和影印、家谱礼品、空白家谱等。目前其客户遍布全省乃至全国各地,已经成为河南省乃至中国家谱编修与印刷行业的领头羊。

从该企业网站上可得知其发展历程。该公司董事长魏怀习先生自 1993 年开始搜集全国各地的家谱。2006 年 5 月,郑州家谱印刷厂在郑州市金水区丰产路 28 号正式成立。2006 年 6 月,郑州家谱印刷厂获得来自周口市淮阳县的第一批订单,家谱印刷业务正式全面开始。之后,声誉逐步传播,订单纷至沓来。2006 年岁末,公司财务部报告显示,成立初年,即实现年生产量 1 万册。2007 年,实现年生产量 3 万册。2008 年,获得郑州市公务单位印刷定点单位荣誉称号,同时实现年生产量 5 万册的目标。2009 年,年生产量稳步提高,实现年生产量 7 万册。2010 年,被河南省财政厅指定为河南省公务单位定点印刷单位,同时实现历史性突破,年生产量达到 10 万册。2011 年,服务客户范围扩展至河南、河北、山西、山东、湖北、湖南六个省份。2012 年,服务范围进一步扩展,在青海、甘肃、江苏、黑龙江、吉林等地形成影响力。2013 年,平均三天印刷一部家谱,年生产量突破 12 万册。从该企业网站的宣传来看,其发展速度可谓惊人,河南家谱产业发展从中可见一斑。

河南各地市也都有一些家谱编修与印刷企业,如新乡市区就有家谱编修企

---

① 《中华姓氏文化创意产业园开工奠基》,http://hn.ifeng.com/hnzhuanti/puyang/fgpy/detail_2015_04/22/3816489_0.shtml,2015-4-26。

业,但规模与省会相比小了很多。新乡市一中东临有一家永昆家谱编修公司。其经理赵霄云精通计算机,从江浙一带的朋友那里学来了一些利用计算机编修家谱的技术,在新乡从事家谱编修及印刷服务。其业务主要来源于新乡县、辉县市等县市,与郑州家谱印刷厂的全国范围无法相提并论,但也有其优势所在,特别是对一些家谱印量较小的家族来说,省去了再跑到省会郑州的奔波之劳。该企业的特点是除传统的家谱内容之外,还能利用计算机统计技术,统计出某一阶段该家族出生男女性别比、起名用字等数据,颇有一些特色。

在县区也有专门的家谱编修企业,如位于新乡市凤泉区的新乡市方志传媒有限公司就是一家以地方史志、家谱设计、编撰为主业的公司。该公司成立于2014年9月,注册资本50万元。但该公司主要从事村镇志、企业志、专门志的编修,家谱编修业务开展较少,目前仅编修有《2018年新乡市东曲里贾氏族谱》《2018年新乡市东曲里田氏族谱》《2022年新乡市凤泉区尚介村文氏族谱》等数部家谱,且不直接从事印刷业务,而是委托专业印刷厂家印刷。

这些家谱编修企业在为家谱编修提供服务的同时,我们也注意到其中的弊端,比如造成了新修家谱“千谱一面”、家族个性缺失等,应当引起人们的重视。

三、家谱产业的推动因素

由郑州家谱印刷厂倡导发起的河南省姓氏文化研究会家谱委员会(简称河南省家谱研究会),经河南省民政厅批准,于2013年在郑州成立。河南省家谱研究会成为家谱产业的重要推动因素。

根据其章程规定,河南省姓氏文化研究会家谱委员会是以研究和传扬中华家谱文化为目的,是由一批专家学者和研究家谱文化的社会科学、史志工作者,以及各姓氏家谱文化的组织者、家谱爱好者自愿结成的,以研究家谱文化为主的学术性、非营利性的社会团体。该会宗旨:遵守国家的相关法律法规和各项政策,遵守社会道德风尚。坚持弘扬中华优秀传统文化,结合实际发掘和整理有关家谱及姓氏的历史文化遗产;为家谱研究者、爱好者深入研究中华家谱文化提供一个相互切磋、相互交流的平台,为广大群众和海外侨胞及港、澳、台同胞“寻根访祖”提供咨询服务;为共建和谐家族、和谐社会服务,为振兴河南经济和改革开放服务,为社会主义物质文明和精神文明建设服务。

目前,河南省家谱研究会有成员120余人,其中专家学者70余人,占总数的60%以上。学会下设有秘书处、牒谱查询部、资料搜集部、专家组、家谱馆、排版印刷部和家谱网运营中心等部门,每年为各省市的数百个家族提供家谱编修、印刷服务,如今已经成为全国较有影响力的家谱编印基地。

河南省姓氏文化研究会家谱委员会作为民间学术组织,理应大力支持家谱学术研究,以推动中原家谱文化的传承与发展,并进一步推动河南家谱产业的发展。这也是家谱印刷企业与学术研究相结合的一种互惠途径,值得肯定和鼓励。

第三章 中原家谱的文献价值管窥

探讨中原家谱的编纂体例、主要内容与文献价值,有利于中原家谱研究的深入开展。河南师范大学图书馆新乡地方文献整理中心收藏有 200 多种中原家谱(其中多数为新乡家谱),其编修风格各异,内容丰富,基本能够反映中原家谱的面貌。本章即以新乡家谱为中心来进行考察。

第一节 中原家谱的主要内容

家谱内容丰富,包罗万象,被称为家族的百科全书。那么,一部家谱都包括哪些内容呢?据冯尔康先生研究,清代的家谱由谱序、恩纶录、像赞、宗规家训、世系、世系录、派语、宦迹考、传记、祠堂、坟墓、祠产、先世考辨、著述、余庆录、五服图和领谱字号等 17 个方面组成。[①] 王鹤鸣先生总结出了更多的家谱内容,包括谱名、祖先像赞、目录、修谱名目、谱序、凡例、恩荣录、谱论、姓氏源流、世系、传记、家法、风俗礼仪、祠堂、坟茔、族产、契约、艺文、字辈排行和领谱字号等 20 个方面。[②] 徐建华先生认为,明清以来的家谱包括谱序、题辞、凡例、谱论、恩荣、图、节孝、像赞、考、宗规家训、祠堂祠产坊墓、派语、世系、世系录、传记、仕宦录、志、杂记、文献、修谱姓氏、五服图、余庆录、领谱字号等 23 个方面的内容。[③] 以上三位先生是从全国家谱的整体情况出发,总结出来的是家谱可能包括的内容,而具体到每一部家谱,则很难涵盖上述全部内容。在一部家谱中,含有上述提及的 10 项内容以上便可称为内容丰富。

---

① 冯尔康:《清史史料学》,沈阳出版社 2004 年版,第 255—256 页。

② 王鹤鸣:《中国家谱通论》,上海古籍出版社 2011 年版,第 279—348 页。

③ 徐建华:《中国的家谱》,百花文艺出版社 2010 年版,第 42— 47 页。

中原地区是中华民族的重要发祥地,被誉为中华姓氏的摇篮,百家姓中有73个姓氏能在河南找到发源地,姓氏文化构成了河南一个独特的文化现象。家谱作为中原姓氏文化的重要内容,具有自己的地域特点,其在内容上尤重世系、姓氏源流与家族播迁。下面我们从新乡地区一些家谱的实例来管窥中原家谱的主要内容。

我们先来看一部普通家族的家谱——《2008年辉县峪河周氏族谱》的主要内容,该谱由清乾隆四十三年(1778)十三世孙周辉撰《周氏族谱跋》在介绍族谱内容时写道:"分门别类订为六卷:一曰世系,纪伦叙也,二曰大传,详实行也,三曰爵职,嘉显扬者之名也,四曰祠堂,大建立者之功也,五曰坟墓,而白扬之宅,不没于蔓草,六曰节烈,而潜德之光弗泯于奕季区区之心,务求足倍周氏之大典而后快。"由此可见,该谱主要包括世系、大传、爵职、祠堂、坟墓和节烈六个方面的内容,其中大传、爵职和节烈三部分均可归为人物传记类,因此,可以认为清乾隆时期中原地区的普通家谱包括世系、传记、祠堂和坟墓四项主要内容。

《2008年新乡饮马口赵氏族谱》分为上、中、下三册,包括世系、世纪、祠堂、茔兆、赵氏诰命、赵氏静乐园纪略、赵氏家范、赵氏其他类(文章)等九卷。概括起来,该谱包括谱名、目录、谱序、凡例、世系、姓氏源流与家族播迁、祠堂、茔兆、诰命、艺文、家范等十余方面内容,称得上是中原家谱中内容丰富之佳作。但从整体上来看,与某些家谱编修发达地区(比如徽州、江浙)的家谱相比,中原地区的家谱仍显得较为简略,这当与北宋灭亡以后中原地区政治、经济、文化大环境的相对衰落有很大的关系。

第二节　中原家谱的史料价值

关于家谱的史料价值,前贤已有精辟的论述,如梁启超先生曾言:"族姓之谱……实重要史料之一。例如欲考族制组织法,欲考各时代各地方婚姻平均年龄、平均寿数,欲考父母两系遗传,欲考男女产生比例,欲考出生率与死亡率比较……无数问题,恐除族谱家谱外,更无他途可以得资料。我国乡乡家家皆有谱,实可谓史界瑰宝,将来有国立大图书馆,能尽集天下之家谱,俾学者分科研究,实不朽之盛业也。"①这段论述,至今对我们认识家谱的史料价值以及图书馆

① 梁启超:《中国近三百年学术史》,东方出版社1996年版,第361页。

的家谱搜集与整理工作仍具有重要的指导意义。

中原地区的家谱文献蕴藏着大量关于历史学、社会学、人口学、民族学、宗族制度以及中原文化的资料,对开展学术研究具有重要的参考价值。它不仅是研究家族史、民族史、河南地方史的重要史料,同时,由于现存的家谱一般均为明代以后所修,因而也是研究明清史、近现代史不可或缺的基本史料之一。家谱具有重要的史料价值,即使是新修家谱也不例外。因为新修家谱除有记述修谱时的新史料外,还往往保存了历次修谱的序言、人物传记等旧有史料。故本书举例引用的中原家谱虽然均为 1949 年以后所修,但仍不排除包含明清至民国时期的史料。在旧家谱亡佚的情况下,这些新家谱中保存下来的史料仍然具有重要价值。以下就以笔者所见到的河南师范大学图书馆所藏新乡家谱为例,尝试对其史料价值进行初步的分类探讨。

一、宗族史、家族史、家庭史史料价值

家谱是某一个家族历史的记录,因而家谱中保存有大量宗族史、家族史和家庭史史料,为我们研究明清以来中国宗族、家族和家庭的生活实态以及制度变迁提供了第一手史料。

明清以来不同时期家族字辈(派字)的变化、家族名讳的统计,可以反映一个家族的家风。如《2010 年新乡朗公庙永安赵氏家谱》就载有永安赵氏家谱常用讳字统计(男子 916 人)、外娶夫人讳字统计(共计 696 人)、本族所生女儿名讳统计(共计 527 人)。与以往相比,如今利用计算机工具进行此类统计非常方便、准确,这种名讳统计可在一定程度上反映一个家族的家风,有助于家族史研究。

分家析产是大家庭不断分裂出小家庭的重要过程,家谱中对家庭财产的记载也有助于我们对家庭财产继承的研究。《2008 年辉县峪河周氏族谱》中的《九世耆宾公传》记载了周石麟在母亲、父亲均去世后,"服除,弟士麟欲析居以自便,府君(兄石麟)知不能强合,遂分爨焉。(父)文学公所遗财产,地不过百亩,析为二仅得五十亩……"可见清代中原地区的家庭一般是在父母去世后兄弟分家,并且是均分家产。

《2000 年辉县黄水龙王庙璩氏族谱》载《赡养十则》就尊老、敬老、养老问题,从美德、贤奉、家教、膳食、衣寝、起居、费用、医护、幼教和礼义等十个方面,

为创造良好的社会风气，扭转社会上存在的不赡养老人、虐待公婆的不良现象，提出了璩氏族人应当遵守的行为准则。这对家庭伦理、家庭关系等方面的研究有所裨益。

二、人口史、婚姻史史料价值

家谱是一个家族的档案记载，尤其是在世系方面，世系在家谱中往往占到四分之三以上的篇幅，详细记载了本族每一个成员的基本情况，为我们研究人口史提供了比官方统计更加全面、准确的记载，至少可以为我们在人口统计、平均寿命、男女性别比、生育情况、受教育程度、所从事职业统计等方面的研究作出贡献。

比如家谱中对家族成员生卒年月的记载，可以为我们研究某一个时期人们的平均寿命提供基础性支撑材料。甚至可以说，舍弃家谱中的此类材料，我们就很难准确得出历史时期人们的平均寿命。又如在男女性别比方面，除可以为我们提供进行统计的基本材料以外，某些家谱中还有现成的统计结果，比如《2010 年新乡朗公庙永安赵氏家谱》就载有《永安赵氏家谱人员情况统计表》，据其统计，1994 年 12 月至 2010 年 5 月间，永安赵氏共增男 170 人，增女 117 人，可见其出生人口性别比高于全国平均水平。

三、移民史史料价值

“追本溯源”“尊祖、敬宗、睦族”是编修家谱的重要目的，因而家谱一般都详细记载了姓氏源流与家族播迁的情况，这为我们研究移民史提供了翔实的史料。

如据《2000 年辉县黄水龙王庙璩氏族谱》记载，龙王庙璩氏先祖在明洪武年间由山西洪洞县迁到河南林州拐山头，后又迁辉县盘上西沙岗、汲县（今河南卫辉）西拴马，清康熙年间尚文、尚武兄弟二人从西沙岗又迁到黄水沟龙王庙村。

《2000 年新乡洪门李村李氏族谱》道光二十六年（1846）十九世孙李国安撰《李氏族谱序》记载，其始祖原籍为江苏淮安府邳州偃武乡倚宿村，跟随明主朱元璋南征北战，后于洪武年间授职于宁山卫后所（今河南新乡一带），遂在此繁衍生息。

《2008 年辉县峪河周氏族谱》光绪十四年(1888)十六世孙周学超撰《族谱序》记载了周氏播迁:“有明之初,我周氏盖自晋之泽州迁延津,自延津迁峪河者也。”

《2008 年辉县峪河穆家营王氏族谱》清咸丰五年(1855)十一世孙王学仲撰《修族谱序》记载:“我王氏于明万历年间自直隶顺天府宝坻县三义口大槐树村迁至河南省卫辉府获嘉县西北隅,自居于穆家营迄今将四百年矣。”

从上述几则史料可以看出,新乡地区在明代有大量移民从山西、河北、江苏等地迁入,其中包括一定数量的军户。

四、社会史、风俗史史料价值

现代学者认为,社会史研究,尤其是明清以来区域社会史的研究,要走向田野与社会才会有更多的新发现,这样可以更好地读懂文献,有助于搜集和扩充史料,而家谱文献就是其中的一项重要史料来源。①

如《1955 年获嘉岳寨岳氏族谱》1941 年十九世孙岳邦贤《续修族谱序》,记载了抗日战争时期普通民众的社会生活状况:“适值兵燹扰攘之际,匪特蹂躏土地,且加以土匪横行,人情惶惶,朝不保夕。”

《2000 年辉县黄水龙王庙璩氏族谱》收录了璩诒伦供稿、璩诒埙执笔的《龙王庙古今谈》,该文谈及龙王庙村名由来、地理位置及中华人民共和国成立前后龙王庙村貌对比。又言 20 世纪 40 年代村里没有外姓,种地靠天收,老一辈年轻时每天都是吃两顿饭,老先祖四五十岁就去世了。中华人民共和国成立以后,龙王庙的面貌得到了大改观,记载了粮食增产、交通改善、开发花岗岩创收等事。这对研究中原农村社会变迁具有一定的史料价值。

风俗是一种文化积淀,是特定社会文化区域内历代人们共同遵守的行为模式或规范。中原家谱中对风俗文化的记载,给我们留下了宝贵的风俗史料。

例如,《1955 年获嘉岳寨岳氏族谱》与《2008 年辉县峪河穆家营王氏族谱》所载《家谱条例》均规定:“每岁正月初一日五更、清明节、七月十五日、十月初一日祭物会首预备。”该条记载对中原风俗史研究颇为有益,由此可见获嘉岳氏家族、辉县穆家营王氏家族每年至少在上述四个节气祭祀祖先,这与豫北地区许多家族是相同的,这种祭祖风俗在豫北地区至今仍有广泛的影响。

① 参行龙:《走向田野与社会》,生活 · 读书 · 新知三联书店 2007 年版,第 24—25 页。

五、对重大历史事件的记载

家谱中记述人物事迹的传记文献，虽然其主观目的是赞扬先祖，教育子孙后代，但客观上也为我们留下了对传主人在世时一些历史事件的零星记载。

比如《2008 年辉县峪河周氏族谱》中的《节烈》部分记载了清末捻军在辉县的一则史料："百禄妻崔氏生二子，长曰德清年八岁，次曰原清年六岁，四子书皆能成诵。当同治六年(1867)十二月二十四日，捻匪入境抢掠村中。氏曰：余誓不受辱。投井而死。其子兄弟二人皆曰：我母即死，余何生乎。兄弟二人亦投井随母而死。"

同谱所载《十八世瑞锺公传》记载了民国时期奉军在辉县的一条史料："奉军来我寨镇压枪会之时，杀人掠夺，凶勇异常，生意几乎倒闭，农活亦即停止，全寨生灵，惶恐不安，公即挺身而出，扭转危局，俾活跃繁荣之古老集镇，又恢复其原来之本色。"

又如《2012 年长垣王相如王氏家谱》点滴记载了日本侵略者在中原地区的暴行："鸿祥公于民国二十七年(1938)五月初十同三弟在场打麦，日本侵略军由场边经过，当时逃避不及，被日本军杀害。"

六、区域史、历史地理学史料价值

在传统社会，一个家族一般聚族而居，生活在一个特定的区域，家谱对该地区的各种事物记载较多，对研究区域史及该地区的历史地理提供了良好素材。

《2008 年辉县峪河周氏族谱》载《八世文学公传》，其中记载了有关峪河历史地理的史料："吾村东北一里许，有峪河渡口，北通三晋，南连吴越，盖孔道也。惜旧无桥梁……府君约本村生员、何公维昆，与同族人等，倡首起义，修成大石桥一座，名之曰通济。"

同谱《十世乡都司公传》记载了明末的一条史料："遭明之季，流贼蜂起，所过摧残鸡犬不得安宁，而峪河逼近〔太〕行山，尤绿林客所往来出入之路，父老妇女恒有苦其害……"

这两条史料都描述了当时峪河重要的交通地位，对研究辉县历史及晋豫之间的交通均有一定的史料价值。

七、经济史史料价值

族产是一个家族赖以存在的经济基础，因此有关族产的记载也是家谱的一个重要内容。家谱中有关祠堂、族田、族市、族塾、山林等的详细记载，为我们研究家族经济及当时的社会经济状况提供了史料。

据《2008 年辉县峪河周氏族谱》之《祠堂》记载："宣统二年(1910)以后，建捶棚楼招商租赁，民国二十七年(1938)增修瓦屋门市房一处，又买祭田二十亩，有一定收入，用于族中事业。"从族谱相关记载可知，峪河地处交通要道，这客观上为周氏家族经商谋利提供了便利条件。

八、灾害史史料价值

灾害影响人们的正常生活甚至家族的繁衍生息，因而在家谱中对灾害的记载也很常见，这为我们研究灾害史提供了大量有用的史料。

如《2008 年辉县峪河周氏族谱》光绪十四年(1888)十六世孙周学超撰《族谱序》中记有一条辉县灾害史料："光绪三年(1877)大荒之后，(期)〔其〕间之遭荒逃散、死亡灭绝者不忍枚举，即有二三族人无恙，多不知其祖若父名讳者……"由此可见，辉县光绪三年大荒之严重。《2008 年辉县峪河穆家营王氏族谱》清光绪十二年(1886)十二世孙王秉福撰《续修族谱序》记载，自清咸丰五年(1855)创谱 30 余年来，曾有族人"岁值凶荒流亡异地"，很有可能是指上述《2008 年辉县峪河周氏族谱》记载的光绪三年大荒。

九、思想史史料价值

谱序表达了撰写人的思想，而其思想正是当时社会思潮的反映，因而谱序对研究一个时代的社会思想特别是普通民众的思想状况提供了良好素材。

如《2010 年新乡朗公庙吕氏家谱》清光绪三十二年(1906)王安澜撰《吕氏族谱序》就可以为研究思想史提供素材。王安澜(1857—1908)，字静波，新乡县人。清光绪十五年(1889)中进士，选为庶吉士，曾任怀庆府知府。光绪十八年(1892)授翰林院编修，书艺精到，擅长楷书。甲午战争爆发后，曾上奏弹劾北洋大臣李鸿章等丧权辱国的罪行。在八国联军入侵之时，他招募兵勇抵御外寇南侵。后弃官返乡从教兴学，被誉为中州一代名儒。他也是河南著名教育家，被公推为河南省高等学堂监督，曾与汲县李时灿、辉县史绪任创建经正书舍。该序在“西力东侵”的历史背景下，鼓励家族和睦团结，“族族而合”以便“统四万万之黄种为一群”团结起来，“震历鼓舞共竞存于优胜劣败之中……乃不为天演之公例所淘汰”，共同抵御西方列强的入侵。该序体现了王安澜受《天演论》一书思想影响较大，这对清末中原士绅阶层思想研究具有重要参考价值。

十、文学史史料价值

家谱中往往收录有族人的文学作品，或者是与本族有关的其他人的文学作品，这些文学作品却不一定保存在其他的文献之中，因而更加凸显了家谱的文学史史料价值。

如《2006 年新乡定国村郭氏族谱》上卷载有《历史名人咏郭氏诗选》，选录了郭田、孙奇逢、李旭春、戴铭等历代名人的诗作数十首，对研究明清时期的中原文学具有一定的参考价值。该族谱由郭淐创谱于明万历年间，被称为“新乡姓氏族谱之始”，该谱首卷是根据道光、光绪、民国藏版本影印，其中首篇序文《郭氏族谱序》是在清顺治十二年(1655)由一代大儒孙奇逢所撰写，具有一定的文学价值。《2008 年新乡饮马口赵氏族谱》下册收录有《静乐园纪略》及《静乐园诗集》等文学作品，不仅宣扬了赵氏先人的事迹，而且对研究明清时期的文学具有一定的价值。

综上所述，中原家谱内容丰富，包罗万象，是中原文化的重要组成部分，也是一份非常珍贵的历史文化遗产，其在宗族史、家族史、家庭史、人口史、婚姻史、移民史、社会史、风俗史、区域史、经济史、灾害史、思想史和文学史等多个方面都具有较高的史料价值，值得引起学界的进一步关注，并充分利用这一文献宝藏开展学术研究。

第四章　新乡地区部分家谱提要

2012年以来,河南师范大学图书馆陆续收集到新乡地区家谱200多种。这些家谱以1949年以来所编修的新谱为主,也有部分为1949年以前的旧谱。为了更好地给学术界提供第一手资料,本章特将有代表性的50部新乡家谱进行了提要式的揭示。为便于区分和查找本书通常将家谱冠以“年代+地域+姓氏”的形式统一命名,并结合该谱封面或内页所题谱名,忠于原书,如《1923年新乡畅氏家谱》《2008年延津周氏族谱》等。而提要中的谱名项,则据家谱封面或内页题名著录。

第一节　新乡部分家谱提要

新乡之名源自西汉的新中乡,汉武帝时在汲县新中乡设立获嘉县(今新乡市卫滨区平原镇张固城村)。十六国时期前燕乐安王慕容臧于370年在清水(今卫河)南岸筑新乐城(今新乡市区城里十字周边区域),是为今日新乡之前身,至今已有1650余年。隋开皇六年(586)取“新中乡”首尾二字设新乡县。因地处周初分封的邶、鄘、卫之鄘国以南,新乡县旧有鄘南之别称。

1948年11月设立新乡市(暂驻新乡县小冀镇),1949年5月,新乡县城解放后市政府进驻,以县城周边区域为新乡市,新乡县仍同时存在至今。今日新乡市区的四个市辖区——红旗区、卫滨区、牧野区、凤泉区,历经多次扩大,周边新乡县、延津县、卫辉市的多个乡镇、村庄划入市区,以新乡县为最多,且新乡市区与新乡县许多家族有难以分割的联系,故此节所述的新乡家谱包括新乡市区及新乡县区域内的家谱。

新乡市区与新乡县合计现有人口 146 万人。[①]

一、《1923 年新乡畅氏族谱》提要

谱名：畅氏族谱

卷数：不分卷，全一册

堂号：无

修撰时间：1923 年

责任人：畅玉振

版别：石印本

谱本现状：略残

居住地：新乡县小朱庄、畅岗（今属牧野区），获嘉县小呈村

始祖：十五公、十六公

始迁祖：十五公、十六公

内容提要：

谱首为清康熙五十一年（1712）郜衡所撰《敦本堂记》和《永思堂记》，记载了畅氏祠堂的情况。后有旧谱序四则。一为嘉庆十五年（1810）十二世孙畅德辉所撰《重修鄘南畅氏族谱〔序〕》，云："明初始祖十五公十六公同胞兄弟自山西阳城迁至新乡，居东郭冈窊村，即今畅家冈。"二为十二世孙畅折桂所撰《畅氏族谱序》，叙述了先辈迁居情况和家谱编修情况。三为 1923 年十七世孙畅文翰所撰《重修畅氏族谱〔序〕》，叙述了修谱的重要性、先辈迁居情况和此次修谱的经过。四为 1923 年十八世孙畅玉振所撰《重修鄘南畅氏族谱序》，云："今谚称'河北名门、鄘南世家'，谬以吾畅氏为最。"其后为《〔修谱〕条例》，条例最后规定了畅氏家族的派字：玉同君子品，善载启世统，忠正绍祖宪，光明耀宗功。

以下为畅氏迁居新乡世系，本着"疑信必核，大小必展"的原则，谱载姓名、配偶及生卒年月、子名，部分记有所葬何茔及女儿数量、嫁何门。

最后为鄘南畅氏茔图记、鄘南畅氏茔墓记、茔图和鄘南凤冈畅氏祖茔新茔记。

---

① 新乡四区八县（市）人口数据来源于中华人民共和国民政部编：《中华人民共和国行政区划简册 2020》，中国地图出版社 2020 年版，第 96—97 页。

二、《1941 年新乡茹岗茹氏宗谱》提要

谱名：鄘南茹氏宗谱

卷数：三卷四册

堂号：无

修撰时间：1941 年

责任人：茹应聘

版别：复印本（原谱为石印本）

谱本现状：完整清晰

居住地：新乡县茹岗（今属新乡市牧野区）、辉县黄水、新乡县五陵（今属新乡市凤泉区）、畅岗（今属新乡市牧野区）、小朱庄（今属新乡市牧野区）、杨和寺、小黄屯（今属新乡市凤泉区）

始祖：四公

始迁祖：四公。祖居山西阳城，明初迁新乡

内容提要：

第一册谱首为 1941 年十六世孙茹耀合绘制的《茹岗宗祠图》。其后有《茹氏先祠碑记》三篇。第一篇为光绪八年（1882）十四世孙茹希元所撰《茹氏先祠碑记》，记述了茹氏先祠修补缘起及茹奎父子等人的贡献。第二篇为光绪二十三年（1897）十五世孙茹应聘所撰《茹氏先祠碑记》，记述了祠堂修补情况，并提出"茹氏祠堂原有祭田九十余亩，特恐户大人众，交争余利，以失和睦之义，吾先人固尝勒诸石，垂为戒"。第三篇为十一世孙茹遐祐所撰《茹氏先祠碑记》，无纪年，记述了自茹氏始祖四公以来各代名讳、婚配、茔地及祖庙情况，言"宗谱一一记载明"，并规定："后世子孙有照应管事者，地亩出产，除官粮使用，下剩存留为家庙祭祀（化）〔花〕费而尊祖敬宗也，甚不可见有积余，而妄生事端，如有不顾大义，（平）〔凭〕空起事，以混乱为事者，家长偕同一二管理之人，执此碑文送官究处，凡我同姓，其亦可凛然惧哉。"

后为谱序九篇。一为乾隆十四年（1749）十世孙茹莛所撰《叙》，言："我茹氏迁新，其先原有世谱，但未尝刻板，不过一写本，所以遭兵荒遂失落无据焉。"

二为同年茹莛再叙《茹氏家谱阙疑序》，认为："宗谱者，支分派别，承接各有次第，不可妄为错讹也。"并指出关帝庙永乐十一年（1413）碑记、天启六年

(1626)重修碑记、白衣堂重修碑记、天仙庙碑记等碑刻所记茹氏人士,不可考证,故无法记入族谱,但列于此处,“以示后世知”。强调“宗谱一事,关系最重。凡有志敦宗睦族者,当时为留心访问,详为记载,断不可疏忽遗忘”。反映了修谱者对家谱真实可靠的重要性的认识。

三为1913年十五世孙茹应聘所撰《三修族谱序》,述及:“曩日家长景华、族兄应时与予先父周爰公等监修大门之际有言曰:‘俟此工竣,再行续修族谱。’”后来未能如愿而去世。光绪二十二年(1896)“商议续修以资艰不果”。1912年,“祠堂略有余资”,续修族谱才得以成行。

四为同年十五世孙茹应和所撰《续修族谱序》,叙述了此次续修族谱的简单经过。

五为十六世孙廪生茹耀德所撰《序》(原谱无题),强调了续修族谱的意义。

六为十七世孙医学训科茹呈琇所撰《续修族谱序》,记述续谱的经过:“族长大成、家长应蔚、族曾祖生仁等倡率族人共议续修,众人莫不欢然乐从。于是各寻伊门世系,按世录写。至癸丑(1913)二月齐集祠堂,纂合一本,检阅尽善,(滕)〔誊〕写清白,然后付之印局而印之。”

七为1941年十五世孙茹应聘所撰《四修族谱序》,叙及此次重修族谱“遭中日事变,荒乱纷纷”,“因告中止三年”,“地面稍为平靖”便又继续续修族谱,修成后“付之石印”。记述了此次续谱增添的内容和各部分内容:“此次续修族谱非但(纪)〔记〕族人之字配生卒也,特用以承先贻后耳。增入事亲规约、教孝条约者,欲使族人知勉知警,各尽其孝思……详载世系、世纪、功名官爵、祠堂、茔兆、志表、祭田、文契、弓口、祭器、祭礼、家规、祠规者,欲使族人咸知一本所自出,团结精诚,各求上进与自立,以慰(烈)〔列〕祖在天之灵也。”

八为同年十七世孙茹呈美所撰《茹氏四修家谱序》,记述了茹氏家谱创修及历次续修的经过,特别是此次修谱的经过。提到如果能够做到此次续谱主事者茹应聘所期待的事项,“诚如是,家声何愁不振,而兄弟何致不忍而成吴越也”。

九为同年十七世孙茹呈华所撰《序》(原谱无题),记述了茹应聘在1937年“又欲重修(家谱),不料事未举行适遭兵乱,故而又行停止,又三年辛巳冬十月,世局少微平靖”,才得以续修家谱。这真实反映了日本侵华战争对中原地区修谱的影响。

序后列出了“办理续修族谱之族人”名单,“以示鼓励”。其后为茹氏族谱目录,分为上中下三卷。上卷包括凡例、爵秩、功名、传、齿德旌奖、族贤列传、节孝、祠堂、祭文、对联、茔兆、家规、祠规。中卷为世纪。下卷为墓志、墓表、行述、事亲规约和教孝条例。馆藏复印本四册,后三册为世纪,其他内容均在第一册。

《凡例》中指出:“谱中(纪)〔记〕载如有出嗣异姓及收异姓子为嗣,与出家为僧为道等,概不入谱,以肃家规。”

《族贤列传》记载茹玘“生而颖异,天性孝友,终身慕父母妻子,不夺友爱,兄弟门内外无间言,与乡里处,温平而和,行重当时”。其三子茹俊“勤俭持家,善殖产”。茹大椿“为人温恭和平,博学好施……修民乐桥,官民共举公督工。此桥今为日本改修,恐事迹代遐泯灭不闻,谨取而表出之”。

后有《家规十四则》和《祠规十五则》。

《墓志》收录有新乡郭氏、汉中府知府郭滰撰《仓大使公墓志铭》,为茹拱寅墓志,以及获嘉陈熙光撰并书、邑人李云杞撰《清文学茹君墓志铭》,为茹耀德墓志。《清文学茹君墓志铭》文首记载茹耀德自幼学习“四书五经”,天资聪颖。“师以‘鱼游柳影动’命对,君窃对以‘凤集桐枝摇’。师见之大称赏。”继而记载其参与社会事务方面的事迹:“年二十三岁食廪饩,当是时,君开馆授徒,钻研经史,企有所建立。嗣以国家变法,停科举,振兴实业,注意商战,而炼制鸡卵黄白输诸欧美之事导源于新乡。君以此业质源为民家所只有,扩而充之,上可以足国,下可以裕民。因提倡组织开厂炼,获利颇丰,而奸徒蠹吏遂互相勾结,妄加重税以困商人。君因奔走南北,联率众戚吁诸政府,始获平允,迄今鸡蛋黄白为输出大宗,而新乡业此为称首者,君实与有力焉!”关于其品行,墓志曰:“君赋性孝而慈,事叔父如事父。群从弟侄无间亲疏,家庭昭肃穆之风。持身俭而廉,粗衣粝食,不忘取与内外,无奢侈之习。与人公而恕,释忿平争,无稍偏党,邻里泯讼狱之累。此又君泽于诗书者。”虽有赞誉成分在内,但也在一定程度上反映了茹氏家风。

墓表中多记有墓主人的生平、品行、事迹、生卒、婚配及其子女情况等,如茹应忠墓表记载其“治家以勤俭为宗旨”。

《事亲规约》对服劳、奉养、穀食、肉食、水饮、果食、视膳、器用、衣服、侍客、启告、从命、出入、同人、仆御、告面礼、承志、谏过、救难、祈寿、侍疾等都有不同的规定。

《教孝条约》分为十四条:全天性以乐其生、和兄弟以慰其心、训妻子以解其忧、慎交游以免其虑、动婉容以得其欢、善奉养以安其身、勤服劳以适其体、审寒燠以防其疾、存人心以酬其德、受偏憎以隐其过、用几谏以冀其悟、慎殡殓以保其肤、急营葬以妥其灵、全节义以显其名。《教孝条约》系钱唐县姚廷杰原作，茹氏家族将其引入自己的家谱之中。《教孝条约》全文从十四个方面，向子女们提出了孝顺父母的具体要求。从内容上看，可能是劝孝者面向全社会的宣传品，而不一定是家规或族约。[①] 但既然放在了家谱中，对茹氏族人就有了一定的约束力，起码是具有教育意义的。

第二、三、四册为世系。记有配偶姓氏、儿子名字、女子所适何处何门等，内容较为简略。第二册世系之首有明天启五年(1625)清明节时七世孙茹泗论所撰《茹氏世系记》，记述了始迁祖以来的各代繁衍情况及重要人物官职、事迹等。其后有清光绪八年(1882)五门茹希元以十五世所立派十字：应耀呈祥庆，常存兆万全。又有1941年茹应聘复续家谱以二十五世续派十字：积善赐福后，兴仁必荣昌。此派字反映了茹氏对子孙后代的期望，也可认为是家训的一种表现形式。

三、《1983年新乡西牧村尚氏族谱》提要

谱名：尚氏族谱

卷数：全一册，321页

堂号：无

修撰时间：1983年

责任人：不详

版别：原本为铅印本，馆藏复印本

谱本现状：完整清晰

居住地：新乡市西牧村、丰乐里、畅岗、杨岗、花园、大里、小里、王村，新乡县台头(今属市区)、南永康，辉县南关、西北流

始祖：肆老(元朝人)

始迁祖：肆老

内容提要：

谱前有尚氏祠堂图、尚氏始祖肆老画像和《尚氏祠堂堂联》《尚氏祠堂碑

---

① 俞政：《案例背后的晚清史》，苏州大学出版社2014年版，第159页。

记》《九续尚氏族谱序》《续谱凡例》《尚氏族谱辈序》和《新续尚氏族谱辈序》。

十世孙尚重所撰《尚氏祠堂堂联》具有家训性质:“有书可读,有田可耕,安得忘乎祖父;或为善士,或为良民,是所望于子孙。”清康熙三十八年(1699)十世孙尚重所撰《尚氏祠堂碑记》记载了其与族人创修族谱,“择地于牧野之阳”,“行山西抱,卫水环流”,修建祠堂之事。撰于1983年的《尚氏族谱九续序》记载:“今奉一世祖者肆老,是元朝人士,居尚村。因前世已无可考查,故奉肆老为一世。”五世祖尚嘉庆初建追远会,尚氏族人四时追远祭祖。

谱载姓名、配偶及生卒年月,葬何茔,内容较为简单。该谱失于校对,错别字较多。

四、《1997年新乡小冀茹氏族谱》提要

谱名:茹氏族谱

卷数:不分卷,全一册,95页

堂号:无

修撰时间:1997年

责任人:茹建全等

版别:排印本

谱本现状:完整清晰

居住地:新乡县小冀镇、东石碑

始祖:本谱未载

始迁祖:茹国强,清雍正年间迁至新乡小冀

内容提要:

谱前有七世孙茹建全《阅谱说明》。后有三序:一为1997年九世孙茹敬富所撰《重修家谱序》,言:“自吾始祖徙冀至今,已历二百六十余年,传十二世矣。今六世孙怀钊率子孙于八十年前移居东石碑创业,余者仍云居于冀。”提到1984年“族人也曾续修,几经辛苦,谱虽成然不达意”。此次续谱,专门“西去山西阳城刘善村,北往辉县杨和寺,东到市内茹岗、畅岗寻根溯源,辨派分系。几经查证,始知几处同姓乃族人也”。

二为1928年六世孙茹怀涟所撰《民国戊辰创修家谱序》,记述了茹氏家族迁徙新乡之事:“吾始祖本山西阳城之刘善村人也,自清雍正年间贸易中州,择里新乡卜邻小冀,遂隶籍而堡家焉。"可见,此支茹氏族人是清代山西泽潞商人因贸易而定居新乡,对研究晋商也有一定价值。

三为1922年六世孙茹怀贞所撰《民国壬戌创修家谱序》,称:"吾茹氏自清初来自阳城刘善村,徙居鄘南,遂隶籍新乡西南之小冀镇堡家焉。一二世业商,至三世务儒,昆弟有六,入黉宫为贡元者四,入国学者二。曾祖讳俊辛巳年由而任荥泽训导。中叶入泮者亦甚多,至修谱时在学宫者尚有六人。"反映了晋商在新乡落户后由商而儒再仕的发展轨迹。

序后有清嘉庆三年(1798)清明节茹复昭述先人世系行实所刻之碑及撰于清乾隆五十六年(1791)《大学生晋翁茹老亲台仙游》一文。后者有言:"亲台之睦于宗族也,润寡分多,隔从不啻同胞;亲台之姻于姻亲也,周急济贫,出粟无难指囷;任朋友而然诺不欺,恤乡里而休戚与共;不忍舅妗之颠连,送终养老;恩长弃路之赤子,分产置田。凡此美德,足为一世典型。"描述了一位堪称"一世典型"的楷模形象。其后有清道光二十七年(1847)关于茹氏的圣旨。后列1997年续修族谱名单。其后为1997年茹氏宗族理事会所立《族规》。其中第八条规定:"凡吾族人要树尊老爱幼之美德,严禁大逆不道之怪事发生。"反映了茹氏家族对家庭美德的重视和对家庭伦常的维护。最后列出原书宗派十六字:复绍毓怀,建正敬祥,书文传世,德树增长。此次修谱又续宗派十六字:善积恒兴,学林瑞广,绪晋延乐,庆泽有江。

谱载姓名、配偶出自何处何门,子女姓名,女嫁何处何门,较为简略。其后有坟茔展示。

茹建全所撰《后记》记述了茹氏族人到山西阳城刘善村、辉县杨和寺、新乡畅岗、茹岗、辛庄等考察与上述各地茹氏关系的收获。茹祥斤所撰《跋》云:"世代子孙谨守先祖遗训,无论躬耕于田亩,抑或劳作于市井,皆不忘孝悌之礼,国家大义。其中不乏人中豪杰,报国英才。"最后呼吁族人:"我辈应同心同德,谨遵族规,光大家风。举凡家国之事,人人当奋而向前:智者尽其谋,勇者竭其力,仁者播其惠,信者效其忠。居安思危,戒奢以俭,同心协力,自强不息。如此,则家业兴,宗族旺,国家发达矣。"

五、《1998年新乡孙姓谱牒》提要

谱名:新乡孙姓谱牒

卷数:不分卷,全一册,284页

堂号:长兴堂(长兴铺)

修撰时间:1998年

责任人:孙向福

版别:排印本

谱本现状:完整清晰

居住地:新乡县长兴铺、七里营、十里铺、龙泉、朱召、东马坊、寺王、西马坊、刘店、西曹村、西贾城、块村营、孟营、岗头、金家营、彦当、固军、南永康等地

始祖:孙书

始迁祖:孙伯、孙仲弟兄二人,明洪武五年(1372)从山西阳城县被集中到洪洞县大槐树下,后迁入河南睢州(今商丘睢县),孙伯又率子迁入新乡县长兴铺

内容提要:

该谱主要为新乡县(包括先后划入新乡市区的部分村庄)各地孙姓家谱,是该家族第一部谱牒,记载了1800年以来新乡孙姓家族的历史和发展状况。谱前有前言、凡例、谱规(族规)、新排字辈谱(27—54世)。

《前言》中略述修谱的由来,指出修谱的目的:"它像我族的一部教科书,让其后人不忘先祖的骨肉之情,学习先辈淳厚善良、勤劳俭朴的美德,继承发扬其好学上进、助人为乐的精神,以加强我族团结,维护我族家规、家教,使孙姓家族更加兴旺发达,人才辈出,为祖国教育和培养出更多的人才。"

《凡例》规定该谱坚持历史唯物主义的观点,记载了自1800年以来到1997年年底的新乡孙姓家族,反映了其经济水平、文化素质和经济结构变化情况,并规定了该谱《人物志》的收录范围等。

谱规(族规)规定了男女平等的入谱原则、新添人口必须按家族规定字辈起名、祭祖时间、三十年一续谱等。

第一章《孙姓家族渊源考》,经考证,新乡长兴铺孙姓是妫姓孙姓分支,是孙书的后代。始迁祖是孙伯、孙仲弟兄二人,于明洪武五年(1372)从山西阳城县被集中到洪洞县大槐树下,后迁入河南睢州(今商丘睢县),孙伯又率子迁入新乡县长兴铺。

第二章《新乡各地(村)孙姓家族谱》,谱载新乡县长兴铺等18村孙姓世系谱、世系图。谱载姓名及生卒年、居住地、职业、配偶姓名、何处人、子女姓名、女

嫁何处,较为翔实。

第三章《新乡孙姓家族的文化》,介绍了孙姓家族的家规、节日与礼仪、孙姓家族的堂号、堂联、祠堂及方言。该章内容有较高的文献价值,对研究豫北地区的节日风俗、婚姻礼仪、丧葬礼仪、喜庆礼仪、生活礼仪等有一定的参考价值。

第四章《新乡孙姓家族人物志》,入选人物共105位,其中重点以小传形式介绍了孟营人金融学家孙玉德(1909—1959)和军事家孙玉琛(1922—),其他人一般都是一句话的简介。

第五章《孙姓家族的典故》,介绍了埋蛇获福、练兵斩姬、减灶设伏、遇仙葬母、头悬梁等与中华孙姓有关的典故。

第六章《华夏孙姓名人谱》,介绍了三国东吴皇帝孙权、第一清官孙叔敖、兵家之圣孙武、革命先行者孙中山、药王孙思邈、书法家孙过庭、画家孙位、经学家孙复、"伯乐"孙阳、科学家孙云球、孙派京剧创始人孙菊仙和武林宗师孙福全等12位历代孙姓名人。

第七章《华夏孙姓史迹游》,介绍了中山公园、孙中山行馆、古戏台、玉皇庙、中山故居、北山药王庙、中山陵、孙氏玉海楼、啸天垅陈夫人墓、翠亨中山故居、大观楼、药王山石刻等全国范围内与孙姓有关的历史遗迹。以上三章与新乡孙氏家族没有太直接的联系,但宣传孙氏的典故、名人及史迹,可以起到教育本族子孙后代的作用,达到了修谱《前言》里所提的"教科书"目的。

《编后记》详细记述了新乡孙姓创修家谱的经过。

《附录》包括新乡孙姓谱牒编纂委员会人员名单、参加编写人员名单以及明清时期的历史纪年与现代纪年对照表等。

六、《2000年新乡李氏族谱》提要

谱名:李氏族谱

卷数:不分卷,全一册,337页

堂号:无

修撰时间:2000年

责任人:李联生

版别:排印本

谱本现状:完整清晰

居住地：新乡县洪门镇李村（今属卫滨区平原镇）、郊区平原乡孟营（今属红旗区）、新乡县朗公庙、延津县小店乡关屯（今属红旗区小店镇）、新乡县古固寨乡后辛庄、辉县市占城乡北马营村、获嘉县亢村镇刘固堤村、原阳县福宁集乡霸寨等地

始祖：李圭

始迁祖：李原。原籍淮安府（后属徐州府）邳州（今属江苏）偃武乡倚宿村，二世祖李原任职于宁山卫后所（今新乡一带），遂定居新乡县

内容提要：

谱前四序：一为清道光二十六年（1846）十九世孙李国安撰《李氏族谱序》。李氏家族原有明朝钦赐黄缎一匹，记录了功勋、世系等内容。清乾隆年间，新乡县主赵开元“增修县志，调合邑各大姓世系，志成未得领出，遂至遗失，幸存私稿”，才成为创修家谱的重要依据。又记载了二世祖李原跟随朱元璋南征北战之事，明朝建立后李原被授宁山卫后所世系百户，后五世祖李勋升本卫后所世系副千户。

二为1939年二十二世孙李良田撰《续修族谱序》。序中记载当时的族人认为联宗睦族应“先从事于续谱之役，次追远会，再次建宗祠”，续谱的目的是：“（族人）共思敦宗睦族之谊，式相好，勿相尤，上慰祖宗在天之灵，下垂子孙永世之法，一族蔼然，猜忌不生，岂非吾族之大幸，斯谱之荣光欤！”

三为1939年二十四世孙李久孺撰《民国己卯年续修族谱序》。序云：“时至今日以谈家谱，鲜有不视为逆时之举者。……家族乃国族构成之基础，基础固则国族强。是本族人所以冒时代之大不韪而毅然续修家谱也。”又述本族世系图在清乾隆年间被新乡县宰征走续修县志未还，而幸赖有私稿作为依据创谱之事。

四为2000年二十六世孙李联生撰《二〇〇〇年修谱序》。略述续谱缘由：道光二十六年创修家谱，今已遗失，1939年及1990年两次续修也因受社会局势、经济力量匮乏等因素所限，致使一些分支未能认祖归宗。接着叙述了续谱的经历，包括五次拜访河南师范大学历史系主任郭培贵教授，多次到延津县、卫辉市、获嘉县、新乡市、新乡县等地查阅有关资料等，澄清了一些与本族有关的史实，并在该序之后的《关于上八世先茔茔址及关屯、北马营分支的论证（附：关于称我族为“军李”一说）》详细进行了考证与论述。其中第12条辉县市占城乡

北马营村分支概况,录有北马营李氏道光十一年(1831)碑文:“吾旧居新邑朗公庙镇。自吾祖讳士彦于乾隆初年间迁至获邑北马营村居住。我祖生吾父弟兄六人,我父行二。至乾隆四十年间,我祖寿终,我父与我伯、叔抚柩归葬于朗公庙祖茔后。我父与我伯、叔亦分居别爨。我父生我兄弟五人。至嘉庆九年,我父寿终,今卜葬于北马营村西北郊。恐世久不识祖,吾谨序此,以志不忘云。”这段碑文提供给我们的信息,除北马营李氏家族本身的历史以外,至少还有两点史料价值:一是今辉县市占城镇北马营村在清代属获嘉县管辖;二是在清代中期,豫北地区的风俗是在安葬父亲之后兄弟才分家。李联生写道:“经朗公庙我族老人回忆,说祖坟中埋了一个‘山枣’,这‘山枣’是自家的人。”李联生接着解释“山枣”说:“平原地区对山上人的称呼,北马营离山较近,故平原地区〔的李氏〕皆称北马营〔李氏〕为‘山枣’。”可见,北马营的碑文记载与朗公庙李氏老人的记忆相符。因此,李联生认定北马营李氏是本族的一个分支。类似的考证在此家谱中还有不少,这是该谱的一个特色,具有较高的价值。

后附《关于称我族为“军李”一说》也对该问题做了详细的解释,具有一定的价值,特照录如下:何谓“军李”?军者,军人也,在军籍;李者,李氏人也。在明朝政府的整个执政时期,一直实行着军队屯田和百姓屯田的制度,军队屯田称“军屯”,百姓屯田称“民屯”。“军屯”和“民屯”向政府交纳赋税有别,相差较大,当时人们印象很深。李氏在全国分布较广,新乡地区也有几支李氏属于“民屯”。我二世祖李原至十四世祖李化蛟共十三世皆在军籍,都是明朝的千户、百户官,贯穿了明王朝的整个统治时期。一直率领着军队屯田,是为“军屯”。据流传,在缴纳赋税时,县府官员俗称“军屯”为“军李”、“民屯”为“民李”,以示区别赋税的多少。久而久之,在新乡县范围内上至官府,下至民间都称我族为“军李”。一直流传至现在。

《皇明典故》《皇明世勋谱百户原稿》《谨遵世勋谱世袭百户升调封赠》《皇明世勋谱千户原稿》《谨遵世勋谱世袭千户承袭封赠》《先世祖母品格志》《十四世祖母(化蛟夫人)表彰文》等文献记载了和明朝军屯、新乡李氏家族有关的资料,其中《先世祖母品格志》记载了军户家庭在失去男主人后,女主人养老抚孤、主持门户的艰辛。

《世系排列说明》言此次续谱汇集了李氏十余个分支3000多人,对该谱世系的排列作了具体说明。其中第3条规定:“凡我李氏女招赘到家的女婿,谱上把李氏女名写在主位,婿名列在左侧,其子女姓我李者,则按原顺序入谱,否则不再入谱。”这也是当今时代续修家谱时对待赘婿问题比较通行的办法。《世袭索引》则对十余支李氏的世系做了目录。《世系》载姓名、配偶及子女姓名,出嗣某人,较为简略。

《各分支派字对照表》将孟营、李村、关屯、朗公庙、北马营、刘固堤等村李氏分支1—28世派字列表进行了对照。《统用派字》规定了今用及后续派字共36字,规定各支派自28世“光”字辈始,统一按谱中“统用派字”沿用起名。

宗祠地基、各村先茔、祭田分别记载了李村李氏宗祠和各村先茔的坐落、走向与大小。

谱后列出了李氏家乘编纂委员会名单。

《后记》对编纂家谱作出贡献的族人、县志办和图书馆领导、河南师范大学专家等进行了感谢,从中也足以看出编者对续修此谱所付出的努力。该谱最后还记载了迁居他乡未入谱分支名称。

七、《2006年新乡定国村郭氏族谱》提要

谱名:郭氏族谱

卷数:四卷四册

堂号:孝思堂

修撰时间:2006年

责任人:郭赞兴

版别:排印本

谱本现状:完整清晰

居住地:新乡市定国村、吕村、(吕村)堡上、丰乐里、临清店、黄岗、茹岗、畅岗、西同古、东鲁堡、西鲁堡、南鲁堡、堡上、大块、乔谢、北街、枣焙、张庄,新乡县永安、都小郭、张唐马、土门,辉县市古墙、石门、孟庄、郭坟、太平庄、西关、南关、南云门、黄水口、北介庄、杨庄、油坊头、庞村、下吕村,卫辉市汲城、市内、唐庄,延津县任光屯、小店(今属红旗区)、唐庄、西吐村、东街、东关、沙庄,获嘉县史庄

始祖:五老(元朝人)

始迁祖:五老

内容提要：

第一册(卷首)影印了清道光二十五年(1845)、光绪二年(1876)、1915年等《郭氏族谱》的历次修谱序言、祠堂、茔兆、家规、家课等内容。

第一册第一部分为历次修谱序：一为清顺治十二年(1655)清初三大儒之一的辉县夏峰孙奇逢所撰《郭氏族谱序》。此序写于定国村多景楼，孙奇逢追述了明末在京与郭湒的交往，接着讲述了续修家谱的意义："谱之义，事关仁孝，自道丧教衰，斯义不明，而兴孝兴弟所以难耳，是举也。"

二为康熙三十三年(1694)茹铉所撰《郭氏族谱叙》。叙述了"以五老公为发祥之始"的原因、族谱包含的内容等，言收录先人的奏议、艺文、诗赋等内容是"他谱皆未全载而郭氏独创行之"。

三为九代孙郭湒所撰《家乘旧引》。记载了"先大夫庭训维严，既入官，诫勉尤谆切"："吾上世而来，仕者殚厥职，居者力厥田。正直忠厚，相率无二轨。家未尝有不义之财，未尝有近名之事。比犹百年之木，本根自达，花实相肖。小子勉之！"作者还在文中强调了家谱编修不能"失真"。

四为十一代孙郭迓熙所撰《叙谱弁言》。讲述了修谱的重要性，强调了"宁为缺略，勿多附会；宁为真朴，勿加赝饰"的修谱原则。

五为康熙三十三年十一代孙郭遇熙所撰《序》。讲述了郭氏家族的历史，指出元末五老之前的家族历史"无可考""不敢妄为牵引以诬先世"，体现了郭氏修谱一贯的严谨思想。

六为康熙三十八年(1699)十二代孙郭培远所撰《重修族谱引》。讲述了郭氏修谱的情况以及家族"忠厚正直""勤俭持家"的优良家风等。

七为嘉庆二年(1797)十三代孙郭两铭所撰《重修族谱序》。叙述了族谱重修的各种原因，并且秉承了古人"三十年不修谱为不孝"的理念。一再强调家训家规，特别是始祖"忠厚正直"之训。

八为道光二十五年(1845)十四代孙郭彦昭所撰《郭氏族谱序》。追述了郭氏家族历次修谱的情况。

九为同治元年(1862)知新乡县事黔南丁世选所撰《郭氏家规序》。讲述了其与郭氏家族的交往，赞扬了郭氏家风。序中提到："河朔人才，惟新邑为最。"

十为光绪二年(1876)十五代孙郭宗棻所撰《重修族谱序》。叙述了此次续谱的情况。

十一为光绪二年(1876)十六代孙郭云璨所撰《重修族谱序》。介绍了此次续谱有世纪、祠堂、茔兆、家规、家课、诰敕、志表、世传、宦迹、乡贤、艺文和诗赋等十二卷内容。

十二为1915年同邑田芸生所撰《郭氏重修族谱序》。田氏家族与郭氏家族有姻亲关系,故而有此序。序中称赞"吾邑郭氏,世称钜族,代有伟人,自有明迄今孝弟仁让之士踵相接,祖德宗功留贻诚远也"。

十三为1915年十七代孙郭荃阶所撰《重修族谱序》。强调了修谱具有敦睦、兴学的目的。

十四为1956年十七代孙郭芾阶所撰《重修族谱序》。序云:"明初兵燹之余,新乡仅存七姓,吾郭氏其一也。"讲述了郭氏族谱历次续修的概况和此次续谱的详情。由于此次续谱已进入新社会,要"涤除旧日封建意识"。除了始祖"忠厚正直"的家训,又列出新社会的新家训:"现吾族人幸得逢此新社会,除遵守祖训外,一切处身涉(牙)〔世〕,更应遵照人民政府法令,特别努力劳动,消除剥削,改造自己。现在农业合作化高潮业已到来,全国入社农户已达百分之六十以上,工商业亦多公私合营,很快地就要结束过渡时期,进入社会主义社会,绝不容再有剥削意识存在也。"

十五为1956年十八代孙郭景祥所撰《重修族谱序》。主要讲述修谱资金短缺,变卖先祠内五株大柏树后仍旧紧张,所以用油印,而未能采用成本更高的铅印、石印。

十六为1988年十八代孙郭成钧所撰《重修族谱序》。序云:"此修家课家规祭文祭田等皆删。"

十七为1988年二十二代孙郭光文所撰《重修族谱序》。序云:"(自1956年——仁注)至今三十载有余,经破坏,大部族谱被焚,仅存无几。"此次续谱,"族中无资费,经议,男性每人集资二元"。

第一册第二部分为祠堂。有祠堂引、祠堂、祀事条约、祠堂左壁条例、祠堂右壁条例、元旦祭文、清明祭文、十月朔祭文、神主入祠祭文、祠堂预告改题神主祭文、鲁堡坟焚黄祭文、新坟焚黄祭文、祠堂改题神主成祭文、新祠告成祭文、旧祠请主祭文、阖邑亲友公祭文、孟庄新正初二日祭文、清明祭文、七月望祭文、十月朔祭文、庞村坟正月初五日祭文等内容。

第一册第三部分为茔兆。有茔兆引和诸茔图。

第一册第四部分为家规。有家规引、家规十六条及后增八条。家规十六条规定：戒赌博、戒宿娼、戒抗粮、戒争讼、戒荡废诗书、戒侮慢师长、戒包揽田地、戒妇女出游、戒嫂叔相见、戒婢妾僭分、戒子女削发、戒仆人衣绸鞋、戒仆人入中堂、戒仆妇饰珠玉、戒婢女出宅门。后又增补八条：戒认干亲不避内外、戒结婚姻不择人地、戒娶再醮随带外姓子女、戒过嗣以孙弥祖、戒族人为师巫、戒供神佛、戒族众出钱不禀族正、戒呼男为女。

第一册第五部分为家课。有家课引、家课序、复兴家课序、重申家课序、家课条约及增添家课条约。

第二册（卷上）有 2006 年修谱时十九代孙郭清春、二十代孙郭赞兴、二十一代孙郭锡华所撰的三篇《重修族谱序》。序一述及清康熙十三年（1674）孙奇逢曾言："余来苏门，仅见郭宗伯一家有谱。"序云："吾郭氏族谱乃新乡姓氏族谱之始。"序中记叙了重修族谱委员会的成立和此次续谱的四条规定。序二叙述了郭氏家族历代名人、历次修谱情况和此次修谱详情。"以道光本、光绪本、民国本为底本，以五六年本、八七年本为参考本，以族人提供资料为实，进行续修、精校刊印成帙。因郭氏全书已将诰敕、志表、世传、宦迹、乡贤，及绿竹园集、宦草集、西斋集、独坐轩遗稿、亦琴遗稿等先贤诗文汇集刊印。所以，此次以世纪为主，（符）〔附〕序言、祠堂、茔兆、家规、家课、祭田、祭文为一帙。族谱与全书汇为全璧，乃近七百年来鄘南第一部姓氏通史，真可谓吾郭氏宝典，镇宅传家之宝。"序三讲述了此次续谱的艰辛。序后有宗派乘次考订、参与修谱相关人员名单、历史名人咏郭氏诗选、捐资芳名录、新乡市境内族人居住地等内容。此后以及第三册（卷中）、第四册（卷下）均为世纪。

谱载姓名、配偶及生卒年月、子女姓名、女子所适等，内容较为翔实。《世纪》共 1480 页。

八、《2008 年新乡西牧村尚氏族谱》提要

谱名：尚氏族谱

卷数：四卷四册

堂号：世德堂

修撰时间：2008 年

责任人：尚得海

版别:排印本

谱本现状:完整清晰

居住地:新乡市西牧村、畅岗、杨岗、王村、丰乐里、骆驼湾、西台头、尚湾、大里、小里、贾桥、窑场、南永康、水南营、东水东、金灯寺、东台头、花园,新乡县小冀、苗庄、杨堤、八柳树、东大阳、中大阳、许庄,辉县南关街、西北流、张庄、麻小营村、冀屯、赵固北辛庄、北马营、毛屯、薄壁王村、南坦、张建屯,原阳祝楼乡种庄

始祖:肆老(元朝人)

始迁祖:肆老

内容提要:

第一册(卷首)有牧野春耕图、尚氏祠堂图、尚氏始祖肆老及较有作为的历代祖先画像。后为清康熙十一年(1672)尚斌、尚履、尚元所作三篇《续追远会序》,五世祖尚嘉庆初建追远会,诸序叙述了追远会的目的,祭祀祖先的日期办法等,有云:"报本者莫大于建追远会,尤莫大于续追远会。"后有同年尚重所撰《续追远会跋》,有云:"吾族世鄘籍,元明之间相传为遗民七户之一。"其后有康熙三十八年(1699)尚重所撰《尚氏先祠碑记》,云"古者藏形以墓,栖神以主",从而提倡墓祠并重,记述了祠堂的修建,以及祠堂的地理位置。该碑现仍存于新乡市牧野区西牧村尚氏先祠院内。谱中《碑记》后记有堂联:"有书可读有田可耕安得忘乎祖父,或为善士或为良民是所望于子孙。"对尚氏子孙来说是传家之训。堂联后记有历次修谱序跋十则。

一为康熙三十八年(1699)十世孙尚重所撰《尚氏族谱序》,云族谱为"谨遵五世祖讳嘉庆所立《追远会碑记》,溯其世系纂序成帙",并记述了祭祀祖先的办法。

二为康熙三十八年(1699)门人郭培远所撰《尚氏族谱序》,记述了尚重从学孙奇逢、尚氏家族孝友传家,"为一邑之表率"。此序后录有邑乘《儒林传》中的《尚重传》,记载尚重"尤敦笃族谊,葺先祠、修家谱、立追远会约,子若孙守其家法无有入长史庭者,至今鄘南人士尤推德门尚氏"。

三为康熙三十九年(1700)十一世孙尚兆熊所撰《族谱跋》,提道:"所谓于家庭日用上讨生活者,诚有定志定力焉,而非一朝一夕之故也。"

四为乾隆二十一年(1756)十二世孙尚玺所撰《承续族谱序》,强调了"修谱

建祠”是“亲亲之道”之所寄，记述了乾隆七年(1742)尚氏家祠遭灾及修复一事。

五为道光二年(1822)赵珂所撰《尚氏续族谱序》，言尚氏家族“自元明迄国朝四百余岁矣，世以耕读传家，虽无达官显宦以荣宗族，然列胶庠者无挑达习，司邑铎者有善诱称，凡中州缙绅先生皆知鄘南尚氏有先进之遗风焉”，是对尚氏家风的真实描述。记述了其外高祖尚重从学夏峰孙奇逢之事，论及孙征君所言“圣贤之道不出家庭”，以尊宗睦族，从而进行修谱祠祭之事。

六为道光三十年(1850)十四世孙尚昭所撰《尚氏族谱序》，此次为五修族谱。其中提到“能续修其家乘者”，要族中“学养素优不为家务所累”之人，反映了当时人们的修谱观念，一是须是族中之人，二是要学养素优，三是不为家务所累，即有空闲时间修谱。此次续谱，“付诸剞劂”，进行了刻印，比以前的族谱在数量上大大增加。

七为光绪二十年(1894)同里田芸生所撰《承续族谱序》，称新乡县为“河朔名区，山环水抱，蓄气深厚”。叙述了一般家族在续谱修祠之后往往数世就出现了“遗产纷争”，与此不同，尚氏家族“历三朝、垂千百年而祠宇巍然、谱牒秩如”，并记述了其重修祠堂与谱牒的情况。

八为1912年(家谱原文为“大中华民国元年”——仁注)石振声所撰《尚氏七续族谱序》，记述了1911—1912年续修族谱之过程与分工。

九为1912年十七世孙尚广心所撰《尚氏七续族谱序》，谱首称：“自五洲交通而分种族者，辄呼中国四百兆人为同胞。”反映了近代以来国门打开后的新思想对家谱产生的影响。

十为1932年十九世孙尚全溶所撰《尚氏八续族谱序》，记述了此次续谱的经过及分工。

谱序后为《尚氏先祠家规条例》。其后为撰于清康熙三十八年(1699)的《续追远会约》。后为清乾隆《新乡县志》之《孝友传》《列女传》及民国《新乡县续志》之《列女传》所载尚氏相关人士的传记。后为邑庠生员姻再晚(挽亲家之父，称太亲翁大人，自称姻再晚。——仁注)范希元所撰《皇清例授登仕郎恩赐耆老尚公含玉墓表》，称：“公事亲极孝，事长极弟，自治勤俭谨慎，待人忠厚和平，宗族乡里皆以孝悌忠信见称焉。”希望“后之子孙其亦法其懿行，无负家声”，这也是对尚氏子孙的教育。后为《新乡县续志》卷六《人物技术》所载尚万成事迹,“尤精于堪舆”“善言解纷,为乡里所依重”。后有清道光二十九年(1849)浙江桐庐县知县廪延刘铎所题楹联:“理学衍家声负笈苏门自昔名传濂洛派,先畴服畎亩横经牧野于今德炳豆登光。”后为清道光三十年(1850)所排尚氏字辈:“文广景全得,学勤福长兴,传久名自耀,世显瑞喜生。”后有夏峰孙用正为尚重《四书酌言》所作的序。其后分别为1950年平原省新乡县第七区牧野村尚氏祠堂的土地房产所有证存根影印件、与尚氏家族有姻亲关系的饮马口赵氏为2006年尚氏宗祠竣工所写《贺词》、2006年十八世孙尚景然所作《尚氏宗祠重修竣工庆典》、2006年十八世孙尚景举所作《尚氏先祠重建碑记》、2006年二十世孙尚得祥《重修尚氏先祠记》、2007年二十一世孙尚学义所作《尚姓始祖源流考记》、2006年二十世孙尚得运所作《尚氏祠堂简述》及尚得海所作《附:新乡市第三批市级文物保护单位申报材料(尚氏宗祠)》。文保单位申报材料列入族谱较为少见,有保存尚氏文献的作用,值得肯定。

第二册(卷上)前有尚氏祠堂、尚氏族谱(民国廿一年版本)、尚氏祭祀祖先、1952年10月毛泽东主席与牧村尚氏族人交谈、尚氏族人中的英模人物及相关证书、为修祠续谱捐资万元以上人物等照片。后有此次续谱的谱序三篇。一为2007年新乡定国村郭赞兴所作《重修尚氏族谱序》,叙述了郭、尚两家历史上的交往与联姻。其后附有清代郭遇熙代伯父郭士标所撰《寿尚母七十文》,文中提道:“余与尚氏上及三世为莫逆交,下及三世为甥舅好,上下凡七八十年。”讲述了尚太夫人从小到大传承郭氏、尚氏家风的事迹。如在本家时,太夫人就养成了吃苦耐劳的好习惯,“余家先世虽号富贵,而儿童幼女,不敢食脯衣萝”。出嫁后,尚太夫人孝敬舅姑,在夫君去世后,尚太夫人抚养诸孤,尚氏家风世业得以传承,“其母子之安贫守约,料得于吾家之庭训者为良多”。二为2007年二十代孙尚得寿所作《重修族谱序》,记述了尚氏家族祖先、祖茔的基本情况,以及此次续谱、修祠与申报新乡市重点文物保护单位之事。三为2007年尚得海所作《十修族谱序》,讲述了尚氏为元明之际新乡县遗民七族之一,经过七百年的发展,现已繁衍至二十四世,人口近万人,世代虽无高官显宦,但世代以始祖垂训“忠厚正直”传家。叙述了其父为第九次续谱所作的贡献及此次续谱和祠堂申报新乡市文保单位的经过。对此次续谱所用底本作了说明:“此次修谱,以仅有的民国二十一年本为底本,以八二年本为参考本,以族人提供原始资料为依据,进行续修。采取多方面对照,相互校对,按国家标准简化字进行简化,无法简化的,仍按原字电脑做字。"这样一来,纠正了八二年本将很多繁体字和异体字改为同音字的错误。后为《目录》和《凡例》。《凡例》第三条称:"根据国家计划生育政策,按照男女平等原则,根据本人志愿,男女均可入谱。"第四条称:"本次续谱,恢复世系卷,以便族人查阅,但因族人众多,有子者,女儿只载世纪,世系不再列入。"后为此次续谱相关人员名单及八三年续谱负责人员名单。谱首列有《发斋诗征》和《滨河诗草》,为尚重、尚滨馨及其师友的诗文,其首有一代大儒孙奇逢作的《为尚威如题发斋》,发斋为"威如与其诸弟读书之室",指出了此"发"为"发愤"之"发"。其后为新乡市境内族人居住地和新旧宗派诗。后为家谱的主体部分——《世纪》,从第 39 页(第二册)到第 845 页(第三册),条目下记有本人生卒年月日、配偶生卒年月日与籍贯、子女名字、女子所适等,内容较为翔实。另外,根据本人提供资料,大专以上学历及有特殊贡献均载入世纪本人条。

第三册(卷下)《世纪》之后有为本次续谱修祠捐资人员之《流芳录》。

第四册(卷末)之首记有牧野尚氏文化研究会主任、副主任、委员等名单。后为世系。

该谱在校对方面比之 1983 年《尚氏族谱》有较大改进,但仍有欠缺,存在不少错别字。

九、《2008 年新乡饮马口赵氏族谱》提要

谱名:赵氏族谱

卷数:全三册,798 页

堂号:无

修撰时间:2008 年

责任人:赵清山等

版别:排印本

谱本现状:完整清晰

居住地:新乡市饮马口(赵庄)

始祖:造父

始迁祖:赵江

内容提要：

目录前有新乡七世同居坊等赵氏家族相关照片3张，书法作品1幅，清道光十四年（1834）《赵氏族谱》及民国时期2种《赵氏族谱》、1997年《赵江家史》等赵氏家族文献书影4幅。目录后有“琴鹤家声”四字及其解释，说的是北宋赵抃为官清廉的故事。饮马口赵氏十世祖赵珂德高望重，“当时族人春节时在门头贴上‘琴鹤家声’四个字，路人一看就知此家姓赵”。

谱前八序：一为道光十四年（1834）辉县知事周际华所撰《赵氏族谱序》，赞扬了赵氏家族通过创建祠堂、新修家谱、著《居家庸言》等，从而达到尊祖收族之目的。二为道光八年（1828）十世孙赵珂所撰《赵氏族谱序》。这是新乡饮马口赵氏首次纂修族谱。序云：“吾始祖讳江自洪洞迁居新邑。”为了尊祖收族，“我族于丙戌春公为崇本之约，各量力捐资，月有生息，至戊子春共积钱二百余千，置祭田三十余亩，珂又捐地十九亩，修祠堂一所”。后有十七世甥男王维夫译文。三为1915年十二世孙赵凤诏所撰《续赵氏族谱序》。云：“吾族自十世伯祖雪斋公建立祠堂、创修族谱，尔时二世祖廷选一支失传者业有数人，今……尤难稽访，因姑置勿考……谨将赵庄一支序列于后……”四为1934年十三世孙赵殿杰所撰《赵氏族谱序》。记述了元末兵燹之后，新乡县仅存七大姓，明“永乐年间有诏移山右洪洞县民实河朔，吾始迁祖讳江公即于此时迁新乡”饮马口。“迁新以后，耕读传家……号称本邑六大家之一。”此次续谱议定从17世起排行字十枚——以祥瑞繁衍，定镇兴家庭。五为1997年十五世孙赵清堂所撰《赵江家史序言》。言此次续修家谱，“是按现有饮马口廷辅一支子孙重新登记续册，而廷选一支子孙因居住分散不易寻找，这次续修就不再登记入册”。又后续十个字排辈——保国得有志，科学振世界。序言记述：“为了寻找赵江山西洪洞县老家地址，十四世孙维乾率领我等七人到山西洪洞县多处走访无果。”六为2008年新乡市图书馆王惠敏所撰《赵氏族谱序》。赞扬了饮马口赵氏“耕读为业，忠厚传家”的优良家风。云：“是谱也，自始祖以下，严宗统，别支派，不附会一人，不枉增一字，诚可为后人法。”七为2008年十九世孙赵毅所撰《赵氏族谱序》。叙述了饮马口赵氏七世同居坊的来历，阐述了续修族谱的重要性。八为2008年第五次续修族谱委员会所撰《序言》。叙述了修谱前的现状：“吾族祠堂已无踪迹，石坊现属省级文物，也多有损伤，鸣玉公所著《居家庸言》世人罕见，应设法寻找。城市发展吾村拆迁在即，居住分散大势所趋。数代之后不至于成为路人,族人认为趁长者健在之机,应将上次续修的族谱充实完善……”后为2006年《赵氏族谱》第五次续修委员会编写的《续修〈赵氏族谱〉通知》。其后为道光八年(1828)修谱《凡例》和2008年《凡例(第五次续修族谱的说明)》。前者末条云:“幼童入谱以五岁为率,若五岁以下,另立册籍登记,以便异日续修。”

卷一为赵氏世系。卷二为赵氏世纪。谱载姓名、字号、生卒时间,配偶及其生卒时间、籍贯,葬何茔,子女姓名,文化程度(只记高中及以上文化程度),职务、职称,对有作为的知名人士列举主要事迹以表彰鼓励,较为翔实。卷二末有此次续谱所撰《洪洞县寻根记》《关于王小屯赵氏的调查分析》《秀才庄一支赵姓的考查》《辉县田庄一支赵姓的考查》《查找中牟县赵殿科后裔的情况》《大召营一支赵氏归宗记》《关于十二世祖讳浚在河北省内邱、隆平、保定、怀柔等县当知县的考查报告》《六世祖文泰一支的来龙去脉》。

卷三为赵氏祠堂。有十二世孙赵金城所撰《祠堂引》及王维夫译文、祠堂图(道光甲午版)、赵氏祠堂鸟瞰图、道光十二年(1832)十世孙赵珂所撰《创建祠堂碑记》及译文、道光八年(1828)十世孙赵珂所撰《崇本会叙》《祀事条例》《祠堂左壁条规凡十二则》《祠堂右壁条规凡十二则》《祭田数目》《祭器数目》《坟会执事名单》《字据》和2007年十六世孙赵更来所撰《赵氏祠堂始末》。其中祠堂条规规定了祠堂祭祀、读书入学、经营账目、日常管理、家族礼教等方面。《祠堂右壁条规凡十二则》的第七至十二条具有明显的家训家规性质,分别为:“七、阖族长幼俱要恪守礼法、敦行孝弟,如有忤逆不孝、傲慢长上,以及欺凌乡党者,禀家长到祠堂罚跪责处。八、《吕氏乡约》有礼俗相交、患难相恤之义,乡党且然况同族乎?今我同族凡有丧葬之事无力措办者,各宜量力资助,不得遵往来报施常规,如己力有余无烦借助者,仍按照常规办理,均宜竭力共助其事,至于嫁娶实有拮据不能措办者,常仪之外亦各量力资助,庶无愧同宗一本之谊。九、破家皆由赌博,丧德莫过酗酒。凡族中若有酗酒赌博不顾身家行凶滋事者,禀家长到祠堂责处。十、戒争讼。争端之起由于不知自反,彼此负气,究之两败俱伤,甚至破家荡产而不恤。良可浩叹吾族中俱宜深戒,即有不得已事,止可诉于家长,不可遽禀官府。十一、戒子女削发。凡族中子女有疾,俱宜延医调治,断不可送为僧尼,若有故违此禁,自绝其宗嗣者,为大不孝,禀明家长不许入族谱。十二、族中子侄有新入胶庠者,用祠堂积余制公服一领、帽一顶、靴一对,永以为例。”《赵氏祠堂始末》记载:“祠堂即家庙,是吾赵氏家族祭祀先人的场所。道光十二年(1832)所建,位于饮马口村西,宋王庄东,约在现在邮电大楼东的中国银行处。祠堂坐南朝北,当时是一家李姓的宅基地,由十世祖讳珂买下地皮并出资建起祠堂。"又言:"祠堂在日本侵华时期遭损坏,后来国民党修炮楼时彻底破坏。"

卷四为赵氏茔兆。有十二世孙赵金城所撰《茔兆引》、赵氏各茔图、《例封安人武氏安人墓志》、茔兆碑记等。

卷五为赵氏懿行。前有十二世孙赵金城所撰《懿行引》。后为《七世同居叙》《钦加正六品衔候选布政司经历赵珂七世同居事实册》及赵更来译文,另有《建七世同居坊有关批文》《节孝叙》《旌表节孝执照》以及《新乡县续志》中有关饮马口赵氏家族资料抄录。《七世同居叙》云:"赵珂家范克立,世泽丕著,自珂高祖文耀以讫珂孙溃等,同居已及七世。一门之内,自子侄以及孙曾,缌服之外又及袒免,慈孝相继,友爱相承,姑妇娣姒和顺慈柔,房无私器,囊无私财,食无美恶之分,衣无尔我之异。"《钦加正六品衔候选布政司经历赵珂七世同居事实册》载:"(赵珂)每于朔望率子弟入(嗣)〔祠〕堂拜献毕,必令子弟侍立,教以《孝经》《小学》《论语》,以'敦实行,黜浮华'相劝勉。"

卷六为赵氏诰命。有十二世孙赵金城所撰《诰命引》《诰授赵珂为奉直大夫》等9则诰命、饮马口赵氏家族"大专以上学历人员名单"和道光十四年(1834)十二世孙赵金城所撰《跋》、2008年第五次族谱续修委员会所撰《跋语》。《跋语》记述了此次续谱族人献出老家谱、《居家庸言》下册、《静乐园纪略》与《静乐园诗稿》手抄本、祠堂左右壁条规等珍品,回顾了赵氏历次修谱的概况,并提出"经本次族谱续修委员会研究,应每隔二十年续修一次"家谱的规定,最后对家族成员提出期望:"望子孙后代以族谱为引导,追忆家史,继先人之志,弘扬吾族之精神,奋发向上,兴家创业。"

卷七为赵氏静乐园纪略。静乐园是道光年间赵珂在辉县百泉所建,与北宋邵雍安乐窝相应。本卷有周际华所撰《静乐园纪略》及王维夫译文,另有《静乐园落成诗并序》《静乐园宴集诗》《静乐园雅集》和赵珂《静乐园诗集》等。

卷八为赵氏家范。影印了道光十四年(1834)百忍堂藏版赵珂《居家庸言》。前有周际华所撰《居家庸言序》和道光三年(1823)新乡县儒学训导叶梓林所撰《赵氏家范序》。《居家庸言》有上、下两卷。上卷分别为居家杂仪、蒙馆要式、祠堂、冠礼、婚礼,下卷分别为五服丧制图、居丧杂论、丧礼仪节、祭礼仪节。

卷九为赵氏其他类。有赵珂《尚氏续族谱序》、《大河报》中的《七世同居坊家庭和睦的典范》、十六世孙赵更来撰写的《忠厚、孝敬、友爱是我赵氏家风》、族中1949年前后部分老照片、修谱捐款名单等。《后记》对给予帮助者进行了致谢。

十、《2010年新乡县朗公庙吕氏家谱》提要

谱名:吕氏家谱

卷数:不分卷,全一册,163页

堂号:无

修撰时间:2010年

责任人:吕永亮

版别:排印本,永昆家谱制作

谱本现状:完整清晰

居住地:新乡县朗公庙、庄岩、三王庄、牧野区西牧村、丰乐里、延津县十里铺、卫辉市后庄、中牟县万滩镇

始祖:伯夷

始迁祖:吕彦通、吕珍原叔侄,明洪武初由山西省洪洞县迁新乡县王二十八屯(今朗公庙)

内容提要:谱前四序:一为清光绪三十一年(1905)十四世孙吕大闾撰《吕氏始修族谱序》。述其播迁,云:“吾吕氏虽世居朗公庙,详其由来,实迁自山西平阳府洪(桐)〔洞〕县,论时则五百余年,言辈则十有六世,瓜瓞绵延,生齿日繁,故居于本村分东西南北四门,现下有三十余家,且有迁于庄岩者,有迁于荒里者,有迁于三王庄者,有迁于延津十里铺者,有迁于府(卫辉——仁注)北后庄者,有迁于河南中牟县者,此世系可考,而北翟坡族类尤繁,累世簪缨勿替相传亦系同宗,但年远代湮无谱可考。”谈及对修谱的认识,云:“敬宗睦族之道莫要于谱……家必有谱始可以序宗派别亲疏,今连年丰稔,吾族皆安居乐业,庶其修谱之时乎!”并言及修谱时“访故老、寻残碑,参考互证……章程则一仿张氏族谱”等。

二为清光绪三十二年(1906)(因后言岁次乙巳,或为光绪三十一年之误,或

乙巳为丙午之误——仁注）同里王安澜撰《吕氏族谱序》。王安澜（1857—1908），字静波，新乡县人。清光绪十五年（1889）中进士，选为庶吉士，曾任怀庆府知府。光绪十八年（1892）授翰林院编修，书艺精到，擅长楷书。甲午战争爆发后，曾上奏弹劾北洋大臣李鸿章等丧权辱国的罪行。在八国联军入侵之时，他招募兵勇抵御外寇南侵。后弃官返乡从教兴学，被誉为中州一代名儒，河南著名教育家，被公推为河南省高等学堂监督，曾与汲县李时灿、辉县史绪任创建经正书舍。该序在"西力东侵"的历史背景下，鼓励家族和睦团结，"族族而合"以便"统四万万之黄种为一群"，"震历鼓舞共竞存于优胜劣败之中……乃不为天演之公例所淘汰"，共同抵御西方列强的入侵。该序体现了王安澜受《天演论》影响、热爱祖国、反对割让领土、呼吁抵抗侵略等思想，对王安澜研究有重要参考价值。

三为1932年十四世孙（序末误作十五世——仁注）吕大智撰《重修家谱序》。略言吕氏自洪武年间迁居新乡，云前人创谱后至今二十余年族中名字每有重复，故修补通刷石印新谱。

四为1986年十五世孙吕永亮撰《续修族谱序》。略言前两次修谱之事，此次修谱已隔四十余年，故"组成我谱小组，进而外调逐户查登，共赞铅印，经月余日谱已告竣，并新续二十辈"。

五为2010年十六世孙吕同毅撰《重修吕氏族谱序》。略述吕氏源流及历次修谱之事，阐明修谱的目的是要使族人"尊宗奉祖、和睦族人"，并且期望族人"在各自不同的岗位上为中华民族的伟大复兴和祖国崛起创业四方、勇创佳绩，为振兴中华、振兴吕氏家族再现辉煌续写家族发展史的新篇章"。

谱载朗公庙吕氏辈字35字、吕氏祠堂照片、1915年吕氏老碑、北宋蓝田《吕氏乡约》、吕姓由来等。谱系分为世系总图和朗公庙东门、西门、南门、北门、三王庄、中牟县、西牧村、丰乐里等15门分派谱系。谱载姓名、配偶及生卒年月、子女姓名、女嫁何处何门，较为翔实。

《后记》云修谱"参考了诸多资料，其中包括来自互联网络和家族碑文、契约记载，并借鉴了其他家族的写谱经验"，交代了本次修谱中吕氏家谱委员会各成员的分工。

十一、《2010年新乡县朗公庙张氏家谱》提要

谱名：河南新乡朗公庙张氏家谱

卷数:不分卷,全一册,17页

堂号:无

修撰时间:2010年

责任人:张峰俊

版别:排印本,永昆家谱制作

谱本现状:完整清晰

居住地:新乡县朗公庙镇、山西省稷山县化峪镇吴付村

始祖:无考,明洪武年间从山西省洪洞县迁新乡县王廿八屯(今朗公庙北街)

始迁祖:供奉始祖张文房

内容提要:

谱前一序:为2010年同里吕同毅辑所撰《始修张氏家谱序》。记载张氏先始祖自明洪武年间从山西洪洞县迁至新乡县南二十里王廿八屯,现今为朗公庙北街,先始祖名讳无法考证。1958年张金福将先人张文房茔地迁至本村东安葬,奉为始祖,其下有二男三女。长子张武烈1920年因生活所迫迁居山西省稷山县化峪镇吴付村,次子张武安仍在本村,现两支各有三十余人。

谱载张氏图腾、张氏由来、张氏派字30辈、凡例、《弟子规》及后记等,有不少内容摘自互联网络和借鉴其他家族的写谱经验,整体看来,该谱内容甚为简略。

谱载张氏谱系表具列姓名、生卒年月、配偶姓名、生卒年月、子女情况、女嫁何处何人,较为翔实。

十二、《2010年新乡县朗公庙镇永安赵氏家谱》提要

谱名:河南新乡永安赵氏家谱

卷数:不分卷,全一册,181页

堂号:无

修撰时间:2010年

责任人:赵连贵、赵永清、赵永良、赵霄云(赵永昆)

版别:排印本,永昆家谱制作

谱本现状:完整清晰

居住地：新乡县朗公庙镇永安、朗公庙、牧野区千佛堂、凤泉区南张门、延津县新丰堤、高新区杨村、新乡县龙泉、山西临汾

祖籍地：山西省洪洞县

始祖：造父

始迁祖：佚名，明初从山西省洪洞县迁新乡县，七世单传

内容提要：

谱前三序：一为2010年九世孙赵永良撰《修谱序言》。言永安赵氏自1995年创谱，按例2010年续谱，并略述修谱过程。二为2010年十世孙赵子福撰《千佛堂宗支序言》。言千佛堂赵氏祖籍永安，清朝时先祖为千佛堂外族看坟，后定居于此。三为2010年十世孙赵玉寿、十一世孙赵世顺撰《朗公庙宗支序言》。言朗公庙赵氏祖籍永安，先祖赵来频于清道光十年（1830）携子到朗公庙做木工维持生计，后定居于此。

谱载赵氏图腾、始祖皋陶照、《史记》卷五《秦本纪》、赵氏溯源（以上内容史料价值不大——仁注）、统宗约说、永安赵氏家谱委员会照片1张、祭祖照片5张、目录、2010年创修族谱理事会、永安赵氏家族理事会（2010年）、凡例、赵氏家训、六十世辈字及说明、人物传、人物志、永安赵氏家谱人员情况统计表、永安赵氏家谱常用讳字统计（男子916人）、外娶夫人讳字统计（共计696人）、本族所生女儿名讳统计（共计527人）、永安赵氏家族祖茔变迁约说、千佛堂宗支坟茔变迁图、碑文、1999年至2000年祭祖续谱集资名单、后记、勘误表等。

其中，1995年八世孙赵继学撰《统宗约说》，言永安赵氏明初从山西省洪洞县迁居于此，先世口传宗谱由一宗支带至荥阳汜水，但已不可稽。《凡例》规定了祭祖、续谱等问题，其中第十二条规定："凡任职在县团级以上、有博士学历、［年薪］千万元以上的企业家立名人志（传）。"《人物传》载两人：赵一揆（1860—1930），民国时曾任新乡县高级小学堂校长。赵永一（1919—1996），1938年加入中国共产党，1959年曾受刘少奇接见，1980年任海军航空兵司令部气象处处长，同年以正师级离休。《人物志》载一人：族中老人——赵继学，生于1924年，1954年毕业于河南师范学院，曾任新乡市十一中、一中副校长，关心弱势群体，1995年创修赵氏家谱，在创谱和续谱过程中提出修谱三原则。《永安赵氏家谱人员情况统计表》载，1994年12月至2010年5月的15年间，永安赵氏共增男170人，增女117人，可见其出生人口性别比高于全国平均水平。讳字统计在一定

程度上反映了家风，家谱编修中的这种做法在新乡地区较为少见。

该谱为永昆家谱经理赵霄云自家的家谱，质量较高。谱载各宗支世系表、各宗支谱系表，具列姓名、生卒年月、道德学识、工作单位、配偶姓名、生卒年月、工作单位、子女情况、女嫁何处何人等，甚为翔实。

十三、《2012 年新乡畅氏家谱》提要

谱名：鄘南畅氏家谱

卷数：不分卷，全一册(另含 2 页夹页)，511 页

堂号：无

修撰时间：2012 年

责任人：畅裕泰

版别：排印本

谱本现状：完整清晰

居住地：新乡市牧野区小朱庄、畅岗、白小屯，凤泉区大块，获嘉县小呈村，新乡县刘店，延津县新丰堤

始祖：十五公、十六公

始迁祖：十五公、十六公

内容提要：

全谱共分二十九个部分。第一部分为始祖考。云："始祖昆仲廿余八，惟始祖同胞兄弟十五、十六公于明成化年间由山西阳城移居鄘南，祖史未具注始祖及其昆仲名讳、成化年月、阳城村镇，致后世茫然。"

第二部分为族谱墨迹，影印了旧谱序、条例等内容，但并不完整，有缺页。有清康熙五十一年(1712)郜衡《永思堂记》。后有旧谱序四则和《〔修谱〕条例》。详见本书《1923 年新乡畅氏族谱》提要。

第三部分为序言，是近两次续谱的三篇序言。一为 1984 年二十世孙畅君卿等撰《续修畅氏族谱序》，叙述了获嘉小呈畅氏自 1923 年以来 60 年未续家谱，详细记述了此次续谱的过程。二为 2011 年二十世孙畅君道所撰《序》。序云畅氏第一次修谱已距始迁祖有近 200 年，此时"吾鄘南畅氏一族已为河北名门之最"。畅氏创修族谱共有 6 册，但在续修时"首册已失遗"。鄘南畅氏自 1923 年以来有近 90 年未续家谱，序中详细记载了此次续谱的经过。最后对族

人语云:“念祖考(到)〔创〕家基,不知栉风沐(西)〔雨〕,受多少苦辛才能足食足衣以贻后世。为子孙计长久,除却读书耕田恐别无生活,总期克勤克俭毋负先人。”三为2011年十九世孙畅同利所撰《序》,记述了新乡畅岗、小朱庄畅氏与获嘉小呈畅氏此次共商续谱的经过,特别指出了此次续谱新乡刘店畅氏归宗。

第四至十三部分为始祖十五公宗支世系,第十四至二十部分为始祖十六公宗支世系。谱载姓名、配偶及生卒年月、配偶籍贯、子女姓名、女嫁何处何门,部分记有所葬何茔,较为翔实。

目录第二十一部分为鄘南畅氏墓志,但文中实际为《鄘南畅氏茔图记》《鄘南畅氏茔墓记》。第二十二部分为鄘南畅氏茔图,包括原茔、新茔、获嘉茔、新乡县刘店茔。

第二十三至二十五部分分别为(序)〔续〕谱理事会、(序)〔续〕谱编委会和捐资名单。第二十六部分为十八世孙畅裕泰所写《后记》,记述了此次续谱“新乡县刘店、延津县新丰堤、新乡凤泉区大块畅氏族人历经数百年后入谱归宗”。第二十七部分为封面设计者姓名。最后两部分为夹页,分别为始祖十五公、十六公宗支世系表。

2013年,畅氏家族又编印了《鄘南畅氏》一书,作为第四次续修家谱的续编。正如该书序言所写:“编辑的目的,是补充家谱中尚未尽到的事宜,如家谱中原只简略记载族人的生、卒、娶、嫁世系传承以及个别的品爵,对于族人中有功于国家、造福于民众之英才事迹,书写过简。致使后嗣只知其一、不知其二,只知敬仰、无从效仿。故(拒惋)〔扼腕〕叹息!《鄘南畅氏》除追述、考证、补充家谱中一些英才的资料外,则着重将现代族中之精英用较大的文字篇幅收录入册,供后人敬仰,让书香继世,永留其芳。”

十四、《2013年新乡卫氏族谱(新乡市四门长房献珍卷)》提要

谱名:河南省新乡市卫氏族谱(四门长房献珍卷)

卷数:不分卷,全一册,80页

堂号:无

修撰时间:2013年

责任人:卫重俊

版别:复印本

谱本现状:完整清晰

居住地:新乡市

始祖:卫康叔

始迁祖:卫佑祥,清初从陕西韩城迁至新乡,其为韩十三世,新一世

内容提要:

谱首为卫姓暨新乡卫氏概况,指出卫姓源出于姬姓,卫国是周公旦的弟弟卫康叔的封国,卫亡后,卫君子孙以国名命姓氏,此为卫姓之源。卫氏明初由山西洪洞迁至陕西韩城,十三世太学生卫佑祥于清初迁至新乡,为新乡卫氏之先祖。后有卫重润与他的两位同事于山西洪洞寻根照片、新乡北关卫家大院拆前留影、新乡卫荣光夫人一品诰命之像及此次修谱、立碑、祭祖等照片。

2012年九世孙卫重俊《谱序》言:"清康熙年间由其十三世佑祥公迁新乡立业,为吾新乡卫氏一世先祖。"又言:"荣光公位至中丞,吾卫氏名人辈出,享誉于世。荣光公文韬武略,胆识过人,一生忠心为国,执法严明、为政清廉,为历史和世人所公认,成为吾卫氏最辉煌最兴盛的时期。"关于近代以来卫氏家风传承,言:"清末以来,外敌屡犯,内乱不止,国运衰败,家族没落,但我卫氏爱国之心不灭。与命抗争,优良家风得以延续,无一奸凶邪恶之徒。"最后呼吁族人:"我们要学习先人之黜奢崇俭,助人为乐之精神,还应做到从政清廉,为师者先修自身,以德育人,做工者敬业实干,经商者以诚信为本,生财有道。总之,要发扬读书明礼孝悌忠信,以奉献社会,担当复兴我中华民族之重任,振兴我卫氏望族之名为己任,不愧为先祖之好子孙。"

《凡例》共十二条。第八条在对新选定的字辈用字进行解释时,阐发了卫氏家族的理念,具有家训的性质。该条云:"世序不可紊乱,增字辈以下应续辈字,所用之字应有意义,为此经过多次推敲,根据族史家风及先贤之所望,选定以下二十个字为辈序:德昌明礼义政廉宇清顺,邦兴立世林族振华玉成。"接着解释道:"德昌明礼义,是处事为人之道,我族先祖,正是以德为本,修身齐家成就了卫氏望族之名分,我后人应传承以德修身,齐家立业之家风,重振望族之名分以慰先祖在天之灵。政廉宇清顺,此乃从政为官之道,为官不可存私心,应忠心为国为民!我卫氏先人正是如此而名垂青史,从政者应效之。〔邦兴立世林,〕国家兴盛,才能不受外辱而朋友遍天下,体现我文明古国大国风范。族振华玉成,以德为本,振兴中华,社会就能实现文明礼尚、官清民顺、国泰民安,我中华

民族复兴的光辉就会照耀天下，影响世界，促进社会进步，距先贤和今人理想之大同社会不远矣！”

《卫氏宗祠及坟茔》中记载：卫氏宗祠约建于清朝中前期，位于新乡市北关大街路北，卫家大院东，1958年“大跃进”中被毁。1995年6月5日在祠堂院内抄录的清光绪十八年（1892）《卫氏祠堂立规碑记》记载了卫氏家族对祠堂各项事务的规定，如对祠堂账务规定：“至往旧年账，业经算明结清，一概焚弃，更立新账。但账目事务不可令一人独管，致生弊端。卫氏四门每年按次轮流经管，年终将一年花费开具清单，实贴祠堂。令合族通晓。账内不可有丝毫蒙混，如有蒙混等弊，公同议罚复立义字四纸，四门长房各执一纸，使族人惧各懔永远勿替。”并进一步对账目管理方法进行了规范：“祠堂账目一门管理一年。四门轮流，年终交账。总须核算清楚方能接管。如有交账不清及私吞公项者，公同议罚。”

《新乡卫氏历史人物传记》收录了县志等书所记载的卫霍、卫大壮、卫大壮妻郭文贞、卫家麟、卫世杰妻王氏、卫荣光、卫献琛妻李氏、卫献琮妻孙氏、卫延龄、卫昌龄等人传记。其后还收录有卫大壮、卫荣光等人墓志铭，卫大壮所撰《呓语略志》《卫氏族谱序》《缙绅录序》及其妻郭文贞遗著等。后有王门坟茔方位墓图、重立献珍公墓之碑文等。此次修谱，为族人中的优秀人物卫锡龄、卫廷藩、卫重润妻李芳仁、卫义藩新立传记，并将卫重香的事迹记入族谱，“以激励后人上进、奉献社会，为我卫氏增光”，体现了当代编修家谱向善向好的积极作用。

谱载世系较为详细，按辈分一人一谱，一谱一方，每人均有一个编号，记其生卒年月，配偶姓名、生卒年月及籍贯，子女姓名及女子所适何人。在其后的《四门长房人事概况》中记载了族人的任官情况及主要事迹等。

《附录》收录了许勋光作的《记忆中的新乡卫家大院》和《卫荣光轶事》等。《记忆中的新乡卫家大院》载：卫家的先祖们居住在山西洪洞，之后迁居太原，再后太原卫家人中有一支迁居陕西韩城北柴村。到乾隆年间，北柴村的卫霍，在陕西、山西和新乡之间销售木材。当时卫河上的船可以直达天津，所以，新乡造木船每年都需要大量的木材，加之造车、盖房子所需，用木材量较大，但新乡是缺木材的地方，所以卫霍就运木材到新乡销售。到卫霍的儿子善述，于嘉庆年间定居新乡北关，经卫霍等四代经商，家业富裕，在北关建了十几座二层木楼板的四合院楼房，即后人所称的卫家大院。文章详细记载了新乡北关卫家大院被拆前的全貌，包括厨房院、账房院、书房院、磨坊院等在内的十几个院落。《卫荣光轶事》记述了“加倍赔钱”“送酒席”“三根油条与油条待客”和“石榴园的由来”四则故事。前三则故事表现了卫荣光亲民爱民、为政清廉的高尚品格，“石榴园的由来”记述了与今天新乡市市花石榴花相关的石榴园的由来，是卫荣光出任浙江巡抚时，从当地购置大批石榴树苗栽在新乡县城北门向西的卫河南岸，形成了一大片石榴园林。

2013年修谱小组所撰《后记》言及从1994年开始收集家族史料，历时近20年，得以完成此谱。因原谱不存，部分内容不可考，“一俟原谱找到，即以原谱为准。本谱可作为附录”。

该谱虽规模不大，但内容丰富，保存了新乡卫氏家族史料，对新乡卫氏家族的研究颇有助益。

第二节　卫辉部分家谱提要

卫辉市为新乡市代管的县级市，1988年由汲县所改称。西汉高祖二年（前205）设置汲县，先后为郡治（汲郡）、州治（卫州）、路治（卫辉路）、府治（卫辉府）和道治（豫北道、河北道），直至1988年撤县建市。

卫辉市现有人口54万。

一、《1998年汲邑沧溪王氏族谱》提要

谱名：汲邑沧溪王氏族谱

卷数：不分卷，全一册，310页

堂号：无

修撰时间：1998年

责任人：王长海

版别：排印本

谱本现状：完整清晰

居住地：卫辉市狮豹头，后因修建狮豹头水库迁至卫辉市西北十余里的狮豹头新庄

始祖：王允恭

始迁祖:王允恭

内容提要:

扉页有家族成员合影、牌匾等照片5幅。首页影印1950年续修《沧溪王氏族谱》封面,题为"新乡市祥记印刷局印制"。封面为"王氏祖居地"画作,封底为"王氏先祖陵寝地(狮豹头方山黄叶桥)",均题为"一九九八年岁次戊寅·癸冬月续谱作"。目录前有《〔沧溪〕王氏祖先渊源地狮豹头地理位置》地图一幅。

全谱由以下几部分组成:卷首,追远与序言;卷一,东长门后裔关系;卷二,二门后裔关系;卷三,三门维清后裔关系;卷四,四门后裔关系;卷五,五门维屏后裔关系;卷六,二世二门俊后裔关系;卷七,二世三门后裔关系和卷尾;名人捐资名单;跋等。

卷首谱序共有4篇:一为清光绪十六年(1890)七世孙王振藩等撰《沧溪王氏族谱序(创谱序)》,交代了沧溪王氏"祖居世代老茔迁移"。首序后有沧溪王氏宗派六十世,"此六十个字派日月同移,周而复始无穷尽,唯望后人起名遵照履行"。其中后四十派为1998年续谱时所续。二为1916年七世裔王泽丰等撰《续修沧溪王氏族谱序》,叙及"此次续修搜集先人碑铭表志一并附入谱内",增添了族谱的文献价值。三为1950年九世孙王营祥撰《第二次续修沧溪王氏族谱序》,记叙了当时王氏族人用数十株祖茔柏树(又补种百余株小树)"以此资续修族谱"之事,这当是此次续谱费用的重要来源之一。此序后有《追远堂增广碑序》和《云盛堂四世敬祖碑序》。四为1998年十世裔王培富、十一世裔王长海撰《第三次续修沧溪王氏族谱序》,叙述了此次续谱"刻不容缓"的六大原因。其中记载了因修建狮豹头水库,"族人全迁往卫辉西北十余里国家所建新村即狮豹头新庄定居"。

卷一之首有数文。《监生府王公讳维翰志》录有家训诗5首,分别为《训子》《出行》《警世》《食宿》《铭言》。其中《训子》曰:"自食其力常习文,酷暑寒冬练武艺。习文目明增智谋,练武壮体防寇欺。绵延泽世善为宝,有庆忠厚传家远。"

《武生王公讳锡字成安泮名步升志》记载了王维翰五子王锡自南关村迁居辉县太行山区麦窑村的经过,其富而不骄,散财乡里,并"将父移交之债契一焚而尽",令债户感激。

《王公讳炳文择茔立祖墓志铭》记其三子"被日寇抓丁迄今无音",是日军侵华之罪证。

《国民授受中校将官王公讳坫臣字献之暨妣马氏孺人合葬墓志铭》记载王坫臣"民气旺盛,日寇侵华戎马征战,身任营长斗寇有方,晋级团长"的事迹。

需要指出的是,上述两篇墓志铭为后人在20世纪末为先人所立墓碑之碑文,并非传统意义上的墓志铭。

卷二之首有《割肉疗亲　至孝通神——卫辉市狮豹头王氏荣身感天地记》一文。文中记叙了王荣身割自己身上的肉为其母王刘氏包饺子吃,其孝心感动了上苍,其母失明多年的双眼重见光明的故事。这对王氏家族后人有着重要的教育意义,使孝敬老人的优良家风得以传承。

卷四之首录有《建安先生墓志铭》(道光二十三年)、《皇清敕封太安人晋封太宜人建安王公继配孔太宜人墓志铭》(同治八年)、《双举先生墓志铭》(光绪三年)、《皇清敕封太安人晋封太宜人双举王公陪申太宜人墓志铭》(光绪三年)、《王公普惠墓志铭》(光绪四年)、《岁贡生王公讳泽隆字介人泮名振藩暨元继配张赵孺人合墓志铭》(光绪三十年)、《王公运之墓志铭》(光绪三十年)、《奎文阁典籍王公东郊墓志铭》(光绪二十二年)。这些均为生平介绍,文献价值不高。

谱末《跋》中叙述了沧溪王氏的来源传说:明末将领京师人王来聘之子为避佞臣谋害而南下,来到深山野沟狮豹头隐姓匿名生存下来。然续谱者亦云"手无确凿证据",仅"供餐时茶间聊谈之料,解族人之闷,留于后世探讨"。体现了编修者不失严谨的态度。

二、《2000年卫辉市韩光屯村王氏家谱》提要

谱名:王氏家谱

卷数:不分卷,全一册,165页

堂号:无

修撰时间:1996年

责任人:王乃泰

版别:排印本

谱本现状:完整清晰

居住地:卫辉市孙杏村镇韩光屯村(今属牧野区)、卫辉市孙杏村镇、娘娘庙村、焦庄、新乡市马小营、临清店、秦庄、马屯、王门、北站区(今凤泉区)、卫辉市、获嘉县、济源、修武、焦作、濮阳、三门峡、郑州、北京、广西、贵州、湖南、四川、黑龙江、湖北等地

始祖:王四十一

始迁祖:王四十一

内容提要:

谱首为王氏祠堂的简介及照片,共2页3幅照片。

目录后为十九世孙王乃泰所撰《前言》,介绍了王氏家族的源流,始祖于明朝洪武二十四年(1391)前后从山西省洪洞县迁来,世居卫辉市韩光屯村,已繁衍至二十三世、535户、2104人。又言韩光屯王氏曾于清朝咸丰三年(1853)创谱,但在1960年代被焚,幸有一本茔图保存下来,该茔图附有第九世至第十四世简谱,为重建家谱提供了依据。为印刷家谱,"重建家谱小组成员研究决定,凡我王氏后世子孙不分男女老幼,每人集资二元"。《前言》中还规定:"为适应当代风俗习惯,今后凡义子、带来子女、赘婿等已改为我王姓,又按王氏谱系排列者,均可入谱,不得排斥。"《前言》后面列出了重建家谱小组成员名单和重建家谱核心小组成员职责名单。

各分支简谱之前有《王氏家族谱系考》,总结了王氏第九世至第二十二世的派字,并规定了二十三世至四十二世的派字。又有《王氏家族各世人丁考》,列出了韩光屯王氏第二世至第二十三世各世的人数。又有1996年发现的明万历十三年(1585)石刻记载的《王氏一世至五世列祖列宗》和今人整理的《王氏一世至九世列祖列宗》。

简谱分为南茔后世简谱、东北茔后世简谱、老茔西侧茔后世简谱、其他茔后世简谱,简谱仅载姓名及配偶、子女,非常简单。

简谱后为王氏各茔坟图,包括前言、目录、原王氏祖茔坟图前言、王氏祖茔坟图、南茔后世各茔坟图、东北茔后世各茔坟图、老茔西侧茔后世各茔坟图、其他茔后世各茔坟图,对坟图记载较为详细,这也是该谱的一个特点。

该谱最后是王氏后世集资情况表,绝大多数族人按规定缴纳了集资款,也有少数人是以玉米进行折款。

三、《2011年再版西河九龙族谱(太师庙存藏版)》提要

谱名:西河九龙族谱(太师庙存藏版)

卷数:不分卷,全一册,248 页

堂号:无

修撰时间:2011 年

责任人:马俊渠、霍德柱

版别:影印、排印本

谱本现状:完整清晰,原谱藏卫辉市档案局

居住地:河南、河北、福建等地

始祖:比干

始迁祖:林禄(林姓入闽第一人)

内容提要:

此次翻印再版的《西河九龙族谱》所依据的新加坡古友轩旧版,是 1934 年林森派林修等到卫辉比干庙祭祖时捐赠所藏,上有"太师庙存藏"的题字及印章。2011 年,由比干庙组织整理编撰,新加坡林氏后人林兴发、林江龙资助再版。此谱为林氏公谱,记载林氏从殷商到清末的源流,世系表排列非常详细,体例合理,图文并茂,后世林氏续谱多以此为根本。

此次再版的《西河九龙族谱》共计 11 万字,对研究比干、比干庙、林氏家谱,宣传比干忠义精神与比干文化,提供了准确全面的资料。中国国民党副主席林丰正作《再版序言》,政协河南省第七届、八届委员会主席林英海题写《再版后记》。

此次再版在影印原族谱的基础上,增加了不少关于比干、林氏的相关资料,约占全书一半篇幅。如在史料撷珍中,摘录了比干、林坚、林放、林禄的相关史料,此外还收录了《兴化府莆田县志》林氏资料、《见素集》赞语精选、《莆阳文献》人物传记等。《比干庙大事记》记载了 1949 年以前比干庙发生的历史事件。《比干庙重要碑刻考释》对孔子剑刻碑、周武王封比干庙铜盘铭、(北魏孝文帝)吊比干墓文、(唐太宗)皇帝祭殷太师比干文、商少师碑、大元敕修太师忠烈公殷比干庙碑铭并序、重修太师殷比干祠墓碑记、(清乾隆皇帝)过殷比干墓等碑刻作了收录和考释。《比干庙诗文名句》收录了比干庙的楹联和诗文名句 200 余条。

第三节 辉县部分家谱提要

辉县市为新乡市代管的县级市,1988年由辉县所改称。西汉时设共县。隋开皇六年(586),改置共城县。唐武德元年(618),置共州,辖共城、凡城二县,武德四年废州,并凡城县入共城县。金大定二十九年(1189),改称为河平县,金明昌三年(1192)改称苏门县,金贞祐三年(1215)升苏门县为辉州,领苏门、山阳二县。元代废苏门县,改山阳为镇,仍称辉州。明洪武元年(1368)废州立县,改辉州为辉县,直至1988年撤县建市。

辉县市现有人口91万。

一、《2000年辉县市黄水乡龙王庙璩氏族谱》提要

谱名:龙王庙璩氏族谱始创本

卷数:不分卷,全一册,161页

堂号:无

修撰时间:2000年

责任人:璩诒埙、璩诒伦

版别:排印本,永昆家谱翻印

谱本现状:完整清晰,缺106、152等数页

居住地:辉县黄水乡龙王庙、龙水梯、九峰山、圪针林、朱凹,上八里乡上八里村、下八里村、石板河,高庄乡苏村、前郭雷、冀庄、小卓庄,百泉镇百泉村、小官庄、梅溪,城关镇东关、西关、吕巷、城内,吴村乡鲁庄,新乡县河屯(疑为今凤泉区何屯——仁注),陕西西安市郊区,山西曲沃县阳弹乡山下村

始祖:蘧伯玉

始迁祖:璩尚文、璩尚武兄弟,先祖在明洪武年间由山西洪洞县迁到河南林州拐山头,后又迁辉县盘上西沙岗、汲县西拴马,清康熙年间尚文、尚武兄弟两人从西沙岗又迁到黄水沟龙王庙村

内容提要:

谱前有致词、前言和二序等文字:一为2000年八世孙璩诒埙(效和)、璩诒伦撰《祭祖创谱致词》,略述璩氏渊源、迁徙始末,又言创谱的历史背景及意义、

璩氏历代名人，最后期待族人“在家做敬老养老遵守法纪和睦相处之典范，在外做无私奉献造福人民报效祖国之功臣”。其后又有一《序（似应为续——仁注）》，言及二人1999年“不惜任何代价，在辉汲新三县所有璩氏村落和门庭进行摸底考查”，特别交代了2000年在赵固乡考察的情况。

二为1999年璩诒埙（效和）撰写、璩诒伦审定的《前言》。言原龙王庙璩氏族谱在抗日战争时日寇扫荡龙王庙村时随房屋被焚毁，族人担心“大水冲了龙王庙，一家人不认一家人”，故从1987年开始进行建谱工作。接着又对在建谱中作出贡献的人进行了感谢，对为了追根溯源而进行的实地考察进行了记述。

三为璩诒埙（效和）撰写、璩诒伦审定的《序言》。叙述龙王庙璩氏源流及目前分布居住情况，建议全国璩氏“走向一起”。在原有切字20个的基础上，又增加20个。

四为1999年西安八世孙女璩诒仙撰《又序》。强调了创修家谱的必要性，并指出：“十一届三中全会以来，社会安定天下太平，政通人和国强民富，中原大地焕然一新，人民丰衣足食，过上幸福日子，这给我们创谱奠定了物质和思想基础，此时水源木本之情于是乎而兴焉！”序后附有《为璩氏创谱有感》诗二首。

谱载始祖蘧伯玉像、蘧伯玉墓碑及新乡市文物保护单位——蘧里遗址照片、楹联、为璩氏创谱题词25则、璩氏创谱领导小组名单、璩氏谱规辈系排列（四十代）、璩氏溯源、凡例说明、璩氏族谱十训十戒、龙王庙古今谈、龙王庙璩氏祖茔今昔论、璩氏祖茔平面图、祖茔及其他茔地碑石原文、龙王庙璩氏人物传、赡养十则、附古代江西某申氏兄弟二人争财后经教育又和好的古典短文一篇、璩氏创谱捐资名单、璩氏祖茔及迁茔分布平面图。该谱内容丰富，资料价值较高，在近些年来新修家谱中较为突出。

其中，1999年璩诒伦、璩诒埙摘自1992年博爱县柏山《璩氏宗谱》上璩克应、璩以江的《璩氏溯源》，以战国时期卫国贤大夫蘧伯玉为先祖，到唐代蘧秉为避祸将其全家分为“璩”“瞿”“渠”而各自逃生。最后特别强调今人在书写时不要把“璩”误写作“琚”。文后专门附有璩以江、璩诒埙、璩诒伦所作的《关于姓“璩”和姓“琚”》一文。

《凡例说明》提出要破除迷信习俗，公元年号末尾有零续修家谱一次，本谱发至八九世孙各长门妥为保管，不得随意借阅，并列出授谱名单共40人。

《璩氏族谱十训十戒》提倡族人要心地善良、行为端正、孝敬父母、家庭和睦、学会教训子孙、和睦乡里、周济弱者、善处儿女婚事、以技养家、勤劳为先，并有戒偷盗行凶、戒唯我独尊等十戒。《赡养十则》就尊老、敬老、养老问题，从美德、贤奉、家教、膳食、衣寝、起居、费用、医护、幼教和礼义等十个方面，为创造良好的社会风气，扭转社会上存在的不赡养老人、虐待公婆的不良现象，提出了璩氏族人应当遵守的行为准则。

璩诒伦供稿、璩诒埙执笔的《龙王庙古今谈》对研究中原农村社会变迁具有史料价值。该文谈及龙王庙村名由来、地理位置及中华人民共和国成立前后龙王庙村貌对比。20 世纪 40 年代村里没有外姓，种地靠天收，老一辈年轻时每天都是吃两顿饭，老先祖四五十岁就去世了。新中国成立以后，龙王庙的面貌得到了大大的改观。

《龙王庙璩氏人物传》记载了辉县抗日民主政府创始人之一的璩秀琮(1897—1946)及曾任辉县副县长的璩诒书(1927—1994)二人生平事迹。

谱载璩氏家族老五门辈系排列，姓名及生卒年月，配偶姓名及生卒年月、籍贯，子女姓名，女嫁何处何门，族人有一定职务、学历者亦注明，较为翔实。

二、《2008 年辉县峪河穆家营王氏族谱》提要

谱名：王氏族谱

卷数：不分卷，全一册，260 页

堂号：雍睦堂

修撰时间：2008 年

责任人：王含福、王发亮、王元功

版别：排印本

谱本现状：完整清晰(电子版)

居住地：辉县市峪河镇穆家营

始祖：王石山

始迁祖：王石山，明万历年间从直隶顺天府宝坻县(今天津市宝坻区)三义口大槐树村迁至获嘉县穆家营(今属辉县市)

内容提要：

谱前八序：一为清咸丰五年(1855)十一世孙王学仲撰《修族谱序》。略述源流，云："我王氏于明万历年间自直隶顺天府宝坻县三义口大槐树村迁至河南省卫辉府获嘉县西北隅，子居于穆家营迄今将四百年矣。”由此可见，今辉县市峪河镇穆家营清末时隶属于获嘉县。

二为创修族谱时的《同族谱序》。记载咸丰三年（1853）迁坟之事。

三为清光绪十二年（1886）十二世孙王秉福撰《续修族谱序》。提及自创谱三十余年来，曾有族人“岁值凶荒流亡异地”，很有可能是指光绪三年（1877）的大荒（辉县峪河《周氏族谱》中有记载）。此次续谱，“仍遵旧制共为八部”。

四为1914年十二世孙王秉礼撰《重续修族谱序》。略述续谱过程。此次续谱，“仍遵旧制共为八部”。

五为1931年十二世孙王秉兰撰《三续修族谱序》。略述续修家谱的重要性。此次续谱“共为八部”。

六为1946年十四世孙王一道、王一俊撰《四续修谱序》。略述续修家谱的重要性。此次续谱“共立四部”。此后1957年五续修族谱未见序。

七为1984年十五世孙王天才、王兆成撰《六续族谱序》。表明续谱目的：“六续族谱，为使后人疏清门第，分定位次，尊老爱幼，互帮互助，患难与共。是之谓社会新风也。”

八为2008年十六世孙王含福、王发亮，十七世孙王元功撰《七续族谱序》。与上次续谱序言基本相同。

谱载家谱条例，与获嘉《岳氏族谱》内容相同。族中条例言：“兵无纪律号令不行，家无规矩尊卑失序。我王氏族谱即修，章程不可不立。”故而订立13条族规。其中有惩罚性的条例，如：“族内如有恃恶逞强依大压小者杖二十棍。”又有规定性的条例，如：“每岁正月初一日五更、清明节、七月十五日、十月初一日祭物会首预备。”该条对中原风俗史研究有益，可见穆家营王氏家族每年至少在上述四个节气祭祀祖先，这与豫北地区许多家族相同。

谱载王氏字辈排列，分为北门、南门，分别排定。又分载北门、南门各户主姓名。

谱载姓名及配偶姓名。

三、《2008年辉县峪河周氏族谱》提要

谱名：周氏族谱（十一修本）

卷数：不分卷，全一册，709页

堂号：无

修撰时间：2008 年

责任人：周仁心、周淦心

版别：排印本，李千户营印刷厂

谱本现状：完整清晰（电子版）

居住地：辉县市峪河镇、大屯、落安营、焦泉村、包公庙西圪塮、百泉镇、修武县小周庄、舞阳县文峰乡段庄村

始祖：周茂叔

始迁祖：周金、周安，兄弟二人于明永乐十二年（1414）由延津县迁辉县峪河

内容提要：

谱前十九序跋：一为清乾隆四十三年（1778）十三世孙周辉撰《周氏家族创建族谱序》。云："峪河之有周氏盖在有明之初迄今已四百余年矣。惜旧无族谱成书，唯有世系一轴藏之宗祠而已，且自第一世以至四世五世，但书某世祖某，而配某氏，与有爵无爵，并生卒年月日俱不载。每当春秋拜奠之时与族人谈及此事，未尝不憾为缺典也。"并略记创谱过程及目的。

二为清乾隆四十三年（1778）十三世孙周辉撰《周氏族谱跋》。略述创谱之难，介绍族谱内容："分门别类订为六卷：一曰世系，纪伦叙也，二曰大传，详实行也，三曰爵职，嘉显扬者之名也，四曰祠堂，大建立者之功也，五曰坟墓，而白扬之宅，不没于蔓草，六曰节烈，而潜德之光弗泯于奕季区区之心，务求足倍周氏之大典而后快。"由此可见清乾隆时期中原地区家谱的体例。

三为清乾隆四十三年（1778）十四世孙周锦撰《族谱序》。颂周辉创谱之功。

四为清嘉庆十二年（1807）十四世孙周震东撰《增补本支谱序》。略述历代祖先之事迹，并言："历考十余世祖，其自处皆不涉于奢侈，其待人鲜有流于刻薄。此吾家运绵延，人丁繁昌，良有以也。"

五为道光三十年（1850）十七世孙周于德撰《族谱序》。略记其读书之余在壁孔中发现门谱之事。

六为光绪十四年（1888）十六世孙周学超撰《族谱序》。略云周氏播迁："有明之初，我周氏盖自晋之泽州迁延津，自延津迁峪河者也。"略述续谱原因及过程。该序记有一条辉县灾害史料："光绪三年（1877）大荒之后，（期）〔其〕间之遭荒逃散、死亡灭绝者不忍枚举，即有二三族人无恙，多不知其祖若父名讳者……"

七为清宣统二年（1910）十六世孙周緦撰《续修族谱序》。略述续谱及修祠过程。

八为1926年十六世孙周緦撰《续修族谱序》。略述续谱过程，记此次续谱用楷书写成四套。

九为1941年十七世孙周师瑗撰《续修族谱序》。云续谱之事，“采访不难，命名亦易，况吾祠中又有市房、祭田之积余，财政亦不难乎……瑗也本欲遵十年之期，奈时局不靖，不堪回乡采访”，所以延至十五年才续修。此次续谱成书四套。

十为1941年十九世孙周登逵撰《续修族谱序》。言周氏修谱，“不敢冒人一人者，恐有拜汾阳墓之讥焉”。（“拜汾阳墓者”，指五代后唐时期名将郭崇韬以郭子仪子孙自居的典故。人们往往用“拜汾阳之墓者”来讽刺那些爱慕虚荣，攀附权贵，牵强附会地硬把自己与一些声名显赫的人扯上亲属关系，以显示自己血统高贵，进而达到抬高自己身价目的的人们。——仁注）修谱遵循“信以传信，疑以传疑”的原则，将修武县西、鲁堡村、包公庙西圪塄、大屯村（峪河周氏之外的）、舞阳县等地的周氏排除在峪河周氏之外，以俟后查。

十一为1951年十七世孙周师尧撰《续修族谱序》。略记续谱过程，此次续谱大屯一本、峪河一本、百泉一本。

十二为1957年十九世孙周景心撰《续修族谱序》。略述续谱过程。

十三为1963年二十世孙周传新撰《续修族谱序》。言续谱的目的是使族人“皆蔼然相亲，睦然相接，有尊卑之识，易生孝弟之心，互相规劝，不违法，求进步，虽不下愚不互为匪”。又记此次续谱之际，山西省泽州县神直村周世平等三人来峪河认本家一事。

十四为1963年十九世孙周景心撰《续修族谱序》。言：“此次修谱，凡我周氏所遗留之人，有根有据，确切无疑者，已尽入谱，如通字支之大屯百泉落安营是也；难以入谱，而仍缺之者，获嘉东之代店，包公庙之西圪塄是也；有据可查，曾去采访，因风雪当道，半途而归，亦未入谱者，本省舞阳县是也。”又述续谱之艰辛。此次续谱成书五套。

十五为1984年二十世孙周传通撰《续修族谱序》。记述作者等四人到山西省泽州县神直村追本求源之事。神直村周朝协说，据先人流传，其始祖携三子由洪洞迁于此，始祖及其长子名讳与配氏均不详，三子为德兴。周传通为神直周氏族谱撰写了序文，双方商定了统一字辈事宜。

十六为1984年二十世孙周传颂撰《续修族谱序》。略述续谱过程。

十七为1996年十七世孙周式杰撰《续修族谱序》。提出了续谱的宗旨:“正月二十召开了各村周氏代表会,广泛地听取了大家的意思,建立组织机构,明确提出了此次续谱的宗旨,学先辈兢兢业业,思祖德慎宗追远,育后代勤勤恳恳,念宗恩继往开来,要求参与续谱的所有人员,不计较个人得失,发扬奉献精神,要顾全大局,齐心协力,一丝不苟,开支打紧,手续清楚,保证不负众望,将续谱工作搞得扎扎实实,误差减少到最低程度。”此次续谱,经认真考察,将渴望归宗的包公庙西圪塬周氏88人入谱。

十八为2008年十九世孙周淦心撰《十一次续修族谱序》。云:“正月初十,召开全族各村代表会议,成立了续谱领导机构,确定了编辑采访人员。”成立修谱领导机构是改革开放以来中原地区编修家谱的普遍做法。又云:“本次续修亦有遗憾之处,继九六年十修之后,有部分人士,因想与‘国谱’(全国周姓族谱)联网接轨,四处奔走,到处演说。终因入统谱心切,推断猜想,易祖名讳,移花接木,证据不确,造成本次续谱一村未续。”这反映了随着现代交通与通信工具的发展,一些家族开始着手进行全国统谱的编撰。

十九为2008年二十世孙周传颂撰《族谱序》。略述续谱工作人员的功劳。此次续谱将修武县小周庄、舞阳县周氏归宗入谱。

谱载祠堂,言:“宣统二年(1910)以后,建捶棚楼招商租赁,民国二十七年(1938)增修瓦屋门市房一处,又买祭田二十亩,有一定收入,用于族中事业。”从族谱相关记载可知,峪河地处交通要道,这客观上为周氏家族招租经商提供了便利条件。

谱载大传,有《六世儒官公传》《八世文学公(1589—1664)传》《八世寿张县莲幕公传》《九世耆宾公传》《十世乡都司公传》《十一世明经公(1668—1723)传》《十二世武举公传》《十七世景蘧公传》《十八世瑞锺公(1871—1957)传》《十九世鸿轩公(1880—1943)传》《二十世丕承公(1899—1963)传》《十九世祖廷俭公(1913—1983)传》《十九世绳心公(1913—1992)传》。各传在记载人物的同时,也留下了一些有价值的史料。如《八世文学公传》记载有关峪河历史地理的史料:“吾村东北一里许,有峪河渡口,北通三晋,南连吴越,盖孔道也。惜旧无桥梁……府君约本村生员、何公维昆,与同族人等,倡首起义,修成大石桥一座,名之曰通济。”《十世乡都司公传》记载了明末的一条史料:“遭明之季,流贼蜂起,所过摧残鸡犬不得安宁,而峪河逼近〔太〕行山,尤绿林客所往来出入之路,父老妇女恒有苦其害……"《十八世瑞锺公传》记载了奉军在辉县的一条史料:"奉军来我寨镇压枪会之时,杀人掠夺,凶勇异常,生意几乎倒闭,农活亦即停止,全寨生灵,惶恐不安,公即挺身而出,扭转危局,俾活跃繁荣之古老集镇,又恢复其原来之本色。"《十九世绳心公传》记载:"破四旧之后,族谱散失殆尽。"反映了中原家谱在二十世纪六七十年代的遭遇。各传对家庭史研究(家庭关系、家产继承等方面)也有一定的价值。如《九世耆宾公传》载,周石麟在母亲、父亲均去世后,"服除,弟士麟欲析居以自便,府君(兄石麟)知不能强合,遂分爨焉。(父)文学公所遗财产,地不过百亩,析为二仅得五十亩……"可见清代辉县的家庭一般是在父母去世后兄弟分家,并且是均分家产。《十二世武举公传》载周容"年二十妻缢死,妻翁讼之官,受刑……"可见,依据清朝法律规定,妻子非正常死亡,丈夫是要受法律制裁的。

谱载节烈,有《十世》《十六世》二传。其中记载了清末捻军的一则史料:"百禄妻崔氏生二子,长曰德清年八岁,次曰原清年六岁,四子书皆能成诵。当同治六年(1867)十二月二十四日,捻匪入境抢掠村中。氏曰:余誓不受辱。投井而死。其子兄弟二人皆曰:我母即死,余何生乎。兄弟二人亦投井随母而死。"

谱载家乘记事,其中《白龙王传(雌龙冢)》摘自《辉县市志》,作者为峪河周氏十一世人周东源。《大石桥》记载了峪河东北二里许的通济桥,称该桥创建于明末,重修于清初,技艺精湛,闻名遐迩,因改河造田,毁于1970年。《施地记》记载周氏施地给佛寺之事。《赈灾记》记载了1996年8月4日辉县山洪暴发遭遇水灾后,周延庆捐出14万元物资救灾的义举。《舞阳寻亲记》记载了前往舞阳县寻找峪河周氏后人并使其归宗入谱的过程。

世系仅载姓名及配氏,无生卒年月,较为简单。

该谱内容甚为翔实,是新乡地区家谱中质量上乘之作。

第四节　获嘉部分家谱提要

获嘉之名源自西汉。汉武帝东巡路过汲县新中乡时,获得了南越叛相吕嘉的首级,因而在新中乡设立获嘉县(今新乡市卫滨区平原镇张固城村)。后获嘉县曾迁治新乐城(今新乡市区城里十字周边区域)、共城(今辉县市区)、南修武城(今获嘉县徐营镇宣阳驿)等多地,最终定格在今天获嘉县城的位置。

获嘉县现有人口45万。

一、《1955年获嘉岳氏族谱》提要

谱名:岳氏族谱

卷数:八卷十册(其中卷五分为上中下三册)

堂号:怡怡堂

修撰时间:1955年

责任人:岳海川、岳体仁

版别:石印本

谱本现状:完整清晰(电子版)

居住地:获嘉县岳寨、大西门里、北西关、南关、亢村北门里、岳庄、东位庄、西位庄、三位、狮子营、丁村、大张朴、大呈、黄练堤、岳位庄、彦当、张仪、东永安、王官营,辉县北东坡、早生、夏峰、小屯、范屯、小作、马庄、南樊村,新乡县西门里、七里营、张庄、郭柳、何屯,中牟县草厂、岳庄,温县亢村等

始祖:岳飞

始迁祖:岳密(岳飞第五子岳霆之后),配汪氏,明初由直隶晋州迁山西洪洞,又由洪洞迁河南获嘉

内容提要:

谱前十序:一为清康熙二十五年(1686)十世孙岳瀛选撰《族谱小引》。详述获嘉岳氏迁徙之始末:"自元后失鹿,群雄蜂起,糜烂之惨,中州尤甚,此两河所以有土满之忧也。及明成祖定鼎燕京,迁卫军以实其地。吾始祖以山右洪洞之民徙戎涿郡,亦在迁中,因以涿郡之军来为获邑之民。于邑南四十里辟土地建室庐,编户南务社,遂名其里曰岳家寨,此吾岳氏之始有于获邑也。其后族姓繁衍渐成村落。传六世而至于吾高祖又自岳家寨移居城里……此吾岳氏之始有于邑中也。迄于今问其年则三百余年也,考其世则十有四世也。"继而叙述修谱的必要性及目的。

二为康熙四十九年(1710)十世孙岳宸简撰《修家谱叙》。阐述了修谱思想:"且夫家有谱犹国有史也。董狐之笔南史之简诚信史焉。国本于家,家有谱

可以不信乎？……谓之家谱也可，谓之家史也亦无不可，此余之信也，知我罪我亦付之后世矣。”此次续谱制定有《家谱条例》，其中有反映当时子嗣观念的条文，如：“谱内无子者如水断木枯，明白易见，何必显斥，今将旧谱内书绝书无嗣一并删去，非省文也。”

三为乾隆三十年（1765）十一世孙岳允捷撰《重修族谱序》。略述续谱原因，距上次续谱已有五十余年，“不乘此时遍核细检——增订续成完本，恐将来愈久而愈难稽也”。

四为嘉庆二十年（1815）十四世孙岳一德撰《续修族谱序》。略述续谱的意义是为了“尊祖敬宗收族”，“欲联宗以别族”。

五为道光二十一年（1841）十五世孙岳士荦撰《续修族谱序》。首先阐明了续修族谱的重要性：“家乘越数十年而不修，则宗支易紊、族情易涣，世有同室操戈、报复相寻者，多缘此也。”接着略述续谱经过。最后阐述了续谱者的愿望：“是谱之成，有能勤阅熟记、循名核实，无论前世某祖、近世某人，知其为爱亲敬长、和顺衍庆也者，而孝弟之念以生；其为艺成名立士林许可也者，而学问之念以生；知其为谨身节用家庭丰裕也者，而勤俭之念以生。凡我族人，苦相劝勉，勿涉嚣凌，是又修谱者之所厚望也夫。”

六为光绪十三年（1887）十五世孙岳象贤撰《续修族谱序》。指出续谱的重要性：自同治五年（1866）续谱以来，已有21年，“况经大荒之后，人才稀少，不及时修理恐久而难稽，失报本追远之意，敦宗睦族之情”。阐明续谱的目的：“宗派明族情联，庶阅斯谱者咸知一脉相传，而纷竞嚣凌之习化，水源木本之心生，尊卑有等，长幼有序，依然太和景象，岂不懿哉！……愿同族之人各敦亲亲之旨，习儒业者互相劝勉、奋发有为，不安小就、务期大成，行见冠带相仍、簪笏相继，较前之应选拔登贤书成进士者进而益盛，则不但阖族增光，抑且大慰我忠武王及历世列祖在天之灵。是即修谱者之深意也夫。”

七为光绪三十三年（1907）十五世孙岳士忠撰《续修族谱序》。略述岳氏在获嘉播迁情况、续谱之难、续谱目的等。序后载有《皇帝钦赐十六字》：重开启秀，允佐朝邦，从修喜彩，忠耀远贤。

八为1924年十五世孙岳毓琮，十六世孙岳维清、岳维山，十七世孙岳季春、岳云生撰《续修族谱小引》及二十八世裔孙（自始祖岳飞）岳来麟撰《续修族谱序》。《续修族谱小引》记载了获嘉岳氏迁移辉县侯兆川北东坡村一支认祖归宗及其世系入谱之事。后附记坟墓迁移辉县侯兆川的情况。《续修族谱序》记载了获嘉岳氏播迁辉县北东坡、新乡张家庄之事。

九为1941年十九世孙岳邦贤撰《续修族谱序》。此次续谱正值抗日战争时期,开篇便言:“家之有谱,犹国之有史也。家际之纷纭,犹国际之战争也。其解决问题可一言以蔽之曰:和为贵。夫和睦族众在中华习惯上最为普通,考核由来,虽具历史上之特性,而实家谱有以从流溯源、一脉相承、启其亲爱之思想也。家谱关系不綦重欤!”这正是战争对家族修谱思想的影响,反映了普通民众向往和平的思想状况。序中记载了抗战时期社会生活状况:“适值兵燹扰攘之际,匪特蹂躏土地,且加以土匪横行,人情惶惶,朝不保夕。”

十为1955年二十八世孙(自始祖岳飞)岳柏龄撰《续修族谱序》。略述自上次续谱以来,经历饥馑变乱,家谱焚毁残缺严重,加之人丁日盛,因而要续修家谱。又载新乡县郭柳村(今属凤泉区)及获嘉县亢村岳氏此次续谱时一并续入。

谱载内容为:岳姓世系图引、像赞、原始受姓世系图、河南汤阴世系图、忠武王第五支世系节抄(自洪洞岳氏族谱)、历次修谱序言、修谱诸名[1]、家谱条例、重修族谱条例、世系实录、跋、义录、同宗录。

《家谱条例》计有18条。其中第5条规定世系中“每格内书某人某公几子、字某、号某、是何职爵、娶某氏、生子几人,以便省目”。条例对继嗣问题特别强调,反映了当时人们子嗣观念强烈。《重修族谱条例》计有2条。第2条规定了十五至三十四世的派字:士在植步尔,绍学修希凤,会全思承中,宪君兆陶恢。

二、《1996年获嘉岳氏族谱》提要

谱名:岳氏族谱

卷数:四卷五册(其中卷三分为上下两册)

堂号:怡怡堂

修撰时间:1996年

责任人:岳邦灿等

版别:排印本

谱本现状:完整清晰

居住地:获嘉县岳寨、亢村北门里、亢南、大西门里、北西关、南关、岳庄、东

---

① 包括未见序文的乾隆五十五年(1790)及同治五年(1866)修谱。——仁注

位庄、西位庄、三位、狮子营、丁村、大张朴、大呈、黄堤、岳位庄、彦当、东张仪、东永安、王官营，辉县穆家营、小穆家营、北东坡、淹沟、五冲河、东常务、早生、夏峰、小屯、范屯、小作、马庄、南樊村、清下佛、四路口，新乡县西门里、七里营、张庄、李唐马，北站区郭柳、何屯、王门，郊区冀厂、水东、八里营，延津县张士屯、岳庄、龙王庙，原阳太平镇、下庄、焦巷，封丘县西关、南北庄、顺河街，中牟县草厂、岳吴庄，郑州，武陟县苗小段，温县亢村，博爱八街等

始祖：岳飞

始迁祖：岳密（岳飞第五子岳霆之后），配汪氏，明初由直隶晋州迁山西洪洞，又由洪洞迁河南获嘉

内容提要：

第一册为通谱和获嘉支谱卷一。卷首为一王五侯（岳飞及其五子）画像。后有《岳氏族谱通谱·四版前言》，1996年二十八世裔朝仑撰写。其后分别为南宋端平元年（1234）岳珂撰《鄂国岳氏族谱序》、清光绪二十年（1894）吴之泮撰《岳氏族谱序》、光绪二十一年（1895）肖绍鄷撰《族谱序》、乾隆十四年（1749）邱锡畴撰《洪洞岳氏族谱序》、乾隆十五年（1750）王云芳《洪洞岳氏族谱序》、乾隆十四年赵敦典《序岳氏世牒》、乾隆四年（1739）《御制武穆论》，以及撰于乾隆年间的《御祭文》《御制武穆诗》《御制武穆墓诗》《赞忠武王语》《家庙纪略》《洪洞武穆祠匾额、对联》《忠武王事实略言》《忠武王年谱》以及《汤阴世系说》《南渡世系说》《五侯世系略说》《宗子图引》《获嘉世系图引补正》《祖派录》《洪洞孝义世系图引》《岳氏受姓说》《岳氏姓派源流图》《山东聊城世系图》《河南汤阴世系图》等内容。最后为五支世系。

获嘉支谱谱前十余序：

一为清同治五年（1866）十六世孙岳在巘书《岳姓世系图引》。此文应在道光谱序之后。讲述了岳在巘于道光二十四年（1844）到洪洞“访诸父老，得洪族谱”，得知族谱所书两老“为忠武第五支裔，由晋州而迁洪洞”，隶籍洪洞的大老名岳诚，由洪洞迁获嘉并隶籍的二老名岳密。

二为康熙二十五年（1686）十世孙岳瀛选撰《族谱小引》。详见本书《1955年获嘉岳氏族谱》提要。

三为康熙四十九年（1710）十世孙岳宸简撰《重修家谱叙》。详见本书《1955年获嘉岳氏族谱》提要。

四为乾隆三十年(1765)十一世孙岳允捷撰《重修族谱序》。详见本书《1955年获嘉岳氏族谱》提要。

乾隆五十五年(1790)五次修谱未见谱序,仅列有修谱诸名。

五为嘉庆二十年(1815)十四世孙岳一德撰《续修族谱序》。详见本书《1955年获嘉岳氏族谱》提要。

六为道光二十一年(1841)十五世孙岳士荦撰《道光辛丑续修族谱序》。详见本书《1955年获嘉岳氏族谱》提要。

七为光绪十三年(1887)十五世孙岳象贤撰《光绪丁亥续修族谱序》。详见本书《1955年获嘉岳氏族谱》提要。

八为光绪三十三年(1907)十五世孙岳士忠撰《丁未续修族谱序》。详见本书《1955年获嘉岳氏族谱》提要。

九为1924年十五世孙岳毓琮,十六世孙岳维清、岳维山,十七世孙岳季春、岳云生撰《续修族谱小引》及二十八世裔孙(自始祖岳飞)岳来麟撰《续修族谱序》。详见本书《1955年获嘉岳氏族谱》提要。

十为1941年十九世孙岳邦贤撰《续修族谱序》。详见本书《1955年获嘉岳氏族谱》提要。

十一为1955年劳动节十八世孙岳柏龄撰《续修族谱序》。详见本书《1955年获嘉岳氏族谱》提要。

十二为1981年十九世孙岳祥生、二十二世孙岳其俊撰《重修族谱序》。序云自1955年修谱已有26年,“幸赖社会制度之优越,吾族人丁繁衍,达万余之众,布及十县市之广”。“十年浩劫,祸及族史谱卷,于今幸存无几。”谱序又云,此次续谱,将迁获之前的《统谱》列为首卷。序后《重修族谱条例》规定了义子入谱和女子入谱。

十三为十八世孙岳朝仑、十九世孙岳邦灿撰《第十六次续修族谱序》。交代了此次新入谱的宗亲,如新乡县李唐马、武陟县苗小段岳氏等。“时值改革开放之际,为倡始祖精忠报国之正气,激后代大展宏图之雄心”,特选族中岳凌霄、岳镇西、岳在巘三人传记编入谱中。“愿吾族之后人学先辈爱国爱家之精神,共为祖国昌盛而奋斗!以慰列祖列宗!”序后《条例》规定:“鉴于当今计划生育乃基本国策,吾族皆遵纪爱国之民,于后独生子女者愈来愈多,为使各户后继有人,亲情不乏,经与族亲拟定:兹后女子入谱,入赘吾姓者入谱;其本人与子女,情与嫡亲同,不得歧视。”

谱载以下各卷内容分别为:世系实录,历次修谱跋语,选自《获嘉县志》或族人撰写的岳凌霄、岳镇西和岳在巘传记,同宗录。

三、《2015年获嘉岳氏族谱》提要

谱名:岳氏族谱(宋忠武王岳讳飞裔霆侯玙公获嘉密公卷)

卷数:二卷四册(两卷各分为上下两册)

堂号:怡怡堂

修撰时间:2015年

责任人:岳邦国、岳学昕等

版别:排印本

谱本现状:完整清晰

居住地:获嘉县岳寨、亢村北门里、亢南、大西门里、北西关、南关、岳庄、东位庄、西位庄、三位、狮子营、丁村、大张朴、大呈、黄堤、岳位庄、彦当、东彰仪、东永安、王官营,辉县穆家营、小穆家营、北东坡、淹沟、五冲河、东常务、早生、夏峰、小屯、范屯、小作、马庄、南樊村、清下佛、四路口,新乡县西门里、七里营、张庄、李唐马、八柳树,凤泉区郭柳、何屯、王门、西鲁堡,牧野区冀厂,卫滨区水东、八里营,延津县张士屯、岳庄、龙王庙,原阳太平镇、卞庄、焦巷、师寨、黑羊山、苗楼,封丘县南北庄、顺河街、荆隆宫,中牟县草厂、岳吴庄,郑州老鸦陈、岳寨、苏屯,武陟县苗小段,温县亢村,博爱八街,山西临汾、阳曲等

始祖:岳飞

始迁祖:岳密(岳飞第五子岳霆之后),配汪氏,明初由直隶晋州迁山西洪洞,又由洪洞迁河南获嘉

内容提要:

第一册为卷一(上)。卷首为伟人题词、始祖书法——(精)〔尽〕忠报国、一王五侯(岳飞及其五子)画像。其后为岳飞三十二世裔岳修武为此次续谱写的《序》,提到本谱的三原则:“维护血脉世系,传承族规礼仪,弘扬先祖文化。”其后为获嘉岳氏讳密公裔第十五次续谱编委会名单及总目录。

全书共12篇,卷一为前七篇《历次修谱序与续谱人名单》《岳氏起源与世系图》《始祖岳讳飞年谱与近代伟人评价》《五侯世系与获邑密公家族萌起概说》

《谱派范字》《谱论与第十五次续谱条例》《族规礼仪》及第八篇《始迁祖讳密公后裔世系》第一部分《景才宗支迁居概况与世系》;卷二为第八篇第二、三、四、五部分《景泰宗支迁居概况与世系》《景方宗支迁居概况与世系》《景能宗支迁居概况与世系》《同族录》以及第九至十二篇《密公后裔名人传略》《第十五次续谱捐资光荣榜和预决算报道》《岳庙与祖茔》《后记》。

第一篇《历次修谱序与续谱人名单》共收谱序 14 篇:

一为康熙二十五年(1686)谱序。详见本书《1955 年获嘉岳氏族谱》提要。

二为康熙四十九年(1710)谱序。详见本书《1955 年获嘉岳氏族谱》提要。

三为乾隆三十年(1765)谱序。详见本书《1955 年获嘉岳氏族谱》提要。

四为乾隆五十五年(1790)谱序,注明"本次续谱无序"。

五为嘉庆二十年(1815)谱序。详见本书《1955 年获嘉岳氏族谱》提要。

六为道光二十一年(1841)谱序。详见本书《1955 年获嘉岳氏族谱》提要。

七为清同治五年(1866)谱序。详见本书《1996 年获嘉岳氏族谱》提要。

八为光绪十三年(1887)谱序。详见本书《1955 年获嘉岳氏族谱》提要。

九为光绪三十三年(1907)谱序。详见本书《1955 年获嘉岳氏族谱》提要。

十为 1924 年谱序。详见本书《1955 年获嘉岳氏族谱》提要。

十一为 1941 年谱序。详见本书《1955 年获嘉岳氏族谱》提要。

十二为 1955 年谱序。详见本书《1955 年获嘉岳氏族谱》提要。

十三为 1981 年谱序。详见本书《1996 年获嘉岳氏族谱》提要。

十四为 1996 年谱序。详见本书《1996 年获嘉岳氏族谱》提要。

第四篇《五侯世系与获邑密公家族萌起概说》讲述了五侯(岳飞五子)世系、岳飞第五子岳霆传略、获嘉岳氏始迁祖岳密传略以及获嘉岳氏家族发展壮大的概况。始迁祖岳密,系岳飞十一世孙,元末由河北晋州迁往山西洪洞,后随军驻扎涿郡,明初又随军到卫辉府获嘉县城南 40 里处开垦荒地,即今岳寨村,后由军转农,逐步发展壮大。

第五篇《谱派范字》有民派范字和君派范字,以及两种范字的对照表。

第七篇《族规礼仪》是本次续谱时增加的内容,"对我《获谱》日趋完善凸显重要"。"本谱族规家训以'适应时代、宏观引导、可操可行'为立意,绝非'事无巨细、一应俱全'。"现将族规辑录如下:

(一)遵纪守法,爱家爱国。凡事言举都要顾及维护先祖忠孝万世楷模之声望,有悖则不为。

(二)本分做人,感恩政府。坚持“八荣八耻”,为社会贡献正能量。

(三)孝悌力田,丧事从简。尤其不提倡耗巨资放烟火唱大戏“丧事红办”做法等。

(原文缺第四条。——仁注)

(五)同宗相亲,礼义诚信。树立天下岳氏一家人观念,广交四海宗亲朋友。

(六)乐育人才,蒙以养正。舍得投资子女求学,为国家培养栋梁之材。

(七)敬仰祖宗,护庙修茔。参与家族祠庙维护、修谱修茔、祭祀拜祖等活动。

以上七项内容综合概括可谓:“修美德,严律己。戒恶习,多善举。广学艺,精一技。扶宗亲,睦邻里。敦孝悌,讲忠信。明礼仪,守法纪。禁微贱,知廉耻。贤育后,婚两忌。创大业,报国家。敬祖宗,扬家誉。”

第九篇《密公后裔名人传略》对获嘉岳氏的历史名人和现代名人进行了介绍。其中历史名人有被誉为“父子进士,祖孙寿官”的岳正、岳九逵、岳凌霄(有“白面包公”之誉)祖孙三代,对家族修谱作出重大贡献的岳在巘,因宣传革命思想而就义的同盟会会员岳镇西烈士,抗日英雄岳德功,战功突出的岳成贵。

第十一篇《岳庙与祖茔》配有彩图,介绍了杭州岳庙、汤阴岳庙、获嘉县岳寨岳庙、岳庄岳庙、东永安岳庙以及杭州岳飞墓、黄梅岳震岳霆墓、获嘉始迁祖岳密墓。

第十二篇《后记》分别为“关于第十五次修谱个别宗亲世系变动的情况说明”“‘一年两谱’情况说明”“浅谈成立密公家族理事会的必要性与可行性”。其中后者云:“获嘉密公家族自明洪武年间萌起至今已 600 多年,繁衍 3 万余人,占籍河南、山西两省分居 200 多个村落。”

第五节 原阳部分家谱提要

原阳县是 1950 年 3 月由原武县和阳武县合并而成。秦时置阳武县,西汉置原武县,两千多年来原武、阳武时有析并置废,如卷县并入,至明代两县建制定型,直至 1950 年原武县与阳武县合并为原阳县。

原阳县(含平原城乡一体化示范区)现有人口 81 万,其中平原示范区人口 26 万。

《1994 年原阳娄氏宗谱》提要

谱名:甲戌续修原武娄氏宗谱

卷数:共三卷,全十册

堂号:无

修撰时间:1994 年(其中一卷续编为 1999 年)

责任人:娄金栋

版别:复印本

谱本现状:完整清晰

居住地:原阳县祝楼乡、原武镇(今属平原城乡一体化示范区)等地。

始祖:离郲(离娄)

始迁祖:娄师德

内容提要:

其中第一册为《娄氏宗系考》。文章认为,娄氏始祖可以追溯到黄帝与蚩尤大战时期的离郲(离娄),子孙以其名为姓,遂有娄姓。又言中原娄姓系禹王之后。文章记述了战国秦汉时期历代娄氏名人楼缓、娄敬、娄寿等人的事迹。文章重点叙述了唐代娄师德,指出:"原邑有娄姓,始于大唐娄公师德之食斯土。"以下依次记载了三十五代娄氏祖先的姓名及部分祖先的事迹。如,二十一世祖娄兴,元代曾任杭州知府。至大二年(1309)竖立于原武县西吴里之扣碑记载了其事迹:"公为人魁岸质朴,慷慨尚气,施于里族,恩德极厚……故其殁也,旁及姻亲,下逮厮养,无亲疏大小哭之极哀,皆出恻隐而无外饬也……"又如,二十九世祖汝澜字观夫,沉厚端谨有祖风,曾捐资扩建娄氏宗祠。

全谱共十册,内容丰富,是原阳篇幅较大的家谱之一。

第六节　延津部分家谱提要

秦嬴政五年(前 242)置酸枣县,北魏并入小黄县,北齐并入南燕县。隋开皇六年(586)复置酸枣县。宋政和七年(1117)改为延津县。金贞祐三年(1215)升为延州,蒙古至元七年(1270)州废。雍正二年(1724)延津县由开封府改属卫辉府。雍正五年(1727)胙城县并入延津县。

延津县现有人口 51 万。

一、《清代晚期延津彭氏族谱》提要

谱名:廪延彭氏族谱

卷数:不分卷,35 页

堂号:无

修撰时间:始于嘉庆二十一年(1816),谱中有光绪年间记载,或为后来所追记

责任人:彭慎修

版别:手抄本

谱本现状:有残缺,较清晰。延津县李平川先生提供整理后的扫描电子版,河南师范大学图书馆新乡地方文献中心打印装订

居住地:延津县史良村

始祖:不详

始迁祖:应元

内容提要:

谱首为《廪延彭氏祖茔碑记图式》,在夹堤村正西三里许,榆林集西北二里许。此碑为清雍正十二年(1734)清明所立。此碑"沙压土埋过深,踪迹莫显,掘地三尺有余始得",这是延津黄河故道地理环境所致。后来,修谱之人彭慎修遭遇"黄河决口水淹地坏房塌,家业渐衰",也显示了黄河对沿岸人民群众生活的影响之深。此谱未见专门的谱序。

此后为《凡例》。如:"谱中子女总数注于本父名下,子名女适注于本母氏下,不泥其所从生也。"

谱载姓名、配偶及生卒年月,儿子姓名,女嫁何处何门,较为翔实。有不详者则缺之。

未见后记,或为残缺。

二、《1924 年延津靳氏族谱》提要

谱名:廪延靳氏族谱

卷数:不分卷,上下册,200 页

堂号:无

修撰时间:1924 年

责任人:靳步云

版别:石印本(卫辉云记石印局印)

谱本现状:完整较清晰。延津县李平川先生提供电子版,河南师范大学图书馆新乡地方文献中心打印装订

居住地:延津

始祖:鬻子

始迁祖:靳瓒,明嘉靖年间从山西洪洞迁至延津

内容提要:

上册主要内容为谱序、凡例、诰命、敕命、述古家训、世系,下册主要内容为世次、纪坟、列传、像赞、世派。

谱前三序:

一为清道光元年(1821)十世孙靳嵩龄《靳氏族谱序》。记载了靳氏为西河郡芈姓鬻子苗裔,明代时靳氏兄弟五人中的三人从山西迁往河南,其一即以廪延为家。廪延靳氏的始迁祖为靳瓒,是明代嘉靖时人。在清代乾隆初年以前,迁豫的兄弟三族"以山西应摊地丁银,互相往来,乾隆初年算楚,自是不通音问"。

二为民国初年十二世孙靳耀曾《续修靳氏家谱序》。交代了从道光元年创修族谱以来,计将百年,不及时续修,恐世系茫无可考,因而悉心采访,续修家谱。

三为 1921 年十二世孙靳步云《续靳氏家谱序》。叙述了自己的求学等人生经历,先祖的仕宦经历等。强调了续修族谱的重要性。

《靳氏家谱义例》阐述了此次续修靳氏家谱的指导思想。如:"首列封诰,荣君命也。"如:"多摘古人家训,备子孙有善可遵,有不善可戒也。"又如:"添先人列传数篇,系靳氏子孙先为书其遗事,藉外人以润色之,避书先人名讳也。"又如:"新添世派自十五世起,至二十二世止,避重先人名讳也。"

家谱收录了嘉庆、道光年间与靳氏有关的封诰 11 则。

《述古家训》收录了柳玭、吕蒙正、司马光等人的家训,借以教育族人。

《续述古家训》收录了许衡、吕公著等人的事迹、家训,并录有靳氏先祖家训。

谱载姓名、配偶姓氏，子名女适，较为简略。部分族人有任官经历等记载，较为详细。

纪葬中不仅记载了各茔情况，还有考证文字。

后有一二十位靳氏先人传记文章，记述了其生平事迹。部分传记中有家训记载，如《靳维岳先生传》载："公归里后，仍以督课子侄为事，不倦勤也。甲申恩溥应选拔丙戌朝考一等第三名，以小京官分户部用，公诫之曰：'汝幸获通籍皆祖宗积德所致，勿稍自满。公事有暇，读书之功仍勿间断，勿令光阴虚度。'训诲谆谆，以存心忠恕，办事详审为教。"靳维岳先生告诫子侄读书学习的重要性，不可虚度光阴。又载："戊子三月，恩诏迎养至京。至则训曰：'汝学习已二年余，户曹为钱粮总汇之区，当详审例案，勿为书吏所矇。至日后倘有进阶，廉俸所入，一毫不可私藏。汝祖易箦时，犹以吾与汝叔父折爨为虑，吾所以恪遵遗训，决不存分居之见也。又，交不可滥，当近温恭之士，学为恂谨，此马文渊所谓刻鹄不成尚类鹜者也。汝其敬志之。'"靳维岳先生告诫子侄要勤于政务，处理好与兄弟的关系，结交温恭之士。这些家训有赖于家谱中的人物传记得以保存下来。

后有新添世派，十五世至二十二世。

最后有十二世孙靳步云所撰《家谱书后》，叙述了编修家谱的重要性。其中还对家训一节作了说明："至家训一节，不惟家乘宜载，即梓刻传世亦属善举，然谱上现载不免太少，是以选择数条载在于后，又以自作之诗亦录谱上，不免有狗尾续貂之嫌耳。"

三、《2004 年延津僧固李氏族谱》提要

谱名：李氏族谱

卷数：全二卷，卷一 56 页，卷二 190 页

堂号：无

修撰时间：2004 年

责任人：李廷梅

版别：排印本，馆藏电子版

谱本现状：完整清晰

居住地：延津县僧固村

始祖:本谱未载

始迁祖:李书

内容提要:

谱首为部分家族成员的合影。其后为1934年十六世孙李书麟所撰《李氏创修家谱序》。序称:“吾氏原籍山西洪洞人也。据元末兵乱之后,复遭大荒,黄河南北,几于野无人炊,而延境尤甚。洪武初年,吾祖被迁东来。择于城东三里许,僧固村家焉!”又言:“光绪年间,全真公与邵先公曾言周李申王延邑咸称巨族,三姓皆有家谱,吾氏何可独无。因议及修谱事,慨未果行,二公相继而逝。”其后列有创修族谱及2004年续修家谱首事人名单。

《凡例》第六条规定:“族间遇有争执事情,长者通知族人,竭力调解,勿令起讼以免致伤族情。”此有旧时宗族色彩,但在一定程度上有利于家族的团结和睦与社会基层的和谐稳定。这样的规定对族人是否有约束力,当今社会的各个家族不尽相同。第七条规定:“先人事业,耕读传家,流芳数世,后世子孙应永远遵守。倘有不肖子孙或为匪类,或为下流,上有(沾)〔玷〕于祖宗,下有碍于后昆,概不列谱,当永戒之。”在第八条中列出了对近亲特别是同族内结婚的认识:“根据世界卫生组织分析,近亲血缘婚配,所生后代发育不良,世间养殖业,皆已避之,为此凡我族众,今后决勿同族通婚。慎之戒之。”

2004年十八世孙李膺勋所撰《李氏第三次续修家谱序》称:李氏自1934年创修家谱后,1946年又倡议续修,“可惜稿文甫成,因世局关系,未曾付印。搁延至今,已越五十八年。所续稿文因保存失当,以致破烂不堪。至今无法付印”。(仅在此序前列出了1946年续谱首事人名单。——仁注)接下来叙述了此次续谱的经过。序后列出了族谱议事成员名单。后附李氏应用对联四则。如:祖居洪洞家声远,系出陇西世泽长。

以下为《李氏族谱》上册《世系》和下册《世略》。此次续谱,“将上下两册,合订为一本,前为世系,后为世略”。上册“世系总图,仿编年之法,横格分纪,以便省览”。下册“世略详著名字职业以及男配女适,以使后人得悉履历”,记载较为详细。

四、《2008年延津周氏族谱》提要

谱名:延津周氏族谱(第十一次修谱)

卷数:不分卷,全一册,741 页

堂号:无

修撰时间:2008 年

责任人:周甫田

版别:排印本

谱本现状:完整清晰

居住地:延津县大潭、固头、通郭村、西街、魏邱、南街、冯庄、史良、党寨、陈庄、周庄、胡堤、范庄、崔乡固、太平庄、延州、集南、拐街、延津小韩庄、土山、夹堤、马滩铺、原阳小韩庄、通村、冯庄、大柳树、东街、周大吴、徐庄、高庄、南古墙、小吴、尹庄、东李庄、僧固、北街、小潭、吕店、新乡尚庄、袁固村、西古墙、辛庄、任光屯、老夷门、西吐村、原阳刘文寨等地

始祖:周文王姬昌

始迁祖:周升,明初迁延

内容提要:

谱首有延津周氏十一修族谱编纂组织名单。目录后有《周姓源流》。后为延津周氏六世祖周咏画像、周咏神道碑照片、周氏宗祠大门及大殿照片、2008 年清明节周氏族人祭祖后合影。

其后为《延津周氏族人代表会议纪要》。记述了 2007 年 4 月 4 日在延津周氏老祖茔所在地史良村举行的周氏族人代表会议所达成的共识、形成的决议及建议。会议认为延津周氏远祖周升是在明朝初期由山西泽州迁居延津的。决议认为,周氏女性后裔及周家的媳妇均可以入谱,并规定了入人物传记(大传)及入纪爵(小传)各自应具备的条件。决议专门提出:“要我《周氏族谱》‘走’出河南,‘走’向全国,应在《周氏族谱》前加‘延津’二字,即《延津周氏族谱》。”这一点做得很好,虽然看起来很简单,但很多家谱编修都没能做到这一点,使得部分家谱根本无法辨认其为何地的家谱。会议纪要还将延津周氏的族训、戒律、格言专门列出。族训为:“骏马驰骋各一方,任人随地立规章。年深外境亦我境,日久他乡即故乡。早晚勤于耕读事,时刻不忘卫家乡。苍天佑我门吉氏,阖族男女共炽昌。”戒律为:“赌博、酗酒、淫乱、斗殴、行骗、蛮横、偷盗、争讼、懒惰、吸毒。”格言为:“立身其正其言,待人以厚以宽。教子唯忠唯孝,治家克勤克俭。存心能忍能耐,做事不倚不偏。接物勿斯勿息,处事曰谨曰廉。尊长毕恭毕敬,

交友与德与贤。”

《延津周氏族谱》首纂于明隆庆五年(1571),其间经9次续修,在此次续修族谱时,对8篇文言文谱序、34篇人物传记(大传)进行了标点,并校正了一些明显的错误。谱前十序:

一为明万历八年(1580)周咏撰《周氏重修族谱叙》(缺创修族谱序)。提出:“人无贵贱贫富,孝弟恂谨,乡党敬之,凶暴淫纵,宗族羞称之,交劝互勉,惕然而善心生焉,斯不失谱族之意云。”此言具有族训性质。

二为明万历十八年(1590)周咏撰《周氏三修族谱序》。由近年来部分族子“从幼骄惰,被人引诱,无何家产荡空,不齿人类”的不良现象出发,提出要进行规诫教育,“今而后吾族为尊长者,由亲逮疏,慎无姑息于不才子弟,庶不失尊祖敬宗立谱合族之初意云”。

三为清顺治十二年(1655)(本谱缺载,据六修序)十世孙周令树撰《周氏四修族谱序》。强调了族谱在亲亲聚族方面的重要作用。

四为清康熙三十一年(1692)十世孙周柱撰《周氏五修族谱序》。叙及距上次修谱已有(近)40年,此次续谱很有必要。

五为清康熙四十八年(1709)十世孙周柱撰《周氏六修族谱序》。言上次续谱过于简单,此次有所增补。

六为清乾隆三十四年(1769)十四世孙周洵撰《周氏七修族谱叙》。简述了周氏历次修谱的情况。

七为清道光二十五年(1845)十一世孙周志广撰《周氏八修族谱序》。此次续谱距七修以来近八十年。周氏族谱历次编修所间隔年数不同,一般为十年。“其修之年数多寡不同,而其不废斯谱一也。”

八为1934年十七世孙周春林撰《周氏九修族谱序》。此次续谱距上次已近百年。此序“聊就前序略引申之,兼及此次重修之难”。

九为1993年二十一世孙周玉甫撰写的《周氏十修族谱序》以及《十修族谱编辑说明》《编辑人员名单》。谱序较为简略,简单叙述了修谱的背景和目的。《十修族谱编辑说明》实为谱序的补充,详细叙述了此次续谱的经过,并交代了族谱在编排上的改革,即“诸支各世一排到底,不再交叉编排,并编拟查询目录,以供查询参考”。本次续谱制定了从21世开始的20个辈分用字——玉长庆全永,继祥宗昌盛,国伟传世忠,家兴子绍明。另外,本次续谱是中华人民共和国成立后延津周氏的首次续谱,因而遇到了繁体字转化为简体字的问题。

十为2008年十五世孙周甫田撰写的《十一修族谱序》以及《延津周氏十一修族谱凡例》。谱序叙述了家谱的作用与地位,交代了此次续谱的缘由。据《延津周氏十一修族谱凡例》可知,此次续谱做了一系列的改革。如:封面谱名在原《周氏族谱》前冠以“延津”二字,即《延津周氏族谱》。增加了《周姓源流》、六世祖周咏画像及石碑、1994年在史良村东新建的祠堂照片、2008年清明节在祠堂祭祖后的合影照片等。为适应社会发展形势,体现男女平等,本次修谱,凡周氏后裔男女都可入谱。嫁到周家的异姓女士,也可以入谱。本次修谱,对族谱体式又做了改进,即增加了女性入谱的格式及周姓男女生卒年份的格式。但未设异姓女士生卒年份的格式。对入人物传记、纪爵的条件进行了规定,且男女均可入传。此次续谱,对族谱重修到九修的谱序和人物传记共计42篇进行了点校,便于周氏后人研究和学习。

谱序后为大传及纪爵。入传者34人,纪爵近千人。

谱载详略不一,记载较全的有姓名及生卒年月,配偶姓名,子女数及姓名,外迁者一般标注迁往何地。

纪葬。谱载史良村老茔“为吾家最初兆域,惟此称老茔……其新迁者概称新茔”。有些坟茔还有俗称,如石马坟、五进士坟等。后有祭田的记载。

《十修族谱各支人口对照表》和《延津周氏十一修族谱人口统计表》记载的九修、十修、十一修族谱时各支的人口情况,对研究当代人口史具有一定的史料价值。根据统计表得知,延津周氏家族从1993年的14435人增长到2008年的17782人,15年间增加了3347人。

族谱最后附有周咏诗一首及注解。另附有周氏宗族对联:祖居河北家声远,系出汝南世泽长。门板:宗传姬旦,学绍濂溪。横眉:汝南世胄。并有此副对联的使用规定说明。

五、《2016年延津申氏族谱》提要

谱名:河南延津申氏族谱(第十三次修谱)

卷数:不分卷,全一册,831页

堂号:无

修撰时间:2016

责任人:申国政

版别:排印本,印量1000册

谱本现状:完整清晰

居住地:延津县大佛村、高寨、前小寨、龙王庙、石婆固、申僧固、李僧固、申湾、史良、沙门、获小庄、申小屯、延津县城以及原阳、封丘、长垣、卫辉、辉县、博爱、林州、开封、临颍、南阳、栾川、淮阳、商丘、遂平、北京大兴、江西安源等地

始祖:

始迁祖:申安,明洪武四年(1371)自山西洪洞县迁至延津县城东北佛住村

内容提要:

谱首有《申氏十三梓》续谱理事会及编委会名单。

其后为《前言》,叙述了续谱的目的:"望我族人,批阅此谱,顿生敬祖之情,亲亲之谊,牢记祖训,各安己业,勤耕乐读,为祖争光,为国添彩。"

《目录》后有《本族宗支分布略图》,延津南下街鹗荐坊老照片及《"花牌坊"简介》,佛住村申氏先祠照片及《重建记》,大佛村申氏祖茔照片及《概略》、祖茔平面图,明大佛村申氏祖茔墓碑简介,四世、五世先祖墓碑及拓片,五世、六世、八世先祖墓碑及拓片,《申佛村村史碑记》及拓片。《申佛村村史碑记》记载了申佛村的由来、申氏迁延经过及艰难创业、家业昌盛的史实。

后有《族训》,言:"学树人,勤致富,俭养德,廉生威,义行正,和成事,信立业,忠存厚,孝为本。"后为十二梓续谱编委照片和十三梓续谱理事会全体人员合影。此后为全家照集锦。

《刻谱凡例》中有些规定体现了申氏家族的价值观,如:"五、行有优劣,必加褒贬示劝惩也。六、败伦毁行必削其名者,黜不类也。七、年过八十必录者,重其寿也。八、为僧道已出家者,不得仍载谱,恶其从异端也。九、事有出众可观,必表而记之,昭伟人也。"

《家法》规定:"一、卑者到长者之家,既是一家人,还依长者先行,与到师长家礼同。二、长者送卑者有车马则止门内,若卑者送长,则立车马前。三、遇有丧服不得言辈,尊卑各尽其制,即无服之长者,丧亦服素巾者,崇厚道也。四、禁妇人不许入佛寺供佛,沿庙烧香及将女为尼,犯罪家长。五、祭田除享祀外,有力不能娶、葬及不能习书者助之。六、有嫖赌者,自是败家流品,则族长率族众三过其门,以尽劝诫之义。若娶娼非齐家,尤于行止。则必鸣鼓其门。七、遇有

相争事,俱赴族长及高明者白之,公听处分,不得觌面角口。若谬不服处,是自干不类也。八、长幼聚会,即以家人率真处之,不得如异姓多仪,及称令称公等语。九、有从贼及不法者,不得容隐贻害,(和)〔合〕族检举。十、有吉凶事,既是一家人,不必拘往日有无交际,即束手一看但叙寒温,即是笃而不施之义。十一、坟内树木祀堂等物,若有不肖族人私取者,(和)〔合〕族共当以不孝,公举到官。"

族谱又录有申氏对联四则。一为:倡法兴邦韩贤相,乞师报国楚忠臣。名垂青史。二为:翰林洒墨人尊士,御前施教帝称师。书香世家。三为:侍讲御前贤达吏,立马三晋大将军。琅玡世胄。四为:祖孙济美五世鹰扬开启家声远振,父子登科两代荣显成就申氏辉煌。名门望族。

《宗派》载:"每世之名,须用一字排列,闻见其名,即知其世,况族类甚繁,迁居者多,命名更不可无次。今共议二十字胪列于后,自十九世起。十九世以下命名者,当按其次,断勿违越。现今十八世命名,以乃字者多,以后十八世之人,亦应按乃字命名,不可有违。庶尊晚之序昭,而亲亲之谊明亦。"申氏宗派20个字分别为:"成法家长衍,鸿恩世广宣,学修昭祖宪,心思绍宗传。"

《延津申氏族谱》先后共经十三次续修。谱前十一序,缺创修族谱序及三梓族谱序。

一为明天启六年(1626)八世孙申如埙所撰《申氏族谱引》,此为二梓家谱序,言:"家传吾始祖原籍晋之洪洞也,国初奉文迁籍于延津聿观佛住村……"

二为清康熙十四年(1675)申宣国撰写的四梓家谱《叙》,记述了申氏创修及二梓三梓家谱的时间,据此可知,《延津申氏族谱》创始于明万历三十九年(1611),三梓家谱于清顺治三年(1646)。

三为乾隆五年(1740)十一世孙申昊所撰《五梓家谱序》,指出了续修家谱的意义,希望"使世世子孙睹斯编者,不忘水源木本之思,而共笃尊祖睦族之义"。

四为乾隆三十八年(1773)十三世孙申淑洙所撰《六梓家谱序》,交代了此次续谱的时代背景:"承盛朝太平休养百有余年,户口日繁。"后附有《六梓记事(摘要)》,记述了"祀田在佛住村"。

五为嘉庆十七年(1812)十三世孙申淑善、申淑栻所撰《七梓家谱序》,自上次续谱以来约40年,申氏家族人口增长610余人。谱序内容不多,但后附有

《七梓记事(摘要)》,叙述了佛住村祖茔祀田的管理情况。又有《修谱出入支费清册》,详细列出了此次续谱的收入及花费情况,可以帮助我们了解清代嘉庆年间编修家谱的费用。根据所列支出条目,买梨树至成板支钱三十五千四百四十六文,买川纸连运脚支钱四十一千五百文,刻工并成书百部工价支钱五十二千文,等等,共支钱一百六十四千六百零四文。

六为道光二十三年(1843)十四世孙申锺诚、十六世孙申望元所撰《八梓家谱序》。后附有《八梓修谱出入支费清册》,此次修谱共花费三百八十九千七十文,较上次修谱增加了一倍还多,有详细清单供研究对比。又附有《八梓记事》(疑为九梓)。

七为同治十年(1871)申文成所撰《九梓族谱序》。后附有同治十一年十三世孙申启章、十六世孙申锡庆所撰《九梓修谱出入支费清册》,此次修谱共花费三百七十七千五百六十六文。

八为光绪三十三年(1907)十七世孙申普照《十梓族谱序》。后附有嘉庆十七年十三世孙申淑善、申淑栻所撰《十梓记事》(疑为七梓),详细记述了各门各支对祀田的管理情况。其后附有1920年十四世孙申锐、十六世孙申锡川、十七世孙申增泰所撰《十梓谱支费清册》,此次续谱共支钱三百四十二千八百三十四文。后又列《十梓族谱首事人》名单。后有文字,记述了此次续谱在光绪三十三年完成后"未曾刷印",一直到1920年才得以印成。

九为1931年十六世孙申锡川、十八世孙申乃仓所撰《十一梓族谱序》,体现了民国时期家谱编修的特点,其言:"民国注重条例,以异姓联络前进,既系同族,何不劝令族人鸡鸣而起,孜孜为善者……"又言:"明初吾始祖奉文迁居廪延,至今已至二十三世,人丁六千有余,邑中姓氏虽多,惟吾族为盛。"最后对族人提出了几点希望,具有家训性质:"凡我族人,都当遵照先人乐善于众,富者子弟努力勤学,贫者专务劳力,现尚军士农工商各勤其事,勿为游手而作废民,后之观此谱者,勿以仓言为迂则幸甚。"后有《十一梓谱支费清册》及《十一梓族谱首事人》名单。此次修谱完成后"未曾刷印族长锐病",到第二年即1932年才买纸印刷成册。

十为1995年十九世孙申成沼所撰《十二梓族谱序》,较为简略。后有《第十二梓续谱说明》,是为续谱详细说明。如,第二条言:"本次续谱经协商,自十六世以下,无论娣姒姊妹凡有高等文凭、学位职务,及典范事迹者,可与男子同样记入世略或立传。”又如，第六条载：“关于文恪公遗北京一脉，由于十八世以后联系中断，本次续谱曾派三人专赴北京采询，因首都发展变化日新旧貌已不复存，故虽经努力，劳而无果。”后有《十二梓族谱编纂成员名单》。又有《十二梓记事》，详细记述了1994年年底到1995年年初召集各村代表多次开会商议布置续谱工作之事。

十一为2016年二十世孙申法岚所撰《十三梓族谱序》，云：“纵览族谱，察我族人繁衍发展之迹，倍感荣光。要之有三：曰丁旺，曰人寿，曰文盛。生齿繁茂，支派广布，邑称巨族；寿考耆宿，耄耋老人，谱载不鲜；文人学士，高第显宦，代不乏人。考其何克臻此之由，永资式法。概之有四：曰施仁行义，曰严明训教，曰勤耕乐读，曰奉养有道。凡此美德懿风，世代传承，未尝稍懈。语云：‘家教严，子孙贤；家风正，子孙兴。’信夫！”为了传承优良家风，此次续谱还特意“立族训以明训教”。

后为《十三梓续谱建祠理事会成员分工》。后有《十三梓谱记事》，记载了“祠堂院多年被村委借用，并建移动塔，2015年村委会办公处移于祠堂前广场，院内电讯移动塔拆除，村委会院归申氏家族所有”。这是广大农村地区常见的现象，具有普遍性。与此次续谱同时进行的还有建祠、修茔。在这三项工程中，“族人均踊跃捐款，积极参与，真正体现了和亲睦族的申氏族风”。后有《十三梓续谱建祠修茔收支表》，据记载，此次共收入868775元，印刷族谱1000册支费80000元另算，修祖茔支出149170元，建祠堂支出631979元，余额87626元。对各项收支均有详细的记录，可与之前续谱收支进行对比研究。又有《十三梓续谱说明》，如第九条载：“本次续谱共57个自然村，共续13399人。”

谱序后为人物传记及人物简介。入传者20余人，简介6人。为首者是邻近地区时贤撰写的申氏族人传记，一篇为康熙十四年（1675）辉县夏峰92岁的孙奇逢所撰《申君耀阳传》，另一篇为同年阳武县赵宾所撰《明经耀阳申君传》。后有《阖族录实碑记》《申降嵩先生传》《申朴斋先生传》《贞节高氏传》《节孝郑氏小传》《孺人赵氏传》《申子牧斋传》《行修公家传》《族伯公普公传》《东野先生家传》《三节妇传》《封君族兄公玉家传》《申启贤列传》《申荫丹先生传》《申君复斋传》《申公兰溪传》《节孝妇裴氏传》《申公德配王氏传》《申姓族长锐家传》《光裕兄传》《中节公新置祀田记》《新买祀田记》《成伟先生传》《名人成川先生自述》《法周先生传》等。其中，《三节妇传》记载了申氏家族受旌表的三位节妇——尹氏、陈氏和孙氏。传称:“孙氏者,辉县人。大儒征君钟元先生六世孙也。祖丙子举人许州学正用正,父廪生玠,皆传征君之学以训其家,凡名教节义之说,氏幼则耳熟焉。年二十一适吾族侄淑洛。淑洛者,视履胞侄也,年相若。孙氏长陈氏二年,而其来嫁也,俱在康熙己亥,故二人相得甚。视履即亡,陈氏以节自矢,孙愈益敬陈氏。亡何淑洛亦亡,盖氏于时年二十三矣,惟一女在抱呱呱而泣。陈亟慰之,氏则拜陈曰:‘婶我师也,愿终始相依矣。’遂偕陈事诸舅姑,又自事其舅姑,俱曰孝哉。妇平生性端重,不苟言笑,惟与陈氏各称说其所闻,女戒阃范以相敦勉。暇则聚诸侄女而教之女工,此外不与一事也。盖寡居三十七年而卒。卒后三年而嗣子勉补博士弟子。乾隆二十四年奉旨为孙氏建节孝坊。”传记后又有人物简介6篇。后又有《世略及世绅》。其后的《逸闻趣事》收录了《始祖东迁说》《“申半京”的传说》《仁义胡同的由来》三则故事。

二十一世孙申家众所撰《十三梓族谱跋》阐述了续谱的目的,言:“本梓续谱除以旧制外,自始至终致力于对族人世界观、人生观、价值观之训迪,致力于对族人向上、向善精神之培养,以增其向心力、凝聚力,为构建和谐大家庭乃至和谐社会提供正能量。”后有《林州申氏寻祖归宗记》《南阳采访记》《(卫辉)黄山申氏修族谱序》及《黄山申氏修族谱理事会(名单)》《未入谱族人情况记录》《十三梓续谱建祠修茔捐资一览表》。后有二十一世孙申国政翻译的《延津大佛村申氏家谱传序》,将历次修谱序言及人物传记翻译成白话文,便于读者阅读理解,更广泛地传播申氏族人事迹。

200—830页为家谱的主体部分——廪延申氏族谱世系总图。谱载简略,一般仅有姓名、配偶及其子女数。

谱末有二十世孙申法岚辑录的《传世箴言》,具有家训性质。其言:“谦退是保身第一法,安详是处事第一法,涵养是待人第一法,洒脱是养身第一法。自处超然,处人蔼然,无事澄然,有事断然,得意淡然,失意泰然。心志要苦,意趣要乐,气度要宏,言动要谨。勤俭治家之本,和顺齐家之本,谨慎保家之本,诗书起家之本,忠孝传家之本。问祖宗之泽,吾享者是,当念积累之难;问子孙之福,吾贻者是,要思倾覆之易。子孙有才,制其爱勿弛其诲,故不以骄败;子孙不肖,严其诲勿薄其爱,故不以怨离。兄弟叔侄,须分多润寡;长幼内外,宜法肃辞严。嫁女择佳婿,勿索重聘;娶媳迎淑女,勿计厚奁。治家严,家乃和;居乡恕,乡乃睦。”

第七节　封丘部分家谱提要

封丘县为西汉高祖刘邦所设置,后虽有几度被废,旋又复置,至今已有两千多年的历史。

封丘县现有人口 87 万人。

《2016 年封丘后老岸李氏族谱》提要

谱名:后老岸李氏族谱

卷数:不分卷,全一册,208 页

堂号:无

修撰时间:2016 年

责任人:李长生

版别:排印本

谱本现状:完整清晰(河南省图书馆藏)

居住地:封丘县黄德镇后老岸村

始祖:不详

始迁祖:不详

内容提要:

后老岸村有 1700 余人,有李、张、高、黄、刘等姓氏。族谱第一部分为《族源》,详细讲述了后老岸李氏家族迁徙的历史,并有相关的历史记录。如,讲述了后老岸从大的地理环境来看处于豫北黄河扇形冲积地带,“至今在后老岸村北地界内,还保留有明朝嘉靖年间兴修的太行大堤,东西绵延甚远。后老岸这一村名,与前老岸一起,留下了黄河决口、河道变动的历史印记。前老岸村南不远的文岩渠,就是黄河泛滥时留下的分支水沟经疏通开挖而成。沿今文岩渠一线的梅口、后河、大沙、小沙等不少村名都与黄河有关。在延津、胙城、内黄等地,世代传说着沙压十八村落、地震、饥荒、大水平地行舟的故事……”该谱第三部分为《家训家教》,是该谱较具特色的部分。有李秀所作《家训三字经》《李伍林录治家做人格言选》和《李臣劝人学张仓孝顺》三则家训。尤其是《李臣劝人学张仓孝顺》,以家族老人讲故事的形式,劝诫族人孝顺父母,情真意切,更容易让族人接受。

第八节 长垣部分家谱提要

长垣市为新乡市代管的县级市,省直管县,2019 年由长垣县所改称。秦时设长垣县,西汉沿用,并析置平丘县和长罗侯国。隋初仍为长垣县,后废长垣县置匡城县。宋初避匡讳改为丘县,后复改为长垣县,沿用至今。中华人民共和国成立前长垣县属河北省,1949 年平原省成立后,长垣县划入平原省,属濮阳专区,1952 年平原省撤销后划归河南省,仍属濮阳专区。1954 年,濮阳专区撤销,改属新乡专区。1955 年 2 月,划归安阳专区。1958 年 4 月,安阳专区撤销,长垣又属新乡专区。1961 年 12 月,安阳专区恢复,长垣又复归安阳专区。1983 年,安阳地区撤销,长垣属新设的濮阳市。1986 年 3 月,划归新乡市。2011 年 6 月,被确定为河南省直管县体制改革试点。2014 年 1 月,正式归省直管。2019 年 8 月 29 日,经国务院批准,同意撤县设市,由省直辖,新乡市代管。

长垣市现有人口 78 万。

《2012 年长垣王相如王氏家谱》提要

谱名:王氏家谱

卷数:不分卷,全一册,165 页

堂号:无

修撰时间:2012 年

责任人:王守波

版别:排印本

谱本现状:完整清晰

居住地:长垣县(今长垣市)南蒲街道庞相如村王相如(自然村)

始祖:王四十一(廷器)

始迁祖:王四十一(廷器)

内容提要:

谱首为王氏祠堂的简介及照片,共 2 页 3 幅照片。目录后为 19 世孙王乃泰所撰《前言》。

谱前三序：

一为 1951 年十三世孙王化今所撰《王氏家谱序言》。序称："余……兴创建家谱之举，臆营谋划，积压数载，恐事非易举，徒劳空怀，余之热愿未呈，胸中靖躁弗定，即于一九五一年，古历正月初八日，邀请诸族人商酌，诸公赫然赞同，全族热望，向余委托，余即踊跃动笔起稿……"由"积压数载"推测，王相如王氏家族创建家谱的想法实开始于新中国成立以前。该序还订立了 10 个排行字，即"新、作、献、景、清、成、培、增、泽、明"。

二为撰于 1982 年的《续修家谱序》。

三为 2012 年十四世王守波所撰《重修家谱序》。该序交代了此次续谱的资金来源："本次重修家谱，族中老幼欢悦，更有王定社等人踊跃捐资相助，不收个人钱，所有用资不摊派不强收，使捐资者心情舒畅，合族皆大欢喜。"这是当代家谱编修中资金来源的一种类型。又特别说明了一件事情："常村乡牛河村王姓系我王氏支族，属一坟一祖，前二次家谱都是共同编辑，辈分名字统一编排，共载一册。因两支人口众多，经(于)协商本次王相如与牛河各独立编(绪)〔续〕成书后再分上下册合订。"

第五章 新乡地区名人家谱研究

新乡地处中原腹地,南临黄河,北依太行,钟灵毓秀,人杰地灵,自古至今,涌现出了众多历史名人与当代英杰。这些名人的家谱在众多新乡家谱之中,虽然从数量上来说很少,但因其记载了名人,便使其闪耀着夺人的光芒,引起众人的瞩目。本章选取比干后裔林氏族谱、韩愈后人族谱、百泉邵雍族谱、岳飞后裔族谱、新乡定国村郭氏族谱和延津周氏族谱等进行探讨,以窥见新乡名人家谱之一斑。

第一节 卫辉比干庙藏《西河九龙族谱》及相关族谱

“卫辉比干庙,天下林氏根。”卫辉市比干庙是中国第一座含墓祭人之祠庙,被称为“天下第一庙”,是国家重点文物保护单位、国家 AAAA 级景区。比干庙作为林氏祖庙,备受天下林氏子孙的敬仰。每年农历四月初四比干诞辰日,比干庙都要举行拜祖庆典,这项活动旨在大力弘扬比干文化,并已成为著名的文化活动品牌,同时也对林氏家训及优良家风的传承作出了积极贡献。

近些年来,比干庙完善新建比干纪念馆、世界林氏宗史文物馆,积极开展家风家训传承教育活动,传播了良好文明家风。2020 年 5 月,比干庙(比干文化园)被命名为第二批河南省家风家教示范基地。据比干庙马俊渠先生介绍,每年比干诞辰庆典活动期间,比干庙都要举办比干后裔同宗和林氏家谱展、当代林氏名家书法书画作品展,作品征集中重点突出家规家风家训内容,家谱中收集挖掘整理优秀的家风家训内容,日常在比干纪念馆展出。目前,已经举办当代林氏名人名家书画展三届,征集林氏族谱 1000 余册,林氏名人专题集 300 余本。《西河九龙族谱》为比干庙所藏林氏族谱中的重要一部。

1934 年，林森派林修等人到卫辉比干庙祭祖，当时将《西河九龙族谱》捐赠存放于祖庙。该谱为林氏公谱，记载林氏从商代到清末的源流，世系表排列非常详细，体例合理，图文并茂，后世林氏续谱多以此为根本。

2011 年，比干庙翻印再版《西河九龙族谱》，其上有“太师庙存藏”的题字及印章。此次翻印所依据的新加坡古友轩旧版，是由比干庙组织整理编撰，新加坡林氏后人林兴发、林江龙资助再版。河南师范大学图书馆新乡地方文献中心馆藏有该谱。

2011 年再版的《西河九龙族谱》共计 11 万字，对研究比干、比干庙、林氏家谱，宣传比干忠义精神与比干文化，提供了准确全面的资料。中国国民党副主席林丰正作《再版序言》，政协河南省第七届、八届委员会主席林英海题写《再版后记》。

此次再版在影印原族谱的基础上，增加了不少关于比干、林氏的相关资料，约占全书一半篇幅。如摘录比干、林坚、林放、林禄的相关史料，收录《兴化府莆田县志》林氏资料、《见素集》赞语精选、《莆阳文献》人物传记等。《比干庙大事记》记载了 1949 年以前比干庙发生的历史事件。《比干庙重要碑刻考释》对孔子剑刻碑、周武王封比干庙铜盘铭、（北魏孝文帝）吊比干墓文、（唐太宗）皇帝祭殷太师比干文、商少师碑、大元敕修太师忠烈公殷比干庙碑铭并序、重修太师殷比干祠墓碑记、（清乾隆皇帝）过殷比干墓等碑刻做了收录和考释。《比干庙诗文名句》收录了比干庙的楹联和诗文名句 200 余条，这其中不少已经成为林氏家训的一部分。大量相关文献中对林氏后人事迹的记载，对弘扬林氏优良家风具有重要意义。

除了 2011 年翻印再版的《西河九龙族谱》，比干庙近些年还专门建立了林氏家谱专藏，收集全国各地乃至世界各地的林氏家谱数十种，大大增加了比干庙作为林氏祖庙的文化内涵。2017 年 5 月 9 日，还专门在比干庙举办了首届林氏及同宗族谱和名人传记展评，来自河南省家谱研究会、郑州大学等单位的专家学者与卫辉市有关部门及林氏后人等参加了展评会，这次活动扩大了比干庙及林氏家谱在社会上的影响。

2018 年春，新乡市凤泉区、辉县市等地部分林氏后人共同编修印制了《西河九龙族谱河南省新乡市支谱》。该谱为线装 16 开本，共 146 页，印数为 150 本，由河南省姓氏文化研究会家谱委员会中国家谱编印基地印制，主编为林守明。

据《林氏九龙谱新乡谱序》,1963年辉县孟坟林秀成、范屯林保庆二人曾编写家谱一本。这一事实再一次印证了1963年河南全省曾出现一次编修家谱的高潮。半个多世纪之后,新乡林氏后人再次续修家谱。谱序认为,辉县林氏始祖是九龙族系禄公五十世林有,字德全,到此地已有350余年。

《谱序》呼吁林氏家族"为国争光,为族争光,弘扬比干公精神",并规定"在此次续修家谱中,男女平等,女孩一样入谱,媳妇记名入谱",最后还"特别告知"族人:"自二〇一八年开始,林氏所生后代须按'六十字世序'入谱,否则不准进牒,以世次有序,昭穆不紊。"

《2018年西河九龙族谱河南省新乡市支谱》在受时代新风影响的同时,继承了林氏传统家训家风,对教育林氏后人具有积极意义。

如今,比干的后代林氏子孙遍布全国乃至东南亚等地,在台湾甚至有"陈林半天下"之说。林氏优秀家训与优良家风得到了广泛的传播。《2018年西河九龙族谱新乡市支谱》所载《林氏传统家风》《林氏传世家训》和《林氏家训家规》等相关文献,为我们了解林氏家训、家风提供了宝贵资料。

几千年来,林氏形成了"不忘本""尽孝道""重教育""秉正直""讲诚信""重忠义"等优良家风,这与比干"忠贞报国"的精神是一脉相承的,并且不断发扬光大。

比干精神的精髓是忠与孝,而这两点也正是儒家传统伦理观念最为推崇的理念。比干是商王室成员,纣王的叔父,他劝谏纣王,既是为国家尽忠,也是为家族尽孝,比干的忠与孝是相通的、一致的。据《林氏传统家风》记载,林氏后人也深深懂得孝道是持家的基础,几乎每个家族都以孝道相承,以立家风,垂训子孙。如以"露乌孝瑞"著称的孝子林横,"闻母病即弃官归,孝养于家。母亡,横水浆不入口者五日,率子侄筑庐于墓右守制。旬日,甘露降而白乌来翔。州上其状……唐德宗诏赐筑双阙于墓前,予以旌表"。忠臣义士在林氏世家中比比皆是,近代有甲午中日战争中为国家捐躯的管带林履中、林永升、林泰曾,戊戌维新变法献身的林旭、林圭,辛亥黄花岗起义牺牲的林文、林觉民、林尹民,二七大罢工烈士林祥谦、林开庚,民主革命英雄林基路和林育英、林育南兄弟,等等。

林氏家族形成了"刚正不阿,秉执正直"的家风。太始祖比干被誉为"谏臣极则"。南宋谏议大夫林安宅刚毅有守,凛然立朝,有古诤臣之直敏。明朝御史林润,正气凛然,毅直敢言,弹劾权奸严世藩。林则徐"虎门销烟"的壮举,使他成为一代民族英雄而为后人所敬仰。林则徐"苟利国家生死以，岂因祸福避趋之"的铿锵誓言，"海纳百川，有容乃大；壁立千仞，无欲则刚"的对联，其所录并手书的家规——《十无益》等，在继承先祖的基础上，都为林氏家族优良家风注入了新的风尚。林觉民对"老吾老以及人之老，幼吾幼以及人之幼"的推崇，其就义前写给妻子陈意映的诀别信，表现了其作为革命者为了革命、为了国家的未来视死如归的大无畏精神。

第二节　获嘉宣阳驿韩愈后人与《韩氏家谱》初探

韩愈（768—824），字退之，河南河阳（今河南孟州南）人。因韩愈自称"郡望昌黎"，故世称"韩昌黎"或"昌黎先生"。韩愈被后人尊为唐宋八大家之首，是古文运动的倡导者，我国古代著名的文学家、思想家。

韩愈《师说》中"师者，所以传道受业解惑也"的论断妇孺皆知，成为无数教师心中默默坚守的诺言。韩愈的名言"业精于勤，荒于嬉；行成于思，毁于随"更是脍炙人口，不仅是韩氏家族，还是其他许多家族的家训，被列为警句箴言，在社会上产生了深远的影响。

新乡与韩愈故里焦作山水相连，1986 年之前还长期同属于新乡地区，新乡四区八县（市）也居住生活着众多韩愈后人，如新乡县八柳树韩氏、辉县市三王庄韩氏、获嘉县宣阳驿韩氏等。

宣阳驿是一个历史文化名村，曾隶属于修武县，在古代长期地处交通要道。有学者考证，宣阳驿是武王伐纣遇大雨而勒兵之处，曾经是最初的修武县治，后来又曾做过获嘉县治，五代石敬瑭天福七年（942）改称宣阳城，清代设驿站于此，故称宣阳驿。如今的宣阳驿，隶属于获嘉县徐营镇，仍是一个较大的村庄，分为宣阳驿东街（宣东村）和宣阳驿西街（宣西村）两个行政村，约有村民 1 万人。

据修武县政协《关于"韩愈故里是否在修武"的调研报告》，"自韩愈上推七代，其四十四世祖韩镶于后魏（北魏）神龟元年（518），因避政乱来到修武县安阳城隐居。在安阳城生活几十年后，于隋大业八年（612）为避匪乱，又由韩杰率领全家迁至修武县平原地区安家。最先落脚之地为宣阳驿村”①。据此,则宣阳驿是韩愈祖居之地。如今的获嘉县宣阳驿仍保存有韩文公祠,还生活有韩愈后人。

2015年暑期,笔者怀着崇敬的心情专程到获嘉县徐营镇宣阳驿瞻仰韩文公祠,探访韩愈后人与《韩氏家谱》。据《获嘉县志(1986—2000)》记载:“韩愈出生在宣阳驿村(《中国人名大辞典》第1704页第一栏‘韩愈’条有载),村中有‘韩愈故里’碑。”②可惜笔者在此次考察中未能见到该碑。

在宣阳驿大街上的一家诊所,笔者打听到了收藏有家谱的韩氏后人。在其家中,主人向笔者展示了三种《韩氏家谱》,其中最新的一次续谱是2014年宣阳驿《韩氏家谱》。

2014年宣阳驿《韩氏家谱》共四册,谱首为选自《历代圣贤图》明拓本的文公像,世系之前包括韩文公总祠简介、韩文公祠照片、《整修祖茔志》、《韩坡先茔记》、修武韩坡韩愈墓照片、道光二十三年(1843)《谱序》和《修谱十五则》、光绪十八年(1892)《谱序》、1956年《悬匾续修宗谱叙》和《修谱规则十五条》、2004年《重修文公谱序》《先祖韩愈简介》《文公墓志铭》《文公神道碑》和2014年《重修文公谱序》《宣阳驿文公祠宗族管理委员会名单》《二〇一四年宣阳驿续修宗谱委员会名单》《始祖文》等内容。

据2014年宣阳驿《韩氏家谱》所载《韩文公总祠简介》:“韩文公总祠位于河南省获嘉县宣阳驿村。……宣阳驿……是文公后裔的聚居及氏族活动中心,周围如修武、获嘉、辉县、武陟、博爱、新乡、孟县等各县的韩愈后裔历史上续谱、祭祖等活动都在总祠组织下进行。特别是每年正月十五韩愈诞辰,各县代表云集总祠……集体祭拜祖先……除特殊年代至今千百年不断。”③由此可见,宣阳驿在韩愈后裔中具有重要的地位。而这样的祭祖活动,对如今的韩氏家族秉承韩愈优秀家训、继承和弘扬韩氏优良家风,乃至全社会学习韩愈文化精髓,都无疑具有积极的现实意义。

---

① 石振声主编:《韩愈故里在修武》(修武文史资料第二十二辑),中州古籍出版社2008年版,第12页。

② 获嘉县地方志编纂委员会编:《获嘉县志(1986—2000)》,中州古籍出版社2008年版,第2页。

③ 据笔者后来所见报道也印证了这一点——2018年3月2日(农历正月十五),宣阳驿在韩文公祠隆重举办了纪念韩文公1250年诞辰活动,见https://www.meipian.cn/15n5rldo?needReload=1521021893078。

获嘉县乃至新乡市的有关部门,应当进一步重视宣阳驿纪念韩愈的相关活动和韩文公祠等相关遗迹,并给予积极引导和保护。

第三节　辉县百泉邵雍后裔与《古共邵氏宗谱》探研

邵雍(1011—1077),字尧夫,自号安乐先生,世称“百源先生”,宋哲宗赐谥号康节,北宋著名哲学家、象数学家、易学家、教育家和诗人,与周敦颐、张载、程颢、程颐并称“北宋五子”。幼年随父迁居共城(今河南新乡市辉县市)苏门山百泉,居住在安乐窝,冬不炉、夏不扇,刻苦学习,博览群书。39岁时邵雍举家迁居洛阳。著有《皇极经世》等著作。南宋孝宗淳熙初年,邵雍从祀孔庙。朱熹称赞邵雍“天挺人豪,英迈盖世”。

邵雍青少年时代在百泉苏门山读书求学,百泉的山水和底蕴滋养了这位千古圣哲,他也为百泉留下了千古佳话,正是“苏门山里出名士,百泉秀水育英才”。在邵氏后人及邵雍文化爱好者的组织下,2012年成立了新乡市华夏邵雍易学文化研究会,主要从事发掘、收集、整理邵雍相关资料,开展学术交流。笔者通过新乡市“邵研会”邵泽武会长得以见到1924年辉县《古共邵氏宗谱》复印件。该谱原谱应为石印本。河南师范大学图书馆新乡地方文献中心馆藏有该谱复印件。

1924年辉县《古共邵氏宗谱》共六卷。每卷首页有“民国十三年阏逢困敦重修”之记。“民国十三年”即1924年,“阏逢”为十干中“甲”的别称,“困敦”为十二支中“子”的别称,意即此年为甲子年。

卷一总体上为宋元明清以来历次修谱的序文及跋文。一开始便载有宣统元年(1909)赐同进士出身前山东蓬莱知县王绍勋所撰《重修邵氏族谱序》、光绪三十四年(1908)知辉县事合肥李如棠《重修邵氏家谱序》,继而是《古共邵氏宗谱续修名号》,然后才是总目及目次。卷一的序文有孙澜《邵氏族谱系述后序》、杨溥《邵氏重修族谱序》、陈康伯《邵氏宗谱序》、汪彻《邵氏谱序》、张九成《邵氏族谱引》、蔡元定《邵氏谱牒题辞》、王十朋《题邵氏世牒》、谢谔《题邵氏宗谱序》、许衡《邵氏家谱跋》、王英《邵氏族谱序》、陈方《邵氏谱跋》、张孚敬《邵氏谱序》、陆龙其《邵氏宗谱序》、赵申乔《邵氏宗谱序》、张廷玉《邵氏宗谱序》、邵雍《启后录》、裔孙邵彦辉《贞五公户后自述世系》、叔芳《邵氏族谱世系述》、宏誉《邵氏续修家谱序》、真容《谱由》《原谱》、思文《谱跋》、承先《谱跋》、世卿《续修辉县邵氏族谱记》。

卷二为例言、先像、世系图（附姓源）。所谓例言，即谱例。先像包括召公像、穆公像、召忽像、秦东陵侯平公像、信臣公像、宋先贤康节先生像、宋四川置制使参议子文先生像、宋徽猷阁待制公清先生像、宋亚一公像、宋川蜀湖襄宣抚使亚三公像、宋奉化州牧亚六公像、元兵部提领昌一公像、元道一公像、元道二公像、元道三公像、元末隐士道四公像等历代邵氏先贤之像。其后为《姓源考》《邵氏世系考》《洛阳统修世系》《洛阳迁姚世系》等内容。

卷三为宗支图考。有《辉洛杭姚递迁世系》和《辉洛宗派世系（附宗派诗）》。

卷四为恩荫、赞传。有《将作监主簿邵雍专敕一道》《翰林学士邵亢专敕一道》《顺天府通州知州邵賨父母诰命一道》《刑部江西清吏司主事邵真容敕命一道》《赐康节谥议》《春秋丁祀》《训令》《洛阳邵氏三世名贤传》以及《宋史》所载《邵尧夫先生德业儒臣传》、张峪《邵康节先生行略》、程颢《康节公墓志》、至圣孔子述《齐大夫忽公赞》、老泉苏洵述《南阳太守信臣公赞》、朱熹《康节夫子赞》、范叔祖《康节先生赞》《康节公自赞》、《四川省志》所载《四川雅州知州行素邵公传》和《汤盘公赞并诗》等。

卷五为祠宇。该卷有图有文。开篇为《祠宇记》，后有洛阳祠图、辉邑百泉图、百泉旧安窝图、百泉启贤祠图、樊家寨安乐行窝图、《安乐窝记》《重修安乐窝碑》《新建康节安乐窝碑》《桃竹园记》《启贤祠记》《重修卫辉府辉县安乐窝记》《卫太守满洲王公德政碑》《新安乐窝改报德祠碑》《邵夫子祠碑》和《创修安乐行窝记》等图文。

卷六为祀田、坟墓和著作诗文杂集。该卷有图有文。依次为《祀田记》《邵夫子祀田约》、祀田图、康节先生茔域、《重修康节先生墓记》《百泉始祖述祖公墓记》《百泉各族各坟墓图记》和《著作诗文杂集》等图文。

1924 年辉县《古共邵氏宗谱》内容翔实，记载了大量邵氏相关史实，部分内容图文并茂，直观地向人们展示了邵氏家族文化，是一部不可多得的民国家谱，具有较高的史料价值。

第四节　岳飞后裔在新乡——《岳氏族谱》研究

岳飞（1103—1142），河南汤阴人，南宋时期抗金名将、民族英雄、军事家、战略家，同时也是一位书法家和诗人。岳飞位列南宋“中兴四将”之首，建立了不可磨灭的功绩。他表达了被侵犯民族的要求，坚持了抗金的正义斗争，与抗金军民一道保住了南宋半壁河山。

岳飞曾在新乡一带抗金，一度收复新乡县城。岳飞一生有“生在汤阴，战在新乡，葬在杭州”之说，至今在新乡还流传有“小冀到新乡，一溜十八营”的佳话、新乡饮马口的来历、新乡县八柳树村的由来等与岳飞相关的传说故事，岳飞在新乡老百姓心中留下了深深的烙印。2006 年，新乡市卫滨区政协曾编印过《岳飞与新乡》文史资料专辑。2014 年 4 月 26 日，新乡市岳飞文化研究会成立，笔者参加了成立大会。2021 年，岳庚寅主编的《岳飞与新乡》正式由中州古籍出版社出版。

岳飞有云、雷、霖、震、霭（霆）五子，有部分后人生活在河南境内，新乡地区的岳飞后人主要是五子岳霆之后。新乡市获嘉县冯庄镇岳寨村和城关镇岳庄村、新乡市凤泉区后郭柳的岳氏子孙，即岳飞五子岳霆的后代，他们与全国各地的岳飞后人一样，于每年农历二月十五岳飞诞辰日都要举行纪念活动。近几年来，笔者多次参加纪念活动，并多次走进岳氏家族聚居地，探访岳氏后人。2012 年 3 月 7 日（农历二月十五），笔者到获嘉县岳寨村征集《岳氏族谱》，参加了纪念活动，深深被岳氏族人的热情仗义所感动，岳氏家族不仅向河南师范大学图书馆捐赠了族谱，还捐赠了一部纪念岳飞的画册。

河南师范大学图书馆新乡地方文献中心收藏有四种新乡地区的《岳氏族谱》，其中三种为获嘉县《岳氏族谱》（1955 年、1996 年、2015 年），一种为新乡市凤泉区 2012 年《岳氏族谱后郭柳支谱》。

《1955 年获嘉岳氏族谱》（提要见本书第四章第四节）共八卷，馆藏为电子版，该谱原谱应为石印本。谱前有十序。卷一为岳姓世系图引、像赞、原始受姓世系图、河南汤阴世系图、忠武王第五支世系节钞（自洪洞岳氏族谱）、历次修谱序言、修谱诸名、家谱条例（1710）、重修族谱条例、1—12 世世系实录。卷二至卷八为 13—27 世世系实录。卷八末尾为跋、义录和同宗录。

《1996年获嘉岳氏族谱》(提要见本书第四章第四节)共四卷五册。第一册为通谱和获嘉支谱卷一。卷首为一王五侯(岳飞及其五子)画像。后有《岳氏族谱通谱·四版前言》,1996年由二十八世裔朝仑撰写。卷一至卷四(其中卷三分为上下两册)为五支世系1—27世。卷四还记载有历次修谱跋语,选自《获嘉县志》或族人撰写的岳凌霄、岳镇西和岳在巘传记及同宗录。

《2015年获嘉岳氏族谱》(提要见本书第四章第四节)共二卷四册。第一册为卷一(上)。全书共12篇,卷一为前七篇《历次修谱序与续谱人名单》《岳氏起源与世系图》《始祖岳讳飞年谱与近代伟人评价》《五侯世系与获邑密公家族萌起概说》《谱派范字》《谱论与第十五次续谱条例》《族规礼仪》及第八篇《始迁祖讳密公后裔世系》第一部分《景才宗支迁居概况与世系》;卷二为第八篇第二、三、四、五部分《景泰宗支迁居概况与世系》《景方宗支迁居概况与世系》《景能宗支迁居概况与世系》《同族录》以及第九至十二篇《密公后裔名人传略》《第十五次续谱捐资光荣榜和预决算报道》《岳庙与祖茔》及《后记》。

上述三种获嘉县《岳氏族谱》,加上未曾收集到的1981年获嘉县《岳氏族谱》,共同形成了1949年以来获嘉县新修岳氏族谱的一个系列(堂号为怡怡堂),是新乡地区具有良好续修传统的著名家谱之一。

凤泉区2012年《岳氏族谱后郭柳支谱》是一位在凤泉区信访局工作的后郭柳岳氏编修的,相对于获嘉县《岳氏族谱》来说较为简略。

岳飞后人秉承"忠武家声",继承并弘扬了岳飞精神。岳飞母亲"尽忠报国"("精忠报国")的家训,以及岳飞"文臣不爱钱,武臣不惜死"的名言,都对其家族后人乃至世人产生了深远的影响。

随着社会的发展,除遵循岳飞祖训之外,岳氏家族还陆续制定了新的家规家训。据《2015年获嘉岳氏族谱》所载,族谱全书共12篇,第七篇《族规礼仪》是本次续谱时增加的内容,"对我《获谱》日趋完善凸显重要"。"本谱族规家训以'适应时代、宏观引导、可操可行'为立意,绝非'事无巨细、一应俱全'。"《族规》第一条为"遵纪守法,爱家爱国",特别强调:"凡事言举都要顾及维护先祖忠孝万世楷模之声望,有悖则不为。"并在《家训》中指出"传承祖德"为"吾辈重任",时刻不忘岳飞的训诫,传承与弘扬岳飞精神。

在与岳飞后人的接触中,我们能够深深感触到他们那种继承先祖遗训、传承优良家风的使命感。据《1996年获嘉岳氏族谱》所载十八世孙岳朝仑、十九世孙岳邦灿《第十六次续修族谱序》记述,“时值改革开放之际,为倡始祖精忠报国之正气,激后代大展宏图之雄心”,特选族中岳凌霄、岳镇西、岳在巘三人传记编入谱中。“愿吾族之后人学先辈爱国爱家之精神,共为祖国昌盛而奋斗! 以慰列祖列宗!”在家谱中越是对这样的普通岳氏后人的记载,我们就越能看出岳飞精神的传承和岳氏优良家风的弘扬,因为家风正是靠每一位普普通通的家族成员的共同遵守和发扬光大,才能得以真正传承。

无论是获嘉的岳氏家族,还是凤泉区后郭柳的岳氏家族,还有新乡县七里营等其他各地的众多岳氏家族,他们都认同岳飞为其祖先,这是他们共同传承忠武家声的前提。有人对此提出疑问,认为这些岳氏不一定都是岳飞的后代。其实,从岳飞文化传承上来说,我们没有必要去较真儿,只要他们认同岳飞精神,身体力行去传承忠武家声,这就是一种文化认同,对社会是有益的,应该鼓励这样的家族文化认同。

据《1955年获嘉岳氏族谱》所载清康熙二十五年(1686)十世孙岳瀛选撰的《族谱小引》,我们可得知获嘉岳氏迁徙始末如下:“自元后失鹿,群雄蜂起,糜烂之惨,中州尤甚,此两河所以有土满之忧也。及明成祖定鼎燕京,迁卫军以实其地。吾始祖以山右洪洞之民徙戎涿郡,亦在迁中,因以涿郡之军来为获邑之民。于邑南四十里辟土地建室庐,编户南务社,遂名其里曰岳家寨,此吾岳氏之始有于获邑也。其后族姓繁衍渐成村落。传六世而至于吾高祖又自岳家寨移居城里……此吾岳氏之始有于邑中也。迄于今问其年则三百余年也,考其世则十有四世也。”这里,获嘉岳氏追述了与洪洞移民的关系,然而,这样的历史记忆是否历史真实,现在已无从考证。正像赵世瑜先生所论:“由于洪洞大槐树的传说……在影响力方面超过了其他关于移民祖籍的说法,在一个相当大的范围内形成了关于族群认同的话语霸权……由此我们也可以知道,人们对于自身历史的记忆不仅是一种社会的建构,而且是出于面临具体的生活境遇时的需求。当这种历史记忆成为一种社会记忆的时候,人们必须为此创造出可以共享的资源,获得形成社会记忆的契机。”①

获嘉岳氏家族历次续修家谱的过程,也是获嘉岳氏家族不断发展壮大的过程,每次续谱一般都会有附近的新的岳氏加入。如1955年续谱时,新乡县郭柳

① 赵世瑜:《祖先记忆、家园象征与族群历史——山西洪洞大槐树传说解析》,《历史研究》2006年第1期。

村(今属新乡市凤泉区)及获嘉县亢村岳氏一并续入。1996年续谱时,新乡县李唐马、武陟县苗小段等岳氏宗亲加入。这也使得获嘉岳氏家族日益壮大,岳飞精神与忠武家风不断扩大了影响力。而且,“尽忠报国”(“精忠报国”)突破了岳氏家族界限,成为全社会共同尊奉的信条,具有很大的社会影响力,甚至成为整个中华民族的信仰,增强了亿万中华儿女的凝聚力和向心力。

第五节　新乡定国村郭氏祠堂与郭氏家族文献

在新乡市区东部的定国村,有一座郭氏祠堂,由明代天启年间礼部右侍郎、帝师郭湑之子、清代中州名儒郭士标创建于清代康熙十一年(1672),被誉为中华郭氏十大祠堂之一,也是豫北地区最大的祠堂之一,被列为新乡市重点文物保护单位。孝思堂郭氏每年正月初六在此举行春节祭祖大典,300多年来在郭氏家族中有着重要影响。

定国村郭氏家族是宋元以来世居新乡的旧族。特别是明清以来,定国村郭氏家族人才辈出,有父子登科、兄弟进士之誉。除了上文提到的被誉为“中州第一秀才”的帝师郭湑、中州硕儒郭士标,还有与畅俊和殷梦五一起被称为清代“新乡三绝”(畅字、郭画、殷文章)的郭淲以及郭遇熙、郭培墉等人。近几年来,笔者曾多次到访定国村郭氏祠堂,拜访郭湑后人、新乡民间地方文史研究者郭赞兴先生。在郭先生家中,笔者见到了多个版本的《郭氏族谱》。早期版本的族谱较为少见,而最新版本的《2006年新乡定国村郭氏族谱》为郭赞兴主持编修,郭先生向河南师范大学图书馆捐赠了一套。

《2006年新乡定国村郭氏族谱》(提要见本书第四章第一节)共四卷四册,堂号为孝思堂。第一册(卷首)影印了清道光二十五年(1845)、光绪二年(1876)、1915年等《郭氏族谱》的历次修谱序言、祠堂、茔兆、家规、家课等内容。第一册第一部分为历次修谱序,第二部分为祠堂,第三部分为茔兆,第四部分为家规,第五部分为家课。第二册(卷上)有2006年修谱时十九世孙郭清春、二十世孙郭赞兴、二十一世孙郭锡华所撰的三篇《重修族谱序》。此后以及第三册(卷中)、第四册(卷下)均为世纪。

2006年修谱时郭清春在《重修族谱序》中述及康熙十三年(1674)孙奇逢曾言:“余来苏门,仅见郭宗伯一家有谱。”序云:“吾郭氏族谱乃新乡姓氏族谱之始。”可见《郭氏族谱》在新乡家谱史中的重要地位。定国村《郭氏族谱》历代续修传承有序，内容较为翔实，为新乡家谱的优秀代表。

关于定国村郭氏历次修谱情况，新乡学院申红星博士有详细研究。郭氏宗族从明末至当代历次修谱的过程，不仅可以让我们了解到郭氏修谱的详细情况，也反映出了郭氏宗族本身的一个变迁过程：“郭氏祖先初是一田间农夫，而后通过读书参加科举而得以入仕。在明末清初甚至出现了一批高、中级官吏，至清朝中后期则逐渐走向衰落，郭氏族人多为中下级官员，但依然保留着地域望族的地位。而到了中华民国直至中华人民共和国以后，郭氏虽仍有读书人，但大多族众则是以务农为生的普通村民了。从以上对郭氏宗族历次修谱的描述中，我们可以看到，郭氏宗族自明清以来对于修撰谱牒的重视程度日深。而郭氏宗族从明末由缙绅士大夫修谱阶段逐渐演变为在民国以来由普通民众修谱的变迁过程，也暗含了自明清以来豫北宗族日益民众化的趋势。”①

定国村郭氏不仅家谱续修值得称赞，其家族文献的整理与印刷更是值得学习和敬仰。郭赞兴先生用20年时间穷搜郭氏家族文献，先后整理刊印了12集的《鄘南郭氏全书》，堪称新乡地方文化史上的一个壮举。这些文献资料，对研究定国村郭氏家族的历史乃至新乡的历史文化都有着重要的参考价值。

第六节　延津史良都堂祠与《延津周氏族谱》

周氏家族是延津县明清时期乃至今日的著名家族之一。在延津县城南的史良村，有一座被称为“都堂祠”的周氏祠堂，承载着延津周氏家族的辉煌历史。

“都堂”一词，源于对明朝官位的俗称。明代各衙署之长官因在衙署之大堂上处理重要公务，故称堂官；都察院长官都御史、副都御史、佥都御史，以及被派遣到外省带有这些兼衔的总督、巡抚，均统称“都堂”。延津都堂祠的来历即与周氏先祖周咏有关。周咏（1533—1595），字思养，号乐轩，为明朝嘉靖四十一年（1562）进士，官至兵部侍郎、蓟辽总督、右都御史、正一品服奉，百姓俗称“周都堂”。都堂祠始建于明朝中叶，时称周氏祖祠，是延津周氏祭祖拜祖的圣地。

明清时期，延津周氏人才辈出，一家出了8名进士、8名举人、8名武举，一个家族，出一品服奉官1名、二品官1名，以及30多名三至七品以上官员，特别

① 申红星：《明清以来的豫北宗族与地方社会》，光明日报出版社2019年版，第131页。

是在明朝中叶,《延津县志》所载明朝恩荣榜有6位被授“恩荣”的人员,周氏家族就占4位。延津周氏历代名人,除了周咏,又如其子周嘉瑞,赠户部员外。嘉瑞子周兴祚,铜仁知府。兴祚子周涝,沈丘教谕。其子周令树(1633—1688),字计百,一字拙庵,清顺治辛卯科(1651)举人,顺治乙未(1655)进士。由赣州推官,迁大同同知。康熙十年(1671),进太原知府。他一生颇好与文人学士相交往,颇富才情,才华横溢,慷慨好施,但又清高狂傲。

延津周氏历来具有修谱的传统,《延津周氏族谱》自明隆庆五年(1571)创谱以来,到2008年共经11次编修。《2008年延津周氏族谱》(提要见本书第四章第六节)所载历次修谱谱序中创谱谱序缺失,其他谱序分别为明万历八年(1580)周咏《周氏重修族谱叙》、明万历十八年(1590)周咏《周氏三修族谱序》、清顺治十二年(1655)十世孙周令树《周氏四修族谱序》、康熙三十一年(1692)十世孙周柱《周氏五修族谱序》、康熙四十八年(1709)十世孙周柱《周氏六修族谱序》、乾隆三十四年(1769)十四世孙周洵《周氏七修族谱叙》、道光二十五年(1845)十一世孙周志广《周氏八修族谱序》、1934年十七世孙周春林《周氏九修族谱序》、1993年二十一世孙周玉甫《周氏十修族谱序》和2008年十五世孙周甫田《〔周氏〕十一修族谱序》。

值得一提的是,据《延津周氏十一修族谱凡例》,此次续谱做了一系列的改革,其中,封面谱名在原《周氏族谱》前冠以“延津”二字,即《延津周氏族谱》。这一点做得很好,虽然做起来很简单,但很多家谱编修都没能做到这一点,使得部分家谱根本无法辨认其为何地的家谱。《延津周氏族谱》的做法,使得其在众多周氏家族家谱中提高了识别度,是一个进步,值得提倡。

第六章　中原家谱所载传统家训辑要

近几年来,笔者到河南全省多个地市,对河南省图书馆、郑州大学图书馆、河南师范大学图书馆、商丘师范学院图书馆、新乡市图书馆、平顶山市图书馆、濮阳市南乐县档案馆和郑州中华家谱馆等多家图书馆、档案馆等公私收藏单位所藏数千部中原家谱进行调查、阅览,并检索上海图书馆、国家图书馆等单位的家谱数据库,对各地馆藏中原家谱所载家训家规文献进行了初步整理。

本书所指家训主要是指家谱所载的家训。在中原家谱中,家训有着各种各样的称呼,有的径直称作家训,有的称为家规,还有的称作族训、宗训、祖训、族法、家法、族范、家范、族规、宗规、祖规、祠规、谱规、规约、族约、宗约、家约、族戒、族劝、祖词、家戒、族风、家风、家文、家箴、箴规、箴言、劝言、传家宝、劝君赋、劝世文、道德金鉴、治家总则、治家格言、族人公约、族人守则、宗族自律规范、族人行为准则、日常行为规范等,有数十种。

在笔者详细查阅的2000多部中原家谱之中,约有200部家谱载有明确的家训文献,共计约500则。另外,还有一些家谱在谱序、祠堂、派字等其他表述中寓有家训类文字。笔者对之详细摘录,进行了初步整理。本书第六至八章所辑录的便是其中100多则代表性家训。

从家训内容来看,中原家谱所载家训文献可以分为传统家训、当代家训两类。从家训形式来看,中原家谱所载家训文献亦可分为诗训、文训(其他文字类家训)两种。此外,中原家谱中还有一些其他类别的家训,如古代名人家训、综合类家训、少数民族家训和英文家训等。在此,我们把中原家谱所载家训文献分为传统家训、当代家训和格言诗训、字派与楹联家训、综合性家训、少数民族家训等几个部分进行录文整理。

本章所辑录的传统家训,主要是指1949年以前旧谱所载家训,这些家谱深受儒家传统思想影响。1949 年以后的新谱所载家训,也有一部分是继承不变的传统家训。按所载家谱的成谱时间顺序,分为旧谱(含新谱中的影印旧谱、明确标明为引自旧谱者)和新谱两大部分,依次将代表性传统家训辑录如下。

第一节 旧谱所载传统家训

旧谱所载传统家训深受儒家传统思想影响,我们从下列四部家谱所载家训中可窥见一斑。

一、《1931 年项城魏氏族谱》所载

项城魏氏规约

一 敦孝弟

经云:孝弟为人之立身大本。凡为一人,居家若不孝(与)〔于〕亲,对国必不能忠其事,居家若不敬于兄,处众必不能合群。本根丧失,世所不齿。我魏氏中有能力行孝弟者,族人宜崇敬爱护,力为表扬,用厚风化,藉资激劝。倘有甘居忤逆,不孝不弟不受规戒,或屡经规戒怙恶不悛,此家庭之凶顽,人间之恶臭,族长族众共同协议,秉笔除去谱名,并不许参与岁时合祭。愿族人共勉之。

二 重亲丧

中国三年之丧,通乎上下,载在圣经,行之久矣。民国成立来,丧礼一项既无颁行新章,亲丧大事自宜仍遵旧宪,惟在居丧守制期间,关于庆贺宴会俳优嫁娶,除万不得已时,勿得轻易随俗,否则甘心背礼即为不孝,戒之慎之。

三 崇祀典

人之祭祖,报本反始,祖必有祠,方资崇敬,尤足表见事死如生之意。关于祭之主任、时期、粢牲、祭器、仪节均须先事筹定,免致草率延误,惟建祠事体重大,应划入祭田制略内另行规画,其余各项谨分别酌定如左:

(甲祭日)元旦、冬至祭始祖,夏至祭弥,清明祭墓,名曰大祭日,至于有事则告,节令、国庆则参忌日、生辰追祭,及各房自祭其私亲,均名曰常祭日。

(乙主任)主任祭祀属于宗子,如以特别事故不克身亲其事,得先期委托族人之行辈最尊者代行之,主任之责,重在祭始祖祭墓祭弥,余如事告,节令、国庆、忌日、生辰,或宗子主祭,或各房自行,尽可随时斟酌变通,总以无误于祀为

旨，至各房祭其私亲，可由各房便宜行之。

（丙粢牲）大祭之日献飨者，香楮、酒醴、外牲三品、腥素供菜、应时瓜果共十常，祭日香楮酒醴外腥素供菜五惟常，祭内之生辰、祭日飨献之物，参以先人生前喜食之品，国庆节令事告焚香参拜。

（丁祭器）祭器现已敬谨监制，鼎式器壹品附祭器贰拾，叁品专备祭祀之用，归主任者负责保管，除祭祀外，不得动用或擅自外借，如有损失，立即赔补。

（戊仪节）祀先之礼，民国来并无制行专章，社会中亦无适宜规定，兹为隆重祀典，酌古准今，谨定大祭日行三跪九叩礼（每三叩一献，九叩共三献），或三脱帽九鞠躬，常祭日行四叩礼，或脱帽三鞠躬，参者长揖或鞠躬。至各房自祭私亲，仪节自行酌定，惟不得使用祀先祭器，再每届祭日之前一日，与祭者一律斋戒，至日衣冠整齐，飨献之物力求洁净，总期不失礼主于敬，勿怠我心。大祭之日，祭毕以其馂余燕饮，宗长训族人以孝弟忠信立身行己之道，并筹议族中应行兴革各事项，岁以为常，切勿简略。至关于本项内酌定仪节，系属暂行，俟政府礼制颁布，即行废止。祖恩浩大，答报罔极，礼纵失重，似亦无妨。

四　破迷信

风水一说，古来士大夫多信之，昔老叟对袁了凡云："但见戴纱帽者寻地，未见戴纱帽者上坟。"此言足破千古之惑。古云：阴地不如心地。诚然！人之期其家业绵远、门庭昌大，首须重视家庭教育，广积阴德，力行善举，心田有一分培养，子孙获一分福泽，古之所谓积德收福、积善家昌者即此意也。否则，不重教育、不修心德，处事对人违背公理、灭绝人道，仅恃多金觅佳地葬亡者之躯，冀庇后裔富而且显世系绵长，天地间决无斯理，古今来亦无斯事。为人后者，愿先人之体魄永久安妥，宜择高阜平坦、土质肥润之地，无泉迹、无蚁穴、无潮湿，不受风簸、不受水渍，并可避免远年道路、沟渠变迁，及官有事业建筑侵占之一切妨害即为佳城。万莫惑于风水、囿于福利，亲故之后或悬棺不葬，或葬后徙穴，甚以天时人事之变，暴尸露棺，不孝殊甚。再者，近世富豪家葬亲有盛延僧道咒经超（渡）〔度〕者，有像人作俑并巧制禽兽屋宇什物焚作冥用者，有大行宰割开筵飨宾者，炫奢斗靡，夸耀闾里，以有用之金作无益之举，世俗不察，习为风气，非特不符于礼，而且有背于孝。古之葬亲，所贵者厚其棺椁尽礼尽哀而已。此后关于以上随俗背礼之举，应坚持定见，力破迷信，切勿稍为固执，免蹈不孝之愆。转遗识者訾议，愿族人慎之戒之。

五　谨茔址

祖茔及各房葬地，务于谱内开明地址所在，墓额山向，茔地段落，弓口有无，特别标识，俾子孙开卷了然，便于祭扫，并免年久失踪。

六　正职业

世间谋生之道，或劳智或劳力，必须业归于正，自重人格，否则操业卑贱，及流入盗贼者，迭经族人维护劝诫，坚不改行，玷辱先祖，遗羞后嗣，生者不许岁时合祭，谱牒不许列名，已列名者除之，死后不许入先茔，实族人应共弃之。

七　禁赌嫖

赌者形同诈骗、迹近攫取，嫖者轻薄之举、污秽之行，厚重端谨者多鄙之。尔来世风日下，上流人士偶尔不谨涉及赌嫖，或假言事务周旋，行非得已，或托词消遣助兴，逢场作戏，以致佻达狂荡。及市井无知之徒盲而效之，习为风气。一入迷途，身心无主，千金不惜，孤注一掷。小而辱身败名、倾家荡产，大而流入盗匪、夷门灭宗。危害之行，莫甚于斯。窃自高祖公世上溯七祖下传四代，向无涉及赌嫖久已，成为家风，族人应共守之，违者即为不孝，愿慎之戒之。

八　戒淫恶

古云：万恶淫为首。人之所以异于禽兽者，惟男女有别耳，若非偶相从，无媒而娶，是与禽兽无异。世之甘心为此者，不过一念之差，腼而无耻，品流日下，不特身败名裂，揆之天理公道，循环报应断难幸免。愿族人共慎之，犯此者共弃之。

九　戒争讼

凡为一人不能单独生存，势必与社会周旋，关于事务往还，金钱交换，务以和平相接，宽厚相与。强梁巧诈者纵有侵犯，仍须忍让为先，吃亏为上，大度包容，犯而勿较，断不致涉及讼事，损及德量。古云：居家戒争讼，讼则终凶。世云：一讼十年怨。尝见负气好胜之人，睚眦之嫌，锱铢之较，动而必争，争而无已，以至于讼。窃以法厅听讼无情无私，胜负之顷，妍媸毕见，胜者眉扬气吐昂然自雄，负者赧颜垂首无地自容，构不解之仇怨，种无已之恶因，往还报复，累世不休，因而危及生命，破家荡产。甚有枭獍之徒，每以血族至亲细节龃龉，遽而兴讼，同根相煎，同宗自残，无义无孝，甘冒恶名，愿我族人必戒必警。

十　劝教养

一族之兴盛，在乎族人之贤否。古人云：百年之计，莫若树人。又曰：子孙贤，族乃大。即此意也。我魏氏子弟，无论天资锐钝，为父兄者，义当尽心教养，竭力培植，使之学具专识，技擅一长，大者创建事业，小者自立生活。如有困于经济之失学儿童，及中途辍学之青年，应由族人合力协助，并准由祭田收入公余项内酌量提款接济，总期家无败子，族无废人，不致累及闾阎，害及社会，但提拨前项接济，须由族长族众公同决议后行之，否则无效。又救灾恤患，乡党且然，宗族一脉胡忍歧视！族中如有鳏寡孤独，及素务正业，确因遭际不良，生活艰窘者，族人应设法合力协助，并准由祭田收入公余项内酌量提款救济，免其流离失所，但此种开支不得妨碍接济教育用途。至于不力正业或行为卑下，丧失人格，及曾犯刑事处分剥夺终身全部公权者，不得享此待遇。

十一　尚女教

《礼》云：女子主内，无故不出中门，不理外事，行无独成事，无擅为。未嫁之女，教以麻枲丝茧菹醢纴纵，并未授予男子同等教育，此系我国古制。但自国体变更以来，文化日新，人生应有之权利义务，逐渐扩大，个人智能亦应随之增进，果令女教普及，女子均有相当之学识，处事对人断不致远逊于男子。彼世俗旧说以女子倚赖为天性，中馈纺绩即为完毕女职，陈腐之论，迂阔之谈，慎勿狃以为常。此后家庭中关乎女子教育，勿惑世说，勿拘旧习。本财力之丰约，视女资之高下，力为培植，使之学有专精，技操一长，否则亦须具有初级中学或高级小学以上之知识，尤宜注重中国古传孝翁姑、敬丈夫、和娣姒之女德，娴熟烹调、针黹、纺织、腌酿、饲畜之女工，适人后主持家计，补助生活，应付社会，一切事物足堪胜任。男则专力事业，无内顾负累之苦，女则完成家政，易暗弱倚赖之风。分食者有生产，被治者为治人，富民齐家实多利赖。愿族人共勉之。又女子独立治事，已属人间之常，闺阃之制，势难仍前锢闭，但女子纵有真正学识，言行举止亦宜谨束，身心恪守范围，行迹之间犹宜庄重光明，用远猜嫌。古之礼教，男女授受不亲，不通乞假，不通寝席者，正所以尊崇女格，令人勿敢亵慢之意。新近时髦，不暇深解，反斥为迂，未免矫枉过正。甚有高唱自由，放纵无忌，托言大方，轻薄自取，身被恶臭，丑声洋溢，败坏门庭，玷辱先祖，不贞不洁，世所共诛。此后对于阃教，勿大事开放，蔑弃古礼，勿牢狱束缚，强遏新潮，不倚不偏，适中而已。愿族人慎之勉之。

十二　慎婚配

中国古制，男女婚姻主权操之父母，匹配订于幼稚，且有情之所系，义之所迫，或襁褓议婚，或指腹言聘，将来儿女德能品貌之良窳，及双方家势之有无变易，一概付之命数，弗暇计及有良侣而变怨偶，有美姻缘而成恶室家。男者志气沮丧，事业荒嬉，女者素怀抑郁，甘弃妇职，或动辄反目，如怨如仇，或愿欲不遂，恶疾横死，破裂家庭，断绝宗嗣，甚有演出种种怪状，令人言之生畏。中国停妻娶妻、市妾养婢之恶习，病多坐此害，何可言居今之世风化日新？古之惯习几成积重难返，骤行改革虽属不易，按之时势所趋，亟宜酌量变通，以杜弊害。嗣后男女议婚，总以年至十七岁以上，具有普通知识，粗晓为人之道，明晰个人对于家庭社会将来负有若何之责任为适宜。主持之计虽仍操之父母或家长，必须取得个人同意，勿得隐饰迁就，更不得以父母家长之地位，稍有勉强抑制嫁娶之期。男者以廿四岁，女者至迟以廿岁为限，免生个人学业、生计、身体健康及应付事物上之一切窒碍，男子有必要时（如学业正在求进，无人侍养老亲及主持家政），尽可请求聘定之女提前过门代为担任（过门后，翁姑对媳，侍若生女，男女互对，待以同产）。长幼序齿，迨相当年龄再行正式成婚。至男子无故纳妾，近世恶习，违背人道，妨害家政，文明各国早为例禁，我魏氏宜力戒之。

十三　睦宗族

《经》云：古时乡田同井，出入相友，守望相助，疾病则相扶持。风化醇美，至今称之。况宗族之亲过于乡井，长幼尊卑之间，居常则爱敬提携，处变则互相救济，善则共勉，过则共规，以厚族谊，以挽颓俗。倘有昧理蔑义之徒，恃强凌弱，倚众暴寡，卑犯尊，小逆大，甚而细故倾轧，彼此仇雠，是为先祖之罪人，魏氏之公敌，愿族人共弃之。

十四　解纷争

披发止斗，《经》有明训，排难解纷，美推仲连。乡党中有事物争执互起衅端者，如以乡井关念仗义而出任作调人，本公道之主张，保闾阁之安宁，使之情理得平，纠纷遽解，方便之门，亦造福之道，切勿阿强扼弱，附众抑寡，挟势循情，武断偏袒，甚有利人之危，乘之人急，顺风扬波，百方簸弄，嗾人构怨，唆人争讼，鹬蚌不解，渔者得利。虽骨肉至戚，在所不邮，诡诈奸险，自为得计，讵知天道至公，报应无私，近则灾及自身，远则祸加子孙，愿我族人宜各戒凛。

十五　彰功德

族中有对于国家、社会建树绩业及行谊卓卓者，生为族光，殁则据其事迹为之立传，载入谱牒，以励后进。其或行谊未能超越，间有一二可称道者，亦必于谱系下叙明,用表举美彰善之意,但须据实开载,不得涉于文饰,以防骛名,略实徒滋世议。

十六　修谱牒

族谱关系至重,谨定自谱成之日起,每经二十五年续修一次,至迟不得逾三十年,免致族蕃失绪,情谊疏薄。

右族约十六条,皆持身立品之大端,余当戒守者,言不能尽佲,可依此类推,著为魏氏家法,世世遵守。若敢视作陈言,违背家法,即为不孝先祖之罪人,魏氏之蠹蚀,族人鸣而攻之可也。

《项城魏氏族谱》

中华民国十九年十二月开始筹办

中华民国廿年二月刊于旧都

二、《1941年新乡县茹岗茹氏宗谱》所载

家规记

十五世孙应聘撰

闻之家者,国有观感也。故曰,男正位乎外,女正位乎内。男女位正,而后可以家齐。家齐而后可以国治。家道所关,诚治国者有必先,乃士庶整饬一家,岂可外此标准而克石一变陋习也哉。吾茹氏自明初迁鄘以来,迄今历传十九世矣。宗族虽非巨博,子孙亦愈繁昌。若不设规约以网维之,恐人类不齐,是非错出,将有作奸犯科,玷辱先祖者。今立家规十四条,皆体先祖仁厚正直之遗训,以期世世之法守也。凡我族人,苟能世守此规,为士为农履行端方,为工为商蓄意醇厚。内外男女厘然各正,以此为风,德与时积,先祖在天之灵潜护默佑,俾家道愈炽愈昌,岂有不可暨哉!

家规十四则

一戒赌博。为士者,当励于诗书以求上进,何故聚赌以营利。为农者,当深耕易耨不离田头,奈何开场以为生。谚语云,三人聚赌,四家想赢。其言果然。尝见浪荡之子,或要纸牌,或掷牙骰,或推牌九,或打麻雀,竟将祖宗所遗之美产一旦卖尽,良可痛惜。岂知律例之严,或被仇人告发,或被官府察觉,被鞭扑,置监狱,受刑伤财,不亦羞乎。凡我族人,当先以此为戒。

一戒嫖娼。好德远色,君子修身之要。迷花恋柳,俗子败家之端。何故不

悦德而悦色，要逞风流，以自得罪于名教。况人不营职业，迷恋花柳，耗其财帛，败其身家，父母责之而不改，亲朋劝之而不听。终至身体有虚劳之疾，或染杨梅鱼口之毒，医药不愈而殒命，亦不伤乎。凡我族人，共当以此为戒。

一戒抗赋役。赋役当供，赋税、力役，皆国家法度所系，乌容拖欠抗阻。若要拖欠钱粮，抗阻差役，便是不良之民。连累保长，烦恼官府。每见身家受亏，吾茹氏地数十顷，务要将一年本等差粮，急公而先完。纵囊橐无余，心亦安乐。凡我族人，可不凛然。

一戒狎昵恶少。交友须交好人。若交恶少，则任意胡为，动多犯法，久后必然败事。亲近之者，必受其累。凡我族人，可不惕然内省。

一戒争讼。俗所谓打官司也。好讼之人，往往破产伤命。争一时之□气，贻全家之祸累，愚之甚也，何如无讼之为安。甚至事有万不得已，不能不鸣之于官者，亦要泛直告诉，须忠厚宅心。留余地以处人，勿架巧以自喜。况彼此角气，兵连祸结，蔓害无休。近时多有因此破家殒命者。凡我族人，戒之戒之。

一戒不忍。为人要终身体认一个忍字。小不忍则乱大谋。岳武穆曰：恩当速报，仇勿须报也。王某当日设法害吾者数次，我一概不计，得收为偏将，救我不死者三。以是纵可知忍人是福也。忍得一分，受用一分。父子不忍，则乖天伦。兄弟不忍，则成吴越。夫妻不忍，则鱼水反目。朋友不忍，则气谊参商。居家不忍，则乖气致戾。世情不忍，则起仇敌。甚而一言不合，戈矛顿起，人命反掌，悔焉莫及。不忍之害大矣。凡我族人，可不慎诸？

一戒简慢师长。师也者，教之以事而喻诸德者也。故师位之尊，比乎君亲。先生之教，同于生成。盖东主设皋比以敬事，犹怕西宾之不尽其心。吾若待以无礼，客望绛帐之住能久设。所谓宾东栖之，□□有所当隆。东□决不能欠。即或学业不进。但书弟子工□之不整，徒咎师教之不严。弟子所不服务，尤当罪坐家长。凡我族人，共当慎之。

一戒不勤职业。职业当勤，士农工商。业虽不同，皆是本职。勤则职业修，惰则职业隳。修则父母妻子仰事俯育有频，惰则资身无策，不免讪笑于乡里。迢玉饥寒交迫，乃作奸犯科，贩毒品、吸鸦片无所不为，无□无耻，全不知非。犹傅之然自以为得计。语云资不足既。谁□鱼行为可□。及身撄法网，伤及妻子，悔何及乎，何君早加猛省。勤□傅、营生□，各业其业，各事其事，与其仰面乞人，何□及求□己。凡我族人，可不惕然。

一戒子弟不告面。凡子弟出外,必禀命于父母者,告面礼也。反必面,妇女出外,必禀命于翁姑,反必面,不许擅自出入。如□故遣,则目中无女□矢,犯尊犯□之端□向于□。凡我族中之为子弟者,所宜切记。

一戒溺爱子女。家有子女,□五六岁时,男令□师□书,颖晤者望其上进,愚鲁者束其身心,只收将来有挑选之虞。□小不教,长大□□,皆为父□贻之也。何不思孔子曰,旁之能勿劳乎。女孩儿即教具□□,再长则教其针业,仍束其骄傲之性。妇主中馈,为母者□须教道,务要早起晚睡,不可令其懒惰。头足修饰,不可令其邋遢。语言谨慎,不可令其□肆。行止端庄,不可令其轻浮。一到夫家,不成材料,不□妇道,□□□辱罚,皆为母□贻之也。子女所□□细。凡我族人之为父母者慎之。

一戒不避嫌疑。居家闺门要严肃。虽中表□戚,务要男女有别。不共食,不亲授。男区位乎外,女区位乎内。启子正家,其闺门未有不肃少也,缑使家贫富不齐,如□耕□桑操井囱之类,势□不免。然男女之别,□□宜严,慎勿闲检□□,以令识乎窃□□我具旁。凡族人所愿兴纳履正冠之,戒共凛焉。

一戒结亲不择门户。结亲惟□门当户对,不可攀高,亦不可就下。司马温公曰:嫁女胜吾家,娶妇不若吾家。二语切记之。女夫儿妇,均要一一访真。如仪容恶疾之类,慎之于适,方能无悔于终。不可以一言之合,□□儿女轻许。至于聘礼妆盒,□□□□□家计大小,不可过费。凡我族人,共当慎之。

一戒妇女出游。妇主中馈,户外之事不闻,女居深闺,门内之则当守。所以登山谒庙,顶□拜礼,而求神□者,此男子之事,非妇女之所当为也。况男女成群,结社念经,不分昼夜□,闺□尤当深戒。如祈福□、夏□伏、冬□几、望云濛、奔□泉。有□容女妇往来搬弄是非者,总非闲家之道,所宜然也。凡我族人,切宜严戒。

一戒称字号。凡子弟出入,见宗族乡党,须必恭必敬。即称呼一节。兄弟人等,止□称行称名。若称字号,乃朋友之称道。我茹氏家□不愿闻也。况宗族称行称名,则卑尊易晓,不得不论。

三、《2005年罗山葛家山葛氏族谱(固本堂)》所载

光绪九年(1883)创修《葛氏宗谱》卷一《谱规》

一　详记载。首书名,次书字号以及官阶,再书妻妾某氏。凡男初娶曰配,

再娶曰继,亡过书妣,现存书配,妾曰室,并书子几、名某,女几、适某姓。若妻妾各有子女,必书某出,使后世无忘所自。无后者书"止",有不书"止"而空阙者,以其子孙远适,必书"外出",以俟查考添入。

一 纪存没。祖宗生卒年月日时至坟墓,必须著某山某向有碑无碑。庶后世子孙有所依据,以无忘其先也。

一 尊祖先。取字命名所关甚大。凡祖先字讳均宜敬避,毋得僭越、雷同。但据《礼经》,五世亲尽则不及。苏氏谱讳自高曾以下,高曾以上则难尽避。凡我族人尚其鉴诸。

一 奖士类。四民之中士居其首,平时奋志萤窗,即异日云程发轫,所赖以光宗耀祖者也。我族自明迄今,诵读为本、科甲相延,正当奖励鼓舞,为国家惜人才,为祖宗绵世泽焉。

一 重宗祧。凡艰于嗣息者,继立必由亲及疏、由多及寡。稽诸国典,先尽同父周亲,次及大功小功缌麻,如胞兄弟仅一子,可照例兼祧。再无可立,方许择立疏房。然必于生父名下,注某子出继某兄弟为嗣,于嗣父名下,注明立某兄弟某子为嗣,令后嗣知所从出,庶宗明而祧亦不失也。设嗣父立后生子,即与嗣子齿序书之。律载立嗣不出本宗,凡外姓子,并随母子,及赘婿之类,皆属异姓乱宗,概不收入矣。

一 正伦常。宗族子弟宜入孝出弟,爱亲敬长,以笃伦常。其有一切横逆不遵家训者,即当先以家法,后以国法惩创。又化始闺门礼严匹配。律载同宗续娶者,徒流同胞,续配者绞决,防民之意周矣。我族素守家规,从无淆乱,倘有渎配一例,生则斥革,没则酌减字样,在夫去(泒)〔派〕,在妇去娶与姓,其于原夫名下有子者亦去娶去姓,仅书一氏字,无子则并去氏字以绝之。

一 阐潜德。人品实行入史志者,自不能没间。有名儒硕德可为楷式,节妇贤媛可为闺范者,尤当列传以赞之,或于本名下略纪数语,庶不湮没无闻,然必公议允协始载,不得徇私妄列,以乱其真。

一 旌节烈。妇人从一而终、守节不失三十年以上,皆得请旌列传,已旌者详载履历,未旌者必于某氏后书守节待□旌,数字以著其实。倘或家贫,有子不能抚以成立,不得已而再醮者,使谱内不载不知子所从出,惟于子名后书母氏某,以示母出庙绝之意。

一 联族姓。凡有播迁远方遽难查录者,则于本名下详注其所迁地里,以便后补。如有随母他适，及出继外姓，与出赘者，均于生父名下注白某子随母至某姓，某子出继某姓，某子出赘某姓，冀其归宗也。

一　端品行。凡我族人，无论士农工商，须守故家遗风，各安正业。毋得窝盗窝赌，致乱家规。其或有务为俳优皂隶，以及充当贱役者，不准入祀，恶其辱及先人也。

一　儆户长。家有户长，犹国有官司。国之曲直不明，官司之过，家之是非不当，户长之责。近有徇情畏势，曲直混淆，公论不立，既坏己心术，又启人是非。语云：生事事生君莫怨，害人人害汝休嗔。天地自然皆有报，远在儿女近在身。为户长者懔之。

一　惩刁蛮。族中势弱之人受人欺侮，不得已投鸣户房，以为公道，出于家庭，庶冤可伸、忿可解矣。无如自恃刁蛮者，以众暴寡，以富压贫，以强凌弱，以智弄愚，凶顽不惩，斯良善难安。我族有蹈此者，户房即当秉公论理，倘不听约束，同众送官惩治。

一　息讼端。凡族中口角，不投鸣户房理论，擅自窃名呈控者，无论曲直，讼费尽归原告。如或执拘，即同递窃名公呈，以为好讼者儆。

一　崇祀典。物本乎天，人本乎祖，报本追远，甚盛典也。但有祀事，必有祀费，储祀费，必置祀田。恐有不肖子孙，妄生觊觎，或指田借押，或任意瓜分，甚至强占祖业，瘠公肥私，是废祖宗之血食也，(傎)〔颠〕孰甚焉！嗣后凡遇此等，从公议处决，不宽宥。

四、《2016 年白居易家谱(新郑卷)》所载

新郑白氏家规

一、祀先　万物本乎天，人本乎祖，故人不可不祭祖。古人于冬至之日祭其始祖；于四孟月朔日祭始祖以下之先人。今俗以正月初三、清明日、七月十五日、十月一日设祭于墓，亦四时致祭之遗意也。凡讲究祭祀之家，未有不兴旺者。若有祠堂可行古礼，至祭墓之时仍从俗情；若无祠堂从俗情，兼行古礼亦可。至祭之日，祭物必量其力，能从丰则丰，不能则俭，但不可太俭；又于祭时必提浆水，古人谓之清涤，又曰玄酒。祭者必诚必敬，如见如闻，先人方能来享，不可轻忽简率，涉于亵渎。

二、敬神　神者人之所赖以庇佑者也，无论何人各有本分当敬之神，慢神则

自慢矣。自慢者必获罪于天。我族乃士庶之家,惟先祖为应祭之神。若读者敬圣人,耕者敬社神,亦报本之意。其他不敢妄渎,虽然亦不可亵慢,不过临时偶祭;若仙若佛不可常祭,亦不可设祭于室,致涉淫祀之诮。

三、孝友 一家之中父母本也,兄弟亦本也。如木然,欲木之茂盛,必先于根本上勤加灌溉培护,则枝叶花果方能繁盛,不然则否。曾文正公云:孝友为家庭之祥瑞。凡所谓因果报应,他事或不尽验,独孝友则立获吉庆,反是则立获殃祸,无不验者。又云:人生有三者足以致祥,孝致祥、勤致祥、恕致祥。又云:家和则福自生。若一家之中,兄有言弟无不从,弟有请兄无不应,和气蒸蒸而家不兴者未之有也,反是而不败者亦未之有也,可加之意矣。

四、睦族 族者乃我先祖一人之分体也,亦同气连枝者也,盛则俱盛,衰则俱衰,可不相亲爱乎?可不相保护乎?可不相劝勉警诫乎?今人情浇薄,一家之中竟分尔我,同族之人视若仇敌,愚矣哉!亦有可亲而不亲,不可亲而反亲者,更属悖谬。我白氏族众,素相和睦自来已久,此后宜相敦厚亲敬,不可漠不相关,有如路人。若有才德者宜知敬重,若有不守本分者宜加劝诫,必思为先人增光,必思为后人做样,方有以对我先祖。

五、和邻 俗云:族人不和邻人欺,邻人不和外人欺,善哉斯言。凡属邻人,互相依赖,必不可妄生嫌疑,致开衅端;世有争竞毫末而致大损财产者,皆由于不明此理之故;凡事莫善于让,不可侵占地界,不可夺取物件,不可逞自己小儿,不可占他人便宜;若有不守分之人,亦宜共相诫谕,令其改过。必也,入出相友,守望相助,有善相劝,有过相规,此道也,此意也。由一村而一乡,由一乡而一县,而后我一族一家之中,方可高枕无忧矣。

六、守分 人生各有当守之分,本分各有应尽之道,守分者似大愚,其实大智;不守分者似聪明,其实糊涂。我族乃士庶之家,无大富大贵者,素以读耕为业,勤俭为本,不可妄谋非分之财,不可妄想非分之福,不可妄为非分之事,不可妄交非分之人,不过安我耕读守此勤俭而已;虽近清淡而福即在于此,耕者多勤粪土,不辞劳瘁,为守耕者之分;读者能晓礼义,知爱国家,为守读者之分;若有为工者能为良工,为商者能守忠信,均可起家。方今盗贼滋多,皆由于不守本分,习染成风,不至于灭绝不止,若能共知守分,立见太平矣。

七、教子 古人云:大善莫如孝,至孝惟教子,名言也。世人莫不望其子兴家,而不早为之教。欲其兴家能乎?然知教子者亦多不明教子之理,教如不教也。必也,教之孝亲敬长,教之爱人慈物,平日养其天良,长大方为正人,而后可以立身,而后可以兴家,也不可令其乖戾,不可令其傲慢,不可令其打骂,不可令其残刻;庶几,他日有可望乎?此中有天道焉,不可测也。古人有云:儿孙心上影,天道暗中灯。又云:棍头出孝子,娇养忤逆郎。均至言也。

八、教女　司马文正公云:教子婴孩即教女亦然,然世人知教子而不知教女,非教之偏,古来相传教女之书甚少,故亦多忽略莫为之计也;殊不知为女之时少,为妇为母之时多,不知所以为女其何以为妇为母哉!常言三从四德而不知其义,非为父母者之过乎?我家之妇,望其贤孝,人情不亦如是乎?故女子在家宜当时时教训,使习勤习俭学孝学慈,将来习惯成自然矣。在家谓之贤女,及嫁谓之贤妇,及老谓之贤母,两家不皆有光乎?设妇女不幸而夫早亡,理应节守,如青春年少无子女者,不能终节,当以尽节为美,如是者族长族正得设法请旌表,以示节义而励贞操。遇有情境可怜者,本父母家可以收养令其终身,或族长族正酌取族中公项帮同养赡,亦族人应尽之义务也。

九、(柝)〔析〕箸　石天基云:天伦和睦团聚就是福,此言是也;众志成城同心断金,安可轻言(柝)〔析〕箸乎?凡兴旺之家,虽人众必一心,凡事易于成功甚善。但家运不皆如此,人心虽属难齐。今有数端试言之,若家有不安分之人劝戒不听,久必受累,此可分者一;人心懈怠不务正业,此可分者二;各积私财不管公产,此可分者三;内外不和各相仇恨,此可分者四;产薄人众生计不足,不如早分各谋生理,此可分者五;家福人众难以料理,不如早分易于安排,此可分者六。六端有一而不肯分,家道必亏。但分(柝)〔析〕时,宜斟酌公平,不可相争。古人云:吃亏不亏,宜知此理。

十、治家　朱子云:居家有四本,读书起家之本,勤俭治家之本,和顺齐家之本,循理保家之本。曾文正公云:居家有四败,兄弟不和者败,子弟骄惰者败,妇女奢淫者败,侮师慢客者败。既知其所由兴,又知所由败,可以治家矣;不可妄耕读之业,不可乖骨肉之情,(比)〔不〕可取不义之财,不可为分外之事。俗云:一不积财,二不结怨,坐而安然,睡也安然。当今世风漓日,不可不一猛省。

以上十规,族人后世,其各守之。

（选自新郑白氏方城支谱 1924 年稿）

第二节　新谱所载传统家训

有一部分新谱所载家训虽有部分内容有所更新，但从形式上来看，仍是继承不变的传统家训，我们辑录了具有代表性的十部新谱所载此类传统家训。

一、《1962 年民权王氏族谱》所载

家规十二则

一　敦孝行

夫孝乃百行之首，天之经也，地之义也。先王之至德要道，可以齐邦国、感天地、动万物者也。故上自天子、下及庶民，无当孝大而扬名显亲。固孝也，即竭力耕田、牵车服贾，亦无非孝也。今与族人约：凡事父母者，居必尽其敬，养必得其欢，病必百其医，祭必尚其严，然后谓之事亲。不然，豺獭犹知报本，（可）〔何〕以人而反出其下乎？昔桓公葵丘之会，初命有曰：诛不孝良，以孝为百行之首也。谁无父母，可不勉与！

二　笃友爱

兄弟者，分形连气之人。幼之时，食则同案，夜则连床。凡出入起居，不忍顷刻稍离，其天性然也。及其壮也，各妻其妻，各子其子，而爱不如初，甚者一室操戈、自相鱼肉。至于（欣）〔幸〕灾乐祸、潜谋暗害，往往都有，此识者鄙之。斯于之诗曰：戚戚兄弟，莫远具迩。盖言人有兄弟，犹身之有手足也。手足之捍卫头目，不言而喻，若阻隔不相连属，则痿痹不仁矣，岂复望其捍卫哉！凡为兄弟者，慎之思之！

三　重族谊

每见一堂之上，始为父子，阅世而祖与孙矣，又阅世而高曾与曾玄矣。至五世之外，则服尽而族人矣。彼不肖之流，倚其势力，恃其才辨，凌铄尊长，侮慢族姓，在己深为得志，殊不知支分派远，虽贤愚不等、贫富不齐，而究其先，则皆一父之子、同条而共干者也。若使孝友亲睦之谊衰，岂周礼大司徒以三物教万民之至意哉！况我族累世忠厚，必须长幼有序、尊卑有等，而出入周旋之间，聚会献酬之际，恂恂乎孺子，庄庄乎吉人，以无负先人之旧范可也！

四　睦邻里

古者方里而井，中公外私，八家聚处，出入相友，守望相助，疾病相扶持，死

徒无出乡,是先王于画井分(彊)〔疆〕之中,而阴寓夫化民善俗之道焉。今则井田久变为阡陌矣,其所比屋而居者,非我族属即我姻娅也。迩来风俗浇薄,世不古处,往往乘其跃治之性,鼓其暴戾之形,目空一切,盛气凌人,每以鼠牙雀角之小忿,遂成吴越参商之世仇,独不思生于斯长于斯集族于斯,而必为之集恨,不解亦何为哉。凡我族人,宜平心以应物,使机械变诈之习浅消,恭敬以自持,俾鄙倍暴慢之气悉化,则四海之内皆兄弟也,矧近而邻里乡党乎!石奋之责,内史良有以也!

五　训嗣胤

人生而成才者少数,而后贤者多,中养不中,才养不才,故人所以乐有贤父兄也。夫人生所习之业,无如耕读二大端。自世风以不古,习俗愈偷,读者假斯文为招牌,耕者诿拮据为劳瘁,父兄听其怠惰,不加督责,迨至学业不成,仓箱无望,则曰:此豚犬儿耳,此痴骏子耳,岂尽人之无良哉!抑父兄之教不严,子弟之率不谨,以致此也。我族人当各因子弟之质,或读或耕,使读者无冒虚名,耕者须勤四体,家有令子弟矣!

六　急正供

庸租调三者从古皆然,此治人治于人之通义也。况今者设兵卫民,而兵饷实出自民间,原非苛征可比。四月完半,九月全完,部限颁示煌煌,为小民者正谊急公完纳奉令,恐后何无知之,单每乐迟延,以致追呼临门,咆哮需索,甚则解赴公庭,不惟身受敲扑,且难逃刁抗掩久之罪,醇良之民岂若是乎!今后米多而家富者,输纳宜浮限外;米少而家贫者,勉力如期交完。公事早竣则鸡犬无惊,我得高枕而卧矣,何快如之!

七　端士习

人从事于圣贤之途,必先器识而后文艺,苟器识不弘,虽吐咳珠玑,才等倚马,终为鲁莽气象,于圣贤道理不合,惟矢志以明道,自期立心,以忠信为主,行己端庄,任事果断,奸声不入于耳,乱色不蔽于目,惰慢邪僻之气不设于身体,务使行可法、言可则,动容周旋罔或谬戾,如此者可为士矣。否则,轻浮浅陋,终非载道之器,决无有成之理。

八　勤农桑

自后稷教稼穑而粒食攸赖,西陵课蚕桑而服制始兴。故孟子对文公有曰:民事不可缓也。夫民事之大者,莫逾衣食,衣食足而民生遂,然后礼义因之以生。苟饔飧不给，筐篚无资，饥寒耳不免，况礼义哉。惟百亩之田，可食九人，则为上农夫矣；遵彼微行，爰求柔桑，则克娴妇职矣。男勤于耕，可获茨梁之利；女勤于织，可勉蓝缕之嗟。我族聚居脊土，艰于聊生，倘耽佚游，其何以仰事而俯畜乎。豳风七月之什，唐诗蟋蟀之章，其可忽乎哉！

九　惩赌博

昔陶士行刺广州时，尝语人曰：大禹惜寸阴，我辈当惜分阴，岂可逸游自弃，生无益于时，死无闻于后乎。诸参佐有博弈废事者，命取其具而投之于江。曰樗蒲，牧猪奴戏耳，士君子所不屑也。盖以人生世上，士农工商各务一业，不可优游债事，每见今之恶少，借此（暗）〔赌〕博之场，托为聊生之地，怠至倾家荡产，上辱先人，下累妻奴，一朝无赖之极，大而干名犯分，小而鼠窃狗偷，凡丧廉寡耻之事，无所不为，推其由，皆贪念所使也。凡我族人，宜戒之戒之！有一于此，送至公庭惩以极刑。

十　息争讼

鲁仲连有曰：所贵乎天下士者，为人排难解纷，而义无所取也。连诚高士哉！夫人生同方共里，非亲则邻，或因田产细故，或因口角偶伤，其情其理，为事为非，不共戴天之仇，奚必质之公庭，而后快哉。近有健讼之流，鼓雌黄之舌，擅霹雳之手，从中妄架雪桥，虚捏罪过，只图囊润己，不顾卖女鬻男，可怜穷年累月，以致产业几尽，不能终讼，一经审断，玉石随分，重则处以极刑，轻则不免笞杖，一胜一负，两家俱破。若是，则斯人之罪也，愧仲连多矣！

十一　禁入公门

尝思人之安身立命，孝弟立田者为上，诵读诗书者次之，若贸易负贩往来经商者又其次也。故我族虽处瘠土，而仍必勤力于耕稼，奋志于芸窗，夫岂好为是劳哉，盖欲上体祖训，思振箕裘者也。今不肖之徒，好逸恶劳，不务实业，托足于衙门之地而时受敲扑，闻身厕胥徒之班而狐假虎威，或舞文弄法频干宪典，或欺公诈害自罹大法，势必牵连族党，殃及亲故。迨其后则流落城市，赌博营生，男女杂处，声丕著甚，则通都大市，则擢白翦绺，暮夜幽僻，则为盗作奸，种种下流之事，又何惮而不为哉！独不思公门之利最所难图，无论未必有利，纵万一有利，则随得而随失之矣。传曰：货悖而入者，亦悖而出，岂能世世长守而长保哉！若有此辈，先督责父兄，次归咎家长，速同户分立，革其名，家声不坠矣！

十二　戒演戏

先民有言曰：勤有功，戏无益。何为勤？朝乾夕惕之谓也。何为有功？事亲保家之谓也。盖人生天地间,竭力耕田以供子职,衣食既足,礼义自兴,由是而明人伦,由是而识尊卑,由是而出孝入弟,问寝视膳,雇帷效顺,蔼蔼融融,以乐天真,为人之道莫大乎是。有贱丈夫焉,耽好懒惰,喜遂队以随群,贪食乐饮,即弃亲而弗顾,但见三五成群,言皆齐东野人之语,遂尔引类呼朋,行尽卑污下贱之为。时而粉面殊唇,搬演戏文;时而携琴挟板,沿门卖唱。音本期叠,自以为阳春白雪;声非金石,妄拟夫遏云绕梁。最可恨者,双亲无恙公然披麻戴孝,父母讣至仍复喜笑台。呼嗟!甘作浮萍浪子,不思罔极之深恩;忍为天地罪人,靡念先代基业。有至若斯,实同犬彘,当急赴先祠,鸣鼓而攻,送公究处,以为忘亲不孝者戒!

二、《1993 年淮阳县老段寨段氏族谱》所载

家训

家训者,所以挈一族之人而尽归良善也。

古圣贤垂教立言,班班典籍。凡所以准人情而厚风俗者,至明且切矣。兹族谱既成,特拟家训数则,另列谱首。词不必精深,惟求人人易知而易行。凡我族众,各宜致意安常,力业操勤,谨于当躬,正己修身,树仪型于后裔,庶子弟之景行,维贤于焉,光辉族党矣。

敦孝悌

孝悌者,百行之愿也。孩提知爱,本诸良能;稍长知敬,原于善性。何以狃于时俗,顿失初心,为子弟者不知孝道,亦当体父母生我之恩劳;不知悌者,当思长上待我之友爱。诚能服劳竭力奉养,无违隅坐,徐行恭让而不懈,则一门之内,和顺雍容,孝悌敦,而人伦斯重矣。

睦宗族

自古乡井出入相友,守望相助,疾病相扶。异姓尚敦亲睦,同族岂可漠而不顾耶?务视如一体,痌痒相关,庆吊必互往来,缓急必互通义。鳏寡孤独,必为哀矜;困苦颠连,必须照顾。能与祖宗济一子孙,即能与祖宗免一日忧虑。若各族身家,视同宗如秦越,甚而每因琐事,辄起纷争,则积怨日深,岂不视如仇敌者,几希矣!书曰:"以亲九族,尚其念之。"

力业本

士农工商,均有常业,所贵恒心,自励而各勤其业耳。盖因人各有一定之胜

倡,不拘所肆何业？即随在可以自致,立收其效。若既居于此,又慕乎彼,则此心一纵,遂不免？忽共业矣。无何身入他歧,依然故我,业精于勤荒于嬉。事虽勤于始,尤贵励乎终。皇天不负苦心人,尚须自勉之!

慎交友

交结之际,不可不慎。正人入室,言善语,行正事。小辈趋进,话歪词,以邪辟。语云:"学好千日不足,学歹片刻有余。"丽泽求益,尚慎旃哉!

和兄弟

兄弟之间,原称手足。言人之有兄有弟,方为手足俱全也。今人有见识浅狭者,或因兄弟多于我,或因食口多于我,加以妇言唆拨,遂日思析箸而各炊。甚而每因小事,入室操戈,同气参商。外人因而构害,拆篱放犬之弊可胜道哉。昔有张公艺九代同居,江洲陈氏七百口共食,均为楷模,何弗思之？

训子弟

凡子弟无论智愚贤否,均当以读书为上。即或赋质不济,亦须为之谋成,立慎择术,以为久远之计。断不可溺爱姑息,听其放荡。善人惟年幼,每令人怜其偶有过失,恒以无知恕之,不知中人之性,成败无常,若不预加防微,则骄奢淫逸,鲜有不为俗所染者。甚而鲜廉寡耻,无所不为,岂不为父、祖之羞乎？须知水随器为方圆,影视形为曲直。有父兄之责者,万不可疏乎。

又,教子读书,须惜光阴,若有迟延,悔之晚矣。幼则嗜欲未萌,心无旁骛,际此一片灵机,加以严师之提命,启其颖悟,收其荡心,则成童之年,自可判其优劣之性。顽子切勿委以家道艰难荒误子弟而不教。凡我族人,共体此意。

尚勤俭

勤俭乃居家之本。勤招财,勤蓄财,千古常理。常见好闲之辈,似乎随性天成,稍获盈余,即喜丰而好盛。不思一时侈欲,转而囊空,悔之何及？故不勤不得以成家,不俭亦不可以守家也。冠婚丧祭,称家有无衣食,人情随分自适。与其奢情而终嗟不足,何若勤俭而常欣有余。为祖宗惜往日之勤劳,为子孙计将来之生业。语云:"一勤天下无难事。"又曰:"有钱不可使尽。"愿后人敬而听之!

戒争讼

居家戒争讼。凡是非之来,退一步,让三分,自然少事。盖以汝既有包容之度,彼必生愧悔之心。若因微逞强,终难免两败俱伤。纵然侥幸得胜,而积怨已深矣！圣语云："小不忍则乱大谋。"其试思之。

遵法律

国法律条，以惩愚顽。凡酗酒赌博，奸淫掠盗，及一切不法之事，示谕煌煌，极为严肃。若无视国法，一意孤行，终难免身陷囹圄。爰书不宥，上辱父母，下累妻孥，乡论不齿，万人唾弃，终何益哉？纵不明法律之严，亦当知身命为重，与其追悔于事后，何若远虑于事前。

禁非为

人生斯世须趋正道，始为正人。乃有一等丑类，学习异端，包抡包牵，外逞豪强，心怀狡诈，每每恃能挟制，藉经刁唆，坏名分而不辞，犯王法而不顾。此等败行，大辱宗亲。凡我族人，均宜惕戒，毋游手好闲，而失本业；毋博弈酗酒，以废居渚；毋身陷不法，以自罹于刑章；毋恣意胡行，而见憎于乡党。要修其身，安其分，勤其业。

家训十则，意殷意切，词简情深，所愿吾族人众，常以履（簿）〔薄〕冰、临深渊而共相规戒者也。夫齐家之道，端在修身。凡我族人，各宜悉遵！

三、《1994 年三槐堂（新密市王沟村）王氏家谱》所载

王氏祖训格言

一曰孝。哀哀父母，生我（够）〔劬〕劳，至于三年，方勉怀抱。昊天罔极，恩莫大焉，何忍忘也？尚其言孝思哉！

一曰慈。孩提之童，无知无识，幼而不教，长而无成，致伤老大。敢云爱之不劳乎？尚其止于慈哉！

一曰友。凡今之人，莫如兄弟，能（阋）〔阋〕于墙，外御其侮，情同手足，式相好也，勿相尤矣。尚其念友于哉！

一曰恭。谓他人昆，于以莫我，闻诸兄之言，亦可畏也。我有旨酒，庸敬在兄，同胞之情，何可伤也？尚其念恭厥哉！

一曰孰本。凡我同宗，散居各方，须要率其子弟，春秋修其祖庙，序昭序穆，讲明支派源流，克尽孰本之诚。

一曰睦族。凡我同姓，虽千枝万派，其始实出于一本也。间有离心离德，视族人如路人者，苟一反而视之，其亲爱之心自不能已。故岁时伏腊，冠婚丧祭，必笃睦族之礼。

一曰正名分。凡宗(於)〔族〕之中,尊卑大小自有定分,不可紊也。或有以富贵而骄贫(溅)〔贱〕,以贫(溅)〔贱〕而谄富贵,致使卑踰尊,小加大者有之甚,且彼此相戏谑,相詈骂,伤败人伦,倒置名分,莫此为甚,切宜戒之。

一曰谨承嗣。积善之家,瓜瓞绵绵,此理固然。而不爽或不幸而得,偶有乏嗣者,凡属高曾一脉,由近及远,皆可取以相承继,不可以异姓为后也。盖异之子,非我高曾一脉,所传气息,两不相合,似不可列入宗谱内,为其勤劳。我王姓有祜,祖植三槐,遗风王氏也。酌宜应行另著一册附记于后。

一曰读诗书。自古及今,光前裕后,显身扬名者皆自读书中来。书固不可不读,尤不可一日不读,总是读书,在乎有志,切忘事竟成。一言读书,在乎反己,必须念毋自欺三字。

一曰耕田。天下最苦者耕,最乐者亦耕,苟不以为苦,勤劳既久,自有蓄积,苦中未尝不乐。语云:田连阡陌,不知如粪。多勤,此农家之上策也。

一曰早完粮。种地纳粮,自古为然。每欠粮者,家可破,身可亡,而粮终不欠,奈何不思急公?

一曰勿教戏。梨园子弟,昉自开元二年,天宝之乱实自此始,帝王之家尚致危亡,为后人非笑,况士庶乎?凡我子孙,切勿教戏。

一曰慎结亲。婚姻,子女之大事也。固要择门户相当,亦要求意气相投。至其家道人品,尤不可如如忽某某为。虽悍之族,不知礼义,不近人情,切勿与为婚。

一戒奢华。服食品用,侈靡无节,败家之阶也。愿我子孙不以服饰为荣,不以肥甘为乐,不妄费,可过用,庭无贫乏之虞。

一戒流荡嫖赌。(泅)〔酗〕酒流荡,忘反倾家之路也。愿我子孙不游花柳巷,不走赌博场,不作醉客,不发酒狂,庶免下流之归。

四、《2003 年商水县叶氏族谱邓城邵逸公系》所载

邓城叶氏家训五条

敬祖宗　祖宗身所自出,不尽诚敬是谓忘本。凡四时祭祀,务要必诚必恭,以尽子孙报本情。亦宜循分称职,以无越庶人之分。至于岁时伏腊,荐新昭告,无不斋尔神,祓尔虑,折无怨,恫而后已。若后人浩侪修行,上则驰驱社稷,下以光大家声,此又尊祖敬宗之大者。凡我子孙,共体此意以毋忘。

教子孙　凡人子孙，谁不愿其贤良方正。乃或溺于宽爱，昧于大体，或吝其禀气，不延严师，是以入于庸流，礼义不知，伦理不识，将来干犯国法玷辱祖先，虽子弟不材，实咎在父兄也。凡有子孙者，当其幼时，宜就师傅。收其于心，端其学习，使质材有成，大可为国家器使，小亦不失为明世良善。若果顽梗不类，教而不善者，即鸣众送官，务必痛惩自新，毋任毋纵。掩耳不举，既误子弟，亦坠家声，非尽教之道也。

睦宗族　合祭一庙之谓宗，共系一氏之谓族。支派虽繁，源本则一。苟不敦睦，是忘本昧源矣。凡子孙者，当顾名守分，心宜平恕，事贵含忍。不可因小忿而伤同气，不可因小利而灭大义。贵不恃势加乎贱，富不矜财凌以贫。如此则本源之乖，友爱之情弥笃，宗支椒衍，长发其祥也。

勤事业　尝谓士农工商各专一业，读者朝惜寸阴，夜勤青灯求为名士；耕者早作晚息，不辞劳苦求为上农。稍值穷途，必须义命自安，不得越分而行非礼不法之事。观世之自买刑宪，玷祖辱宗，皆好逸恶劳所致，亦由家法不严隐纵者之责也。如有不肖子孙，不事生业，家长严加稽宗，痛加惩治，以儆将来。

崇俭朴　古语云："一粥一饭，当思来之不易；半丝半缕，恒念物力维艰。"冠婚丧祭祀，切戒奢侈，应遵俭约习俗之。本大节固不可废，而丰俭当不失宜。丧祭循士庶之分，冠婚守当今之制。娶必择淑女，(频)〔苹〕蘩有托；嫁必选才郎，门楣无忝。庶门多孝，行敬承之善而鲜忤递反目之愆。至于衣服饮食居室，尤宜循份量力，毋得过后纵恣，以暴殄天物。

五、《2004 年鄢陵县岗底张张姓宗谱》所载

张氏族规

国法彰而后黎庶无玩志，家规肃而后子弟有惮心，是故齐家与治国分不同而理一也。我族自明初隶籍于斯，子姓繁衍，虽多俊秀，亦间有愚顽，倘父兄之教不先，斯子弟之率不谨。惟标准既立，则观法有由，爰撮十数条开列于左，期我族人共相劝勉，其亦防微杜渐之意也乎。笃忠贞：民生于三，而君成之，士既邀思遴选，当思循良报效，即身为(遮)〔庶〕民，亦宜早完国课，踊跃赴公，毋于法纪。

孝父母。生我劬劳，昊天罔极，人子朝夕奉养无违，犹难酬于万一，况不孝不敬，罔识身从何来乎？族中倘有无知不顾天伦者，各房内必先严惩，如怙终不

(唆)〔悛〕,公同禀究。

睦兄弟。同胞之爱如手如足,倘因一时嫌隙,遂尔骨肉参商,甚至争(论)讼不休,仇雠相视,是以小忿而废懿亲,惟士林所不齿,亦宗族共含羞也。凡我族人,期敦式好之欢,不忘葛叫之庇。

敦唱随。闺门和顺,致祥之由,否则维家之索,故型于之化,篇什会昭垂。倘妇不顺翁姑,不和妯娌,本夫急宜严试,或斥归母家,俟其悔悟。如母家不明大义,反纵与本夫为难者,族长公惩悍妇。抑或有本夫纵容者,族长公罚本夫。

全恩爱。无父何怙,无母何恃,故续娶后妻多为抚育前妻子女计也。近有悍妇刻苦前妻子女,致伤天性之恩。族内有续弦者,本规宜委曲开导,使母尽母道,恩斯勤斯,子亦尽子道,起敬起孝,庶慈母顺子,一门衍庆义也,而恩全矣。

修坟墓。神在室堂,形归窀穸,故祖宗坟墓无论远近,每岁清明挂扫,必须剪除荆棘,或有崩塌之处,急宜培补,毋使枯骨暴露,惨目伤心,至七月中元焚包荐新,又一报本追远之道意耳。古人称挂山记处,烧包记名,良有以也。

勤生理。居家之法,耕种为先,其次工商末艺,亦足起家,必远虑深谋,庶可！似仰事俯畜。倘不务生理,闲游赌博,势必流为无赖。及至一败涂地,岁月蹉跎,悔无及矣。故凡有:父兄之责者,切不可任子弟日荒于嬉,毫无职业。

崇礼义。书曰:"既富方谷。"又曰:"资富能训。"盖以养与教两相因也。族内有优秀子弟,固宜乐栽培,即盗禀椎鲁者,亦必从师教训,令其识字明理,彬彬有儒雅风。古人称读而不耕,则衣食不足;耕而不读,则理义莫兴。尚徒务封殖,不事诗书,是深为识者所鄙也。

恤贫困。鳏寡孤独四者至穷,情殊可悯。如族内贫困不给者,须分多润寡,以救其生,事变猝成,又须竭力扶持,以解其仓。倘徒坐拥赢饮,秦越相视,比之朋友通财之谊,且不如矣,合族其共知,相维相系,庶太和这气可坐待也。

安己分。富贵贫贱教定于天,倘不安分守己,借端滋事,以及酗酒逞凶,恃强凌弱,肆行无忌者,族众先以家法治之,俾知改过自新。如仍蹈故辙,共同禀究,决莫徇私,致滋后累。

彰公道。于中之事责归户首,遇有事投称,不论贫富,不论亲疏,不可挟私嫌而藉以报复,不可图利而颠倒是非,务宜查实再三,平情劝谕,自然解散。一有偏袒,自然不服,闹到公庭,浪费家资,两败俱伤,是彼此皆为我所害矣。倘二比,日后和睦,必以今日之是非尽归我一人之播弄,其怨我何报,有不暗寻事故报复于我者乎？故彰，公道不独有益于族人，并可免害于自己。

敦俭仆。冠婚丧祭，称家有无，故用费必须(的)〔酌〕量。若务为奢华，以壮观瞻，恐相沿为习，必不惜物力维艰。盖由俭入奢易，由奢入俭难，惟量入以为出焉，则财恒足矣。

崇节孝。忠臣不事两主，烈女不更二夫，故族内有力能守节、冰洁自持、兼以上事翁姑，(不)〔下〕抚孙子，以继丈夫志，以为宗族光，房族必须禀请注坊，以彰节孝。家计贫寒，合族亦宜捐金帮助，庶潜德无不发之光矣。

六、《2011 年登封市郜氏宗志》所载

郜氏祖训

传家两字曰：读与耕；兴家两字曰：勤与俭；安家两字曰：忍与让；妨〔家〕两字曰：淫与暴；亡家两字曰：奸与盗。

休存猜忌之心，休听离间之语，休做生分之事，休传公共之利。吃紧在各求尽分，且要在潜消无形。子孙不患少而患不才。产业不患贫而患喜张。门户不患衰而患无志。交游不患寒而患从邪。不肖子孙，眼底无几句诗书，胸无一段道理。神昏如醉，体懈如瘫，意纵如狂，形卑如丐，败祖宗成业，辱父母家声。乡党为之羞，妻子为之泣，岂论功业乎？

七、《2015 年内黄县城关镇赵庄冉氏家谱》所载

族规十则

一　敦孝悌

孔子曰："孝悌也者，其为人也之本欤。"孟子曰："尧舜之道，孝悌而已矣。"又曰："孩提之童，无不知其亲也，及其长也，无不爱其兄也。"可见圣人教人之重孝悌也，人而不孝悌，何异禽兽。然禽兽之中尤有乌反哺、羊跪乳，鹡鸰在原，兄弟急难，岂以人而反禽兽之不若？虽曰："天性之薄，然，不孝未有不由于私，妻子不悌未有不由于重货财。"罗隐诗："岂无原道思亲泪，不及高堂念子心。"江右何工诗："只缘花底莺声巧，遂使天涯雁影分。"三复二公之诗，亦可猛省回头矣！

二　睦宗族

同族贵亲爱和睦。礼曰：尊祖则敬宗，敬宗则收族，明人道必以睦族为重也。陶渊明云："同源分流，人易世疏，慷焉寤叹，念兹厥初。"范文正公云："族众

与吾固有亲疏,自祖宗视之,则均是子孙,固无亲疏。”人果能以祖宗之念为念,则自知族之当睦矣。

三 崇报本

何谓之本?宗祠、坟墓、家谱三者是也。古者大夫始可立庙,然以人类之繁,岂能尽致通显。故后世庶人皆立祠堂。祠堂者,祖宗在天之灵实式凭之,虽有不存,岂可忘怀。坟墓,先人体魄所藏,不仅祖父之近,递年清明祭扫坟墓以寄哀思。即高曾以上诸列祖,亦须勘明地址,妥善维护,躬亲拜奠。至于谱牒,所以序世次,分支派,明尊卑也。当妥为保管收藏,宜三十年一修。若能于岁首祭祖之时,将宗规家训宣读一遍,俾贤者知所敬,不肖者知所戒,其裨益子孙非浅鲜矣。

四 宜勤俭

有曰:“民生在勤,勤则不匮。”四民之中,治生不同:“出作入息,农之治生也;居肆成事,工之治生也;贸迁有无,商之治生也;焚膏继晷,士之治生也。”皆非玩忽时日、勤始怠终者所能从事也。俭为美德,何以言之?俭积少而成多,俭不致临渴而掘井。人果能啬身自奉,不肯浪费,即家道不丰,而生养死葬,称家道有无,皆堪自给。故人必克勤克俭,可以立身,可以保世,而滋大其勉之哉。

五 慎争讼

盖争讼则有百害而无一利,息讼便可和睦而享太平。同族中切勿因睚眦小嫌致起争端,彼此互讼贻笑闾里。即有事不公,当请阖族调处,各自忍耐,决不可讼。况赢固吾族,输非他姓,何苦以一门骨肉自相噬哜乎?倘与外人争诉,事情重大万不得已者,可垂询或聘请律师依情付之公断,若闲气小忿,亦宜委曲含容归于和好。不可听讼师党棍教唆,须要自作主张,以免财被人得,祸由己当。此所宜慎之又慎者也。

六 戒赌博

事之无益而有害者,莫如赌博。地方无赖之辈往往设局欺骗,而子弟年少无知被引诱入局。轻则典质衣物,重则破产荡家。不顾妻子,不顾父母,声名决裂,不耻于人。迨至迷不知返山穷水尽,弱而愚者则流为乞丐,强而猾者则归于盗窃。招祸速衅,无不由此,所宜深戒。

七 务民义

执无鬼之论者,僻惑巫觋之说者,信守“孝悌忠信、礼义廉耻”者,此人之所当务也。古大夫祭乎五祀、士庶祭乎其先,明乎鬼神不可冒渎也。尚鬼神之人,每有疾病不求医药,惟卜卦求神纷纷祷祝,以致误人性命者十之七八。其情可悯,其愚可笑,族人不可过于迷信也。

八　重修德

《庄子·天下》曰:“以天为宗,以德为本。”《尚书》云:“惟德惟义,时乃大训。不由古训,于何其训。”是故《礼记·大学》有云:“齐其家在修其德”,“身不修不可以齐其家”。圣哲雅训实乃金玉良言,阖族上下务必遵之行之。倘能谨德谨于至微之事,德厚业进可望而可即也,何患族人流于卑污、坏于品行、丧于心术,而致国法不容、乡党不齿者也。

九　教子弟

父母无不知教训子孙者。惟其所以教,与子孙之成立者,常相反也。盖子孙之成立以勤,而父母怜之以惰;子孙之成立以俭,而父母导之以奢;子孙之成立以安,而父母遗之以危;子孙之成立以约,而父母任之以放;子孙之成立以正,而父母驱之以邪。是知教而不知所以为教也。教子孙无先于择端悫师友而读,明先哲宏规、良师嘉训,进而博学多识、学有所成;重而要者孝悌忠信礼义廉耻八件,务须逐日教诲、反复警醒、令其遵而行之。若此,他日做官必为廉吏,或为农、为工、为商亦不失为淳谨君子。

十　讲卫生

《吕氏春秋》曰:“圣人深虑天下,莫贵于生。”圣贤何其“重人贵生”而“卫全其生”耶?唯“重人贵生”又“野蛮其体魄”而“卫全其生”者,乃于国之强盛、家之幸福、己之康寿功莫大焉。今吾族人之于“卫生”当何为?惟恒久坚持“合理膳食、适量运动、戒烟限酒、心理平衡”之健康文明生活方式而行之是也。

家训四戒

一　勿饮过量之酒

酒不可过量,冠婚、丧祭、庆生、贺表、立约、定盟,非酒不举,但人之饮酒,不可不酌其量,苟非酌其量而饮,多致内丧厥德,外失其仪;究竟不顾尊卑长幼,亲疏朋友,以酒盖面,犯乱欺凌,俱不危焉。古人云:戒尔勿嗜酒,狂药非佳味,能移谨厚性,化为凶险类。孔子曰:惟酒无量不及乱,故饮酒者,必不可过其量也。

二　勿犯非礼之色

男女居室,人之大伦,虽然闺房之乐,仍然有节,可谓静好。又何以见仙人之色，而起淫心乎，千方计诱，不顾非礼，十目所视，十手所指，乡党宗族，何所容恕。故非礼色，断不可不深戒也。

三　勿贪分外之财

养命之源莫过于财，财必人生之所急需，而不可一日无者也。虽然分内之财适所当取，分外之财取之则苟使苟焉，取之未得而害已，随既得而害已速矣，盖被其取者日夜不甘，即不被其取者亦日群相责也。古人云：利不苟贪，终祸少财，能思义得安康。又曰：君子爱财，取之有道。此训当铭刻于心，不可须臾忘怀者也。

四　勿尚小勇之气

纲常大义，有勇斯济，勇岂可少。然而，血气之勇，不可有；理义之勇，不可无。苟不本乎理义，而专尚血气，则血气之所使动多见阻，虽欲强为而理屈，气馁终莫能振矣。况人以勇为尚，必遇其敌，受其欺者，必思图其报。然则血气之勇，何可悻悻然为之耶。

右之《族规十则》《家训四戒》，乃辑之于古、采之于今、或增或删编而成之，诚愿族人谨遵谨行。若此，其于吾族善莫大焉。

八、《2016 年宝丰均宝李氏族谱》所载

李氏家训

敬祖宗　物本乎天，人本乎祖。子孙之身，祖宗之所遗也。尤木有根无根则枯，如水有源无源则涸。子孙永世得享，承国乐利之泽，祖宗积庆之所致也。不敬祖宗则忘本，忘本则枝叶不昌。故岁时祭祀，晨昏香火，必敬必恭，无厥无慢。至于立身修德，无忝所生，此尤敬祖宗之大本大原。凡我族人念之。

敦孝悌　父母之恩，天高地厚，恩情罔极人伦。十月怀胎，三朝乳哺，推干就湿，保抱抚摩，忧疾病，闻饥饱，调寒暑，父母受尽万苦千辛，方得子女成人长大。为子女者即幸遇父母有寿，急急孝养，难报天恩。人生时日限也，万一错过，殁后即披麻戴孝，三牲五鼎，竟亦何禆？且孝则天佑，不孝则天谴，吲敢拂违，自罹罪罟。凡我族人念之。

睦宗族　宗族者，同宗共祖之人也。虽有亲疏贵贱之别，其始同出于一人之身，故尧典曰亲睦九族，周室则大封同姓宗亲之谊，由来重矣。今世俗薄淡间，有挟富贵，而厌贫贱，恃强众，而凌寡弱者，独不思富贵强众，皆祖宗身后之

身耶？观于此,而利与害共,休戚相关,一体同视可也。倘有博众以暴寡,藉智以欺愚者,当睦宗族为念,凡我族人戒之。

端伦常 尊卑有别,长幼有叙,乃定于天人,忤长上乃乱天伦也。须坐则让席,行则让路,口勿乱宣,事不乱专。智不敢先,富不敢加。谦恭逊顺,绝去骄傲放肆之态,方是为伦常之理。先贤云:幼而不事长,贱而不事贵,不肖而不事贤,谓之三不祥。子弟者不肯安分循理,任情倨傲。行不让路,坐不让席,揖不低头,言不逊顺,曾不思尔将来也。做人尊长,尔做窳劣示人,亦将忤尔忤人,实所以自忤。凡我族人念之。

友昆仲 兄弟姊妹,同气连枝。父母左提右携,前襟后裾,飧食传衣,亲爱无间,且一本所生,同胞共乳,除却兄弟姊妹,更有谁亲？且从父母分形而来,子女之身来自父母,若兄弟姊妹相戕,是戕父母矣。念及父母安忍戕兄弟姊妹乎。勿听他人离间撺掇。兄弟姊妹中纵有不是,大家逊让些何妨？若锱锱铢铢计较多寡,彼此相戕,则父母之心不安,死亦不能瞑目。诗云:兄弟既翕,和乐且耽。凡我族人念之。

和夫妇 夫妇为人伦之始。夫和其妇,妇敬其夫。夫以修身齐家事为本,妇以人伦道德情操为重,同事耕耘理家创业,夫妇协同,修身、齐家、治国、平天下,休戚与共,百年好和,白头偕老,同建和谐家庭,万事兴矣。凡我族人念之。

教子孙 家之盛衰,不在田地多寡、帛金有无,且看子孙何如耳。古云:未看山前土,先观屋下人。子孙果不肖也,眼前富贵不足恃;子孙果贤也,眼前贫贱不必忧。然人未有生而皆能贤者也,当其幼时不可失教。禁其骄奢,戒其淫逸,出外亲正人。闻正言,则心胸日开,聪明日启,久之义理明白,世务通晓,自能担事,振家声,光大门楣。人非同类,切不可令子弟往来。古语云:蓬生麻中不扶自直,白沙在泥不染自黑。又云:与善人亲,如入芝兰之室,久而不闻其香,与之化矣;与不善人亲,如入鲍鱼之肆,久而不闻其臭,亦与之化矣。时时求教于先生长者。故子弟不宜避宾客,若一味回避,偶接正人必至如樵夫牧竖,手足无所措,大为人所鄙也。家有一贤子孙,则家门生色,子孙不肖,则家门遗羞。故为父母者,切不可不教子孙。有不如教便当责训。至若女子,亦尚且当教他亲兄弟,务教以节孝廉耻。为女者,兼悉三从四德,纺绩针指、厨爨井臼,则长大适人,必成贤妇。如或不教,则儿女不才,有辱门庭。凡我族人念之。

尚勤俭　俭可助贫，勤能补拙。勤俭者，起家之本，传家之宝，立业之基，人生当务也。勤而不俭，则财富流于奢，俭而不勤，则财富终于困。人世间，见名门望族，以祖考勤俭为成立之本，下代之福，因子孙奢侈而败家之业。盖俭则富贵长保，家计不难振兴。倘男不务耕作，女不事内，好逸恶劳，鲜衣美食，一旦娇惰，习惯俯仰无资，将祖资财一败而空，拖衣漏食。节俭者治家之要义也。饮食莫嫌蔬食，衣服莫嫌布素，房屋莫嫌湫隘，婚娶莫竞妆奁，死丧莫竞斋醮。宴客伏腊有时，不可常时群饮，设席数肴成礼，不必杯盘狼藉，多一事不如省一事，费一文不如节一文。当务勤俭。凡我族众念之。

恤孤寡　鳏寡孤独，天下最苦，无告之人也。无家产者，朝不能保暮，饥不能谋食，寒不能谋衣；有家产者，鳏寡不能自行，孤儿幼弱不能自主，凡百家事，皆听于人。我族有此种种苦愁，谁诉？亲房伯叔族众当秉公代为经事，阖族尊长俱宜加意怜悯，竭力扶持，庶穷于天下者不致颠连失所、仃伶无靠矣。凡我族人念之。

戒唆讼　人之好讼，虽其人之无良，总起于无赖者之教唆。然无赖之徒，专以人之告状为酒肉之窟，为张威趁钱之门，故或两人本无甚怨，装出剖腹之情，而构成大嫌。本人尚可含容，捏作骑虎之势，而使之先发插名作证，便作主盟。两家索贿，反复颠倒，弄讼者于掌股之上，搅得邻里撩乱，鸡犬不安。渔讼者之财，破讼者之家。即讼者事后懊悔，亦摆他不去。若而人者，国法之所不容。即逃得国法，亦皇天之所必诛者也。凡我族人念之。

安生理　士农工商者，然视其天赋择业，士者实去读书，农者实去耕耨，工者实去造作，商者实去经营。若生而愚鲁，不适读书，家道贫寒，无田可种，又无本钱做买卖，又不会做手艺，便与人佣工，替人苦力，也是生活。只要勤心訾力，安分守己，此中稳稳当当，便有无限受用。至若妇女，亦要勤纺绩，务针指，操井臼，协同丈夫，共成家业，方是贤妇。凡我族人念之。

勿非为　非为者，或包揽金帛，侵欺花费，终者竟要卖产赔补不足，殃及子孙，甚而危及性命。或摊场赌博，或群聚酣饮，倾败家业，因而陷死妻儿老小。或掇拐掏摸，或抢夺吓骗，或争斗撒泼，或毁廓侵坟，或占人田土，或伪造货币，或横行乡里，或挟制政府，或嘱托赞刺，此皆亡身破家之举，受祸不浅。凡我族人戒之。

忌毒染　世人蠢蠢，吸嗜烟毒！日久难收，体魄渐削，形若骷髅，力莫能举，处不能事,名声泯灭。终朝烟雾缭绕,男女混杂,晨错夕颠。典当家财,帛金耗尽,绝嗣戕年。全无利益,自取尤愆。堕其术者,凡我族人绝禁之!

慎嫁娶　男婚女嫁者,人伦之始,联婚不可不慎。男大当婚,女大当嫁,古之常情。执德为首,男女婚姻,不能包办代替,嫁女择佳婿,娶媳求贤女,嫁女勿计厚奁,勿取重聘,勿贻误族女。时下婚嫁,多徇财俗见,或厚赀以耀聘,或竭财以侈妆名。为争门面,则败家产而为。昔者有云:婚姻几见闻丽华,金佩银饰众口夸。转眼经年人事变,妆奁卖与别人家。则女之适人,必戒而行;娶妇事翁姑,经事理,执妇道。凡我族人宜知之。

勉诵读　崇师道,习圣贤之书,明君臣父子之大伦,忠孝仁义之大节。人不读书,大伦大节何由而知?子弟颖悟者少,迟钝者多。必须延贤师,访益友,涵育熏陶,终归有成。为人子弟者,当体父兄之心,交相劝勉,勿恃聪明,勿安愚昧,勿沽名而钓誉,勿勤始而怠终,随其性之敏钝,以为读书多寡总要细心体认,着意研习,刻刻不忘于久之,隅坐向难析疑。勿生厌薄,勿可荒嬉,耳提面命敬而听之,自有融会贯通处,亦得以所学训子弟开愚蒙诵读之益大矣。我族子弟勉之。

重交游　志同者为友,道合者为朋。交游以信为先,信者相通,守望相助。既诺勿欺,订交勿苟。然宜谨慎,择善而握。与善者交如入馥香之室久而自香,直谅多闻,尤宜亲厚。善乎平仲,相敬耐久。凡我族人念之。

谨丧祭　丧祭者,慎终追远之大事也。丧尽其礼,祭尽其诚。父母在生之时,尽力供养,逝后要从俭治丧,无须无财大操大办。丧事从简,也不能俭而不顺民情。当慎谨治丧执事。凡我族人切记之。

远酗酒　酒浆之酿就,非以为祸,冠香丧祭,礼用清酌,洗爵尊庠,献酬交错。惟彼贪夫,不知节(治)〔制〕。终日醉乡,颠狂失措,耗所损精,形骸脱落。贪杯误事者,不胜数也。凡我族人远之远之。

出异教　邪教惑众蔑国,触逆国法律条,邪说诬民,法所不允。更有甚者无赖之徒,往往假凶祥祸福之事,以售幻诞无稽之谈。实则诱取资财,阳窃向善之名,阴怀不轨之计。一旦发觉惩逮株连,遗患无穷,凡我族人应出其异教,以正家风。

省自身　遵圣训,洁身自律,日当三省,常思己过,莫论他人是非,切不得自甘自戕,辱没家族声望,保其永世清白,修身、齐家、治国、平天下,乃人生要意,则家风正耶。享用斯人,永利后世。凡我族人记之。

二〇一三年九月整理

九、《2017 年淮滨河南固陵堂阚氏族谱》所载

阚氏族规十二条

一 敦孝悌

人伦以孝为先,子孙务要孝顺父母、尊敬长辈,长幼有次,勿逆天伦。兄弟甚属一体而分,应该和睦相处。

二 重忠信

人生应该以忠信为本,凡能忠于祖国、取信于人,则家道兴隆、族威日振。

三 明礼义

礼义为处世之本,凡待人接物,要严以责己,宽以待人,恭让为先,一视同仁。

四 守法纪

遵纪守法乃是人之天职,凡事要三思而行,以法纪为准绳,不可损人利己,违纪犯法。

五 振书香

读书乃天下至高之事,子孙务要力学成才,勿以家贫而弃可造之质,勿以处富而废有用之才,勿以务农而屏诵读之事,将相本无种,男儿自当强。

六 知廉耻

廉耻为人品之重。人要知廉耻,自尊自重,如若寡廉鲜耻,好逸恶劳,嫖赌逍遥,不成体面,父兄要严加教训,逆子不得反抗。

七 务正业

正业为养生之上计。子孙要以正业为本,各行各业务要殷勤俭朴,不许懒惰骄奢,不许行窃偷盗,不许辱及先祖有玷家风。

八 讲团结

团结为强国之本,宗族团结,则民族团结。子孙不可挑拨是非,损坏宗族利益。倘有胡作乱为,不讲团结之辈,要严加训斥。

九 重婚姻

婚姻是人生终身大事,男大当婚,女大当嫁,本是人之(不)常情,但要双方

自愿。法律所允，一旦成家立室，务要互敬互爱，不可无理取闹，于家不宁。

十　禁赌博

赌博乃万恶之源，创业艰难，守业更难。勿因赌博倾家荡产。若有赌博之辈，父兄要严加管教，责其改邪归正。

十一　重宗祠

宗祠为嗣孙尊祖祀宗之场所。正肃幽元，以妥祖灵，是嗣子贤孙的神圣职责。春秋祭祀，焚香礼拜，均要班班有序，严肃有礼。

十二　惜谱牒

谱牒是寻根问祖、承先启后的传家珍宝，要倍加珍惜。倘若谱牒失传，则世系不明、纲常失堕。如有盗卖或毁坏谱牒者要严惩不贷。

十、《2018 年西河九龙族谱新乡市支谱》所载林氏家训家规

一　敬尊长

敬人之父，人亦敬其父；敬人之兄，人亦敬其兄。非特名分尊于我者为长，即年齿长于我者，皆长也。有问必答，隅坐随行，未出不敢先，既出不敢后。此所谓敬长之义也。

二　正心术

为善降之百祥，不善降之百殃。善恶两途任人所行，未有不从心术中得来者哉。一念之善，尊宰相之荣；一念之善，中状元之选。心术不正，不受阳诛，必遭阴谴，岂细故哉！有则改之，无则加勉。

三　端人品

人品者，立身之攸关也。务正业以禁游荡，近君子以远小人，谨口过以戒讼非，除骄傲以耻谣媚。怀德怀刑乐善不倦，乡党推为端人，父母亦乐有贤子也。

四　勤读书

天下事利害常相伴，惟读书则有利而无害，不问贵贱、老幼、贫富，读一卷便有一卷之益，读一日便受一日之益，读书固能变化气质而循良善，即资性愚鲁便不为士，亦觉高人一等。其拾青紫，取荣名，又进一层焉。格言：“欲高门第须为善，要好儿孙必读书。”

五　交朋友

友本取信，莫为滥交。既订金兰之好，当尽友谊之情。在善相劝，有过相

规,患难可共。

六　尊师长

天产栋梁,必需斧凿。师之教子岂异斧凿哉!诗书谁传我,学问谁教我,是非谁正我,功名谁成我,舍师其谁与归?

第七章　中原家谱所载当代家训辑要

1949 年以后所编修的新谱中所载的当代家训,有些受到传统家训的影响,有些则明显受到了时代新风的影响,当然,这种分类只是大概而言。兹分类整理如下。

第一节　受传统家训影响的当代家训

当代中原家谱中有些新训受传统家训影响较大。它们在形式上与传统家训较为相似,内容上也仍然有旧谱传统家训的影响,但也有部分内容随着时代的进步做了部分修改。兹摘录部分此类优秀新训如下。

一、《1984 年杞县段氏宗谱》所载

段氏族约

一　立秩正族正乃一族之尊,需全族公荐,必以至诚至公者为之上也,而宗祖诸事依其整理下,而子孙族众赖其训导,任之重也,凡逢公事常存祖宗如在之心,庶无人为私之弊。

二　孝顺父母:父母养育之恩,人皆知之。子之道理当报答,让老人安度晚年,与全家同享天伦之宗无虑也。然则以何报之,衣则适时适体,寒(署)〔暑〕易节,单棉相称。食则适时适口,力求饱食终日。住则适合适所,安居无虑。言则和颜悦色,令其欢乐。行则务求本分,尉其情怀。出必告(凛)〔禀〕返必面,免其(卦)〔挂〕心。病则及时求医,精心服侍,杜其疾苦。否则,不孝之子也。

三　弟兄妯娌:兄弟同手足,有事相商,互相依,即于言财稍有不逊,亦应互相忍让,严禁(欧)〔殴〕斗以(勉)〔免〕邻里冷止。妯娌情同姊妹,属性意各别,

亦应各持智理，尊老爱幼，互敬互爱，你恭我让，以达家人和睦之欲。否则，是为不贤矣。

四　尊伯叔：伯叔乃人伦之尊，凡事不可造次，其正确教诲即人情之所道理当聆听。对伯叔要以礼相待，不得粗耍蛮横。能如此作到才称善妥。

五　教子弟：教育子女乃父母之责，教子之道贵于家校，双方在于勉其尊教师长，友爱同学，勤学好问，刻苦探索，逐日上进，力求畅达，在家勉其克勤克俭，切勿怠惰傲慢，尤须勉其护短，(戎)〔戒〕以溺爱，禁以(欧)〔殴〕打粗骂，能如是方为良策。

六　婚姻：婚姻要自主，按婚姻法办事，父母不得干涉，同姓不能结婚，在不干涉的原则下，可向子女提供意见；做子女的也应该考虑父母的意见，办婚事要本着节约精神，不可浪费，讲(派)〔排〕场，不要因为办事欠下大笔债务，使事后精神不畅快，家庭不和睦。

七　办丧事：办理父母丧事是子女的一件大事，应该按照自己的经济条件而为之，不要与别人比(派)〔排〕场，但自己有条件的也不要过于简单从事，以免邻里、乡社会冷眼相待，(一)〔以〕致影响自己的做人。

八　交朋友：要注意对方的行为，不要〔交〕吃喝朋友。要交知心朋友，互相(邦)〔帮〕助、互相爱护的朋友。

九　禁赌：赌博是使人(惰)〔堕〕落走向邪路的根本，重者可以使人倾家破产，甚(致)〔至〕影响社会秩序，或走向犯罪的道路。为挽救段氏子女，特制定禁止(睹)〔赌〕博。

十　戒烟酒：酒可少用，不可过多而影响工作，影响身体健康。多者(凶)〔酗〕酒闹事，不知情理，对亲朋影响团结，矛盾百出。

十一　言语：言语要和气，不要出口伤人，这是待人接物的重要事情，要尊重别人，不要以粗野言语对待别人，要以仁为善。

十二　爱国：爱国家、爱人民、为国家多做贡献，不要行有损公利己的事情。

十三　(做)〔助〕人为乐：凡我段氏族众见有困难者，要尽力相助，这是一件义不容辞的好事。

二、《1993 年扶沟县唐氏家谱》所载

唐氏族规

唐家老祖先唐尧当天子的时候，依靠严明的规章制度和高尚的品德，把人民管理得井然有序，和睦团结，天下安乐。《史记·五帝本纪》上说唐尧"富而不骄，贵而不舒。黄收纯衣，彤车乘白马。能明驯德，以亲九族。九族既睦，便章百姓。百姓昭明，合和万国"。就是说，唐尧虽然当了天子，成了大富大贵的人，但他却不骄横无理，也不慢待百官和人民。他的穿戴也很普通，是一般的土黄色丝织衣服，出行时坐着白马拉的红色车子。他很有修养，对人民进行道德教育，使大家和睦团结，并按照百官的功劳大小分别给以奖励，赐给姓氏，教育的全国上下团结一致，祥和地过日子。由于唐尧治国有方，品德高尚，跟群众亲如一家，所以，他死了以后，"百姓悲哀，如丧父母。三年，四方不举乐，以思尧"。就是说，老百姓悲哀得像死了亲爹娘一样。之后三年时间，全国的老百姓都因想念他而没有心思歌唱和奏乐。

唐氏子孙们，从唐尧那里继承了遗传基因，几千年来，发扬了唐尧的文明贤达的遗风，代代相传，世世相勉，勤于耕织，俭朴生活，敬业乐群，行善好施，工习技艺，恪守法规。在中华民族这个大家庭中，是一个光辉灿烂的宗族，具有许多传统美德。

为了让我唐氏宗族永远保持良好的道德，更加兴旺发达，族人协商制定以下族规，诚望子孙世代谨遵不误。

一、遵纪守法——不论国家大法、地方规章或行业条款，只要对国家对人民有益处，都应遵守执行。

二、勤劳节俭——用勤劳的双手和聪明的大脑去创造财富，不贪无义之财；生活以合乎科学和卫生为准则，不浪费钱财物资。

三、团结友善——不论本族或外族人等，都应团结，友好相待，遇难相救，乐善好施。

四、家庭和睦——合家不分长幼和性别，都应亲密无间，互相爱护，彼此谦让，和睦相处，和颜悦色，欢乐度日，遇事共同商量，不要一人独断；长辈对晚辈要尽教养责任，晚辈对长辈要行赡养义务。

五、学习技艺——幼童都应学习读书，以明事理；老少都要学习适用的技

艺,以便增加生活本领,提高创造能力,并争取发明创造,为社会献力。

六、戒除恶习——凡是时人所共同嫌弃、讨厌的恶习,如游手好闲、打人骂人,酗酒伤身、赌博嫖娼、挑拨是非,等等,都应戒除不染。

我族人等,如有违犯以上族规或违背当时社会公认的思想或道德者,族人有责任单独或聚众对其进行劝解教育,促其醒悟悔改;重犯者,族人可对其进行批评谴责;再犯者,族人可向有关机关或部门反映,依照当时的法规处治。

严禁族人私设公堂,随意惩罚。

三、《2004 年鄢陵县岗底张张姓宗谱》所载耕读勤俭家训

张春岩撰写的家谱序中述:耕、读、勤、俭四字是吾族子孙承守的家训。经查有相关资料,细解如下:

耕

男耕女织,圣世良民。古人云:"一夫不耕,全家受饥,一女不织,全家受寒。"要知农人一身,父母妻子、五口、八口,俱仰给(予)〔于〕田。一日不耕,则衣食无从取办,勤耕者尽力开垦,力足而粪多,所获自倍岁之所入,尝足以供岁之所出,差粮可办,器械可易朝饔夕飧,可给穰穰,满家无复有(祈)〔祁〕寒(署)〔暑〕雨之苦。不耕不耘者,西成无望,徒取妻儿之啼嚎已矣。所谓惰家贩田也。切勿怠惰、徒手游食、不务耕耘、不躬栉沐、不知稼穑、自取穷苦,宜勤耕勤织,更有许多好处。天地之生物,时而已,得其时,虽瘠土而收倍;失其时,则沃壤而徒劳。是以谷、麦、芋、豆皆当及时插种,庶用力量而获利多。收获后,先完漕米,随即计算一年所吃之粮,藏顿内室,其余出卖,封纳钱粮外则积蓄囊中。年年如此,虽不大富,亦称充足。上不欠官钱,下不欠私债。含哺鼓腹,安逸过日。

读

古人云:"万般皆下品,惟有读书高。少小需勤学,文章可立身。"夫书载圣贤语言,古今事迹,一切奇观异闻,无所不备。着一时而知千百年之事,宛然当古人晤对,讽诵其词章,寻讨其义趣,学问日深,道理日新。愚者因之而贤,昧者因之而明。其于寒暑,风雨、黄昏、清晓,回想世人碌碌尘劳,而予一编窗下,安然得对古人,真有天渊之别矣!谈书务要字字分晓,毋得目视他处,手弄他物。仍须细记遍教熟读,如遍数已足而未成诵。必欲成诵,其遍数未足,虽已成诵,

必满遍数方止。犹必遂日带温,及遂目通理,以求永久不忘。读书不在多,但能下精熟工夫,渐次积欠,自然有得。今子孙多勉强记诵,自露其能,而为之师者又假此为功,以取悦父兄,遂不计生熟而慢令加读,旋即遗忘。积习既成,卤莽无益,所当深戒。

勤

古人云:“一勤天下无难事”,“乞丐无种,懒汉便成”。盖因人生在世,饱食暖衣原是要的,若是少衣缺食便受那饥寒苦楚。这衣食的根源,若不是劳心劳力地寻求,却何得来?总在勤与懒两件上分别。最可恨世间有一等人,好吃懒做,终日东摇西荡,苗不苗莠莠,学成细滑腔调,士农工商没有他的份,嫖赌摇嚼倒少不得他。家业渐渐贫乏,那饥寒苦楚自然要他领受。若受不了苦楚的,便为非作歹,犯罪造刑,寻死丧命,总是自取。俗语说得好:“勤谨勤谨,衣食有准;懒惰懒惰,必定冻饿。”你去细细思量,只要你一心一意,专心在本事上勤劳,不论阴晴早夜,毫不懒惰,朝朝如是,就是时运不通,也安贫受淡到底,终有结果,只有不懒惰,牢记“勤”字,自然衣食有余。不求人,不受苦,就是极大的快活。

俭

财物须要节俭,有度才不匮乏。古人云:“常将有日思无日,莫待无(非是)时想有时。”又说:“有时思无非是存不下去,无时想有想不来。”人若没有衣食,自然深受饥寒;人若没有用度,自然难掌体面。仔细想来,甚不可惜。有等温饱之家,财足意满,看得身子(矫)〔娇〕贵,布帛菽粟,视为泛常,穿的须要绫罗,吃的须要多味。止(鄙)〔顾〕眼前的奢华,哪顾后日的苦恼。更有一等人,看见他人奢华,全然不想自家力量,却也揭借典当,勉强仿样,若有俭朴,反加鄙笑,以至到处争斗奢华,可不白送了家业么?吾儿子孙凡事省费省用,知足知业,剩些钱财以防饥荒,惜些福力以身命。衣裳只要蔽体御寒也就够了,何必定要绫罗锦绣;饮食只要充腹免饥也就够了,何必定要海味山珍。不可顾了眼前,忘了日后,顾了自己,忘了子孙。衣食可以不亏,财源可以常足,礼节可以粗完,家业可以永得。

二十八世

张凤清解注

二〇〇三年八月

四、《2005 年商水县雷氏族谱》所载

雷氏家训族规

树高千丈，叶落归根是中华民族慎终追远，尊长敬祖之美德。望我族人缅怀先祖伟绩，承先祖遗志，承前启后，继往开来，把先祖教诲发扬光大，并制定我雷氏家训族规，使我族人有训可循，有规可遵。

一、要孝顺父母。父母是人之大伦，为父母的应当教育子女成人。而子道则不外一孝。天下无不是的父母，子女从哇哇落地到长大成人，不知费了多少辛苦，费了多少心血，尚不及时奉善尽孝心，一旦父母辞世，悔之晚矣。凡我族人务要子尽孝道，弟尽弟道，亲爱从兄，夫妇互相尊重，而使家道无成者，乃夫妇之罪人也。

二、要敬业守法。每个人都应当有正当职业，没有职业，便会影响到生活，有了职业要敬业，士、农、工、商，业虽不同，皆是本职，勤则职业兴，惰则职业衰，业精于勤而荒于嬉，士官不得以贿败官，（粘）〔玷〕辱祖宗；为农不得私窃田水，欺赖田租；为工不得作淫巧售敞伪器什；为商不得纨（跨）〔绔〕沉湎酒色，挥霍钱财。

三、要戒贪、赌、骗。为人不能贪，一有贪心便心术不正，会做出许多伤天害理之事，试看今人毁义灭亲，损身亡命，哪个不是见财起意而为之也。自今以后，凡我同族务要恪守本分，毋贪非己之财，况命有定数，己以不义取之终必遭横祸，窃他人之脂膏唯肥一己之肌肤。凡有子可教，有地可耕即为至宝，何必分外营求。赌博也是恶习，许多富裕人家往往因赌而倾家荡产，家破人亡，赌博失家教，荡祖业，刮骨肉莫此为甚。

四、要和睦宗族。同宗同族之内应和睦相处，不因贵贱、贫富而有所亲疏。凡我同族务要亲疏远近视为一体，若无其利害，则长当让幼、尊当让卑各相含忍，毋得争斗，以取不义之名，为人耻笑，和睦宗族虽是小范围的事，但对于社会安定具有不可忽视的作用。

五、要尊师重教，求知识出人才。古人云：师者，传道授业，解惑也，人非生而知之者，（熟）〔孰〕能无惑，惑而不从（道）师，其为惑也，终不解矣。我国春秋时期的大教育家孔子也指出：万般皆下品，唯有读书高。（此为附会之说，该句实际上出自北宋汪洙《神童诗》。——仁注）历史和现实的实践都证明，国之强

盛,族之兴衰都与文化教育科学技术息息相关,凡国家文化教育落后,科学技术不发达,民众将愚昧无知,国家将衰败没落,综合国力低下;凡文化教育科学技术处于领先地位,国家将兴旺发达,繁荣昌盛,国力将大大增强,人民文化素质、科学知识、文明程度越高。凡我雷氏族人都要清醒地懂得,没有文化知识,不懂科学技术,都将一事无成,致富奔小康也只是一句空话。因此,我雷氏族人要尊师重教,重知识,懂技术,严家教,明事理,苦读书,勇进取,将族人子孙后代培养成国家栋梁之材,为族人增光添彩,使我族后继有人,兴旺发达,长盛不衰。

五、《2008 年登封市东金店乡杨寺庄村李氏家谱》所载

族规

（十二世　作兴执笔）

吾李氏家族,人丁兴旺,门第显赫,明礼仪、善风俗。但恐后裔愚贤有别,亲疏不辨,乱纲常、失伦理,特订立族规诫勉之。

一　总则

凡吾族人等,应确保敬宗睦族,纯洁习俗,改过迁善,忠于治国,共同养成合情、合理、合法的道德良俗。

二　条款　共十二条

第一条　订立族规的目的,在于维护宗族利益,提高道德素质,自尊尊人,亲于乡里,治生济贫,乐善好施。并告谕众族人等,同宗同姓不得婚配,以免男女同姓,其生不蕃。

第二条　“百善孝为先”,子女赡养老人,孝顺父母,乃中华民族的传统美德,“子孝父(母)心安”;“养不教,父之过”,父母对子女要有爱心和责任心,“父母失德,儿女失孝”。代代父慈子孝,德泽光流,传之晚生,永世其昌。

第三条　本族乃同宗同族,根脉相通;互敬互谅,和合处之;勤俭创业,和睦立家。都要自立自强,共谋生存大计。

第四条　凡吾族人等,均要投入到国家富强,民族振兴的时代潮流中去,使吾中华民族走向繁荣昌盛,屹立于世界强国之林。

第五条　本族长幼要尊重道德善俗,摈弃害群恶习。言传身教,廉洁吏治;重视知识,崇尚科学;辛勤劳动,积极进取;报效国家,献身人民。凡益之道,与时偕行,留有余福,以还子孙。

第六条　本族人中若有利益矛盾，要头脑冷静，换位思考，虚气平心，遏怒言欢，更要有法制观念、睦族意识。且不可小恙酿大祸，两败俱伤，追悔莫及。

第七条　本族人等都要戒烟限酒；不准拐卖坑骗，不准聚众赌博，不准寻衅滋事，不准男盗女娼，更不准贩毒、吸毒。若有违者实属大逆不道。

第八条　本族若有赤子聪明好学者，而家境贫寒无力读书的，有条件的族人要带头伸出援手，量力资助，使其早日成才，光祖遗德。

第九条　本族世代家长给子孙取名时，可以世宗字辈为序（或用时代背景、民俗、知识、文化传统等），且勿重复前辈名讳。特别是近宗五代之内的长辈，或者同时、同龄的上辈，如有不慎起重名者，应主动更改其名。

第十条　经第四次修谱组委会商定，三十年续修族谱一次，拟定于公元二零三五年第五次续修。期待着族亲贤良者，到时担当此任，我们寄以厚望。

第十一条　吾族后裔，要耕读传家，博古通今，发展经济，改变命运；常为人先，不甘落后，堂堂正正做人，清清白白一生。数风流人物，且看吾李氏后裔。

第十二条　本族规若有不完备或谬误之处，望再次续修时润色补充之。

六、《2008年信阳义门陈氏支谱回祖支系》所载

族训十条

1. 热爱祖国：爱国为百行之首，我回祖后裔，应先天下之忧而忧，后天下之乐而乐，争做爱国模范，誓做兴邦表率。

2. 尊敬长辈：尊敬长辈是天赋于人固有的美德，义门陈氏宗族是尊老敬上最早的宗族。唐宗宋祖，当以此而旌表吾门，曾声蜚九州，流芳千古，我们必须发扬祖先这一优良传统，敬父母以重赡养，让老年人欢度晚年，健康长寿。

3. 严教子女：父母对子女不独唯抚养，当以教为重，教之以正理，晓之以大义，导（直）〔之〕以简朴，勉之以清廉，宽之以待人，严之以律己。为人正派大方，办事光明磊落，做一个品德高尚的人。

4. 和气待人：我们的祖先素以"和"而闻名。十九世同居，三千九百余口同饮，是我们的骄傲。吾人务必发扬祖先之家风，和气待人，和睦相处，夫妻相敬，妯娌相亲，婆媳相善，视同族如一家，视他族如兄弟，以义为重，以和为乐。

5. 图谋正业：工、农、商、学、兵都是谋生之正业，致富之正路，义门子孙，或为工、农服务，或为学艺经商，务必精益求精，有所发明创造，为国家和子孙作出有益的贡献。

6. 助人为乐：助人为乐，济困扶贫，是我先祖的美德。我辈应引以为荣，奉以为典，做到一人有难众人助，一家有困各家帮，让义门风范永远流传。

7. 勤俭持家：勤劳致富，勤能补拙，俭以养廉，我们应把“勤俭”二字作为治家之本，发家之道，让勤俭之风永传后世。

8. 移风易俗：新风雅俗是关系到民族兴旺之大事。一切歪风恶习是射向人们的毒箭，是诱使青年犯罪的主要祸根，必须引以为戒。做到勤劳动，学科学，求知识，走正道，树立一代新风。

9. 不搞宗派：回祖后裔子孙，应弘扬祖先义德，对旁姓之族不分大小，一视同仁，不拉帮结派，不制造宗族矛盾，不挑起门户械斗，有违者当究办。

10. 遵纪守法：国家的各项政策与法令，是保子孙安全的机器，是维护国家和人民安全的保证。我回祖后裔应自觉拥政学法、懂法、守法，做遵纪守法的模范，做义门陈后裔的优秀子孙，为早日实现和谐社会而贡献自己的力量。

编辑委员会

2007〔年〕农历十一月一日

七、《2009 年河南省太康县魏氏族谱》所载

魏氏族规

一、凡被纳入我魏氏的在谱人员应一律按世字起名，不准随便自行更改。

二、谱卷要敬存珍藏，诚心保管，爱不释手，外族人不得随便传阅。

三、对族祖茔要善管看守，按时增土祭扫。

四、爱国治安严听父教母训，以孝为先，对子女教育应忠孝为本。

五、遵纪守法，勤俭持家，尊老爱幼，和睦相处。

六、同族人不得通婚，如违者族人应严加制止。

七、（尊）〔遵〕从族正应邀必至。

八、族人对上述（逐条侧）〔诸条则〕应遵照执行，如有违者族人应严加处罚。

公元二〇〇九年岁次己丑阳春桃月

八、《2009年唐河曲氏族谱》所载

十规范

一　崇宗敬祖

曲氏宗族,不论职位高低,不论工商农耕,不论富贵贫贱,或为国家,或为民族,或为族人之昌盛尽其所能。缅怀祖先,竭祠祭祀,是报本昭穆之举。应扬先祖励精图治之风范,继先辈求真务实之德行,启迪子孙为国家为民族奋发图强,不负众望。

二　孝敬父母

母亲怀胎受苦难,父亲养育历艰辛。父母深恩若不报,枉为生来一世人。羊有跪乳之恩,鸦有反哺之意,孝敬、赡养父母,乃儿女之天职。儿不嫌母丑,狗不嫌家贫。儿女无论家贫或家富,事多或事少,应尽其孝道,肩负责任。

三　和睦兄弟

兄弟似手足,生是同胞,长在同巢,应相互依存,协同共生。叔兄弟侄,应不分彼此,共建家园。伯侄竭力山成玉,兄弟同心土变金。勿听妇识之言,勿怀私心杂念,共同奋斗,开创未来。

四　联亲联谊

曲氏之宗亲,千枝同本,万脉同源,始出一祖,有着血缘情,骨肉亲。应不分支派,不分地域,相互关照,相互爱怜,互相学习,互相帮助,和睦相处,共同繁荣。

五　培育后代

父生子,子生孙,后继有人。优生优育优教是国策,也是父母之责任。父母应尽其所为,因才与人,重其行,育其能,使之德才兼备,为国家和民族作贡献。

六　尊师敬贤

经济发展,社会进步,重在人才。人才培养,重在教育。尊师重教,乃人之本分。应以贤者为师,以善者为尊;学其所长,笃其德行;学有所成,业有所就。

七　勤劳节俭

人以食为天,勤劳才能创造财富,节俭才能富足有余。勤俭致富,上可赡养父母,下可养育儿女,若此,(即)〔既〕可尽其孝道,又能培育人才。

八　遵纪守法

家有家规,国有国法。为(国)〔官〕应严于律己,清正廉明;为民要遵纪守法，行事端正。唯有这样，方可安居乐业，繁衍生息，世代昌隆。

九　禁绝吸毒

吸毒危害甚重，摧残身体健康，传染多种疾病，消耗巨额财富，引发刑事犯罪，致使家破人亡。贩毒吸毒，国法不容，切勿沾染。

十　戒嫖戒赌

嫖乃十恶之首，既耗钱财又破坏夫妻情感，甚者酿成家庭悲剧；赌乃贪财之举，轻则误时坏事，重则倾家荡产，甚者坠入盗贼之途。嫖赌国法难容，切戒之。

九、《2012年平顶山叶县任店镇樊庄村樊氏族谱》所载

樊氏族规

父慈子孝，兄友弟恭，不得有萁豆相煎之行为。

敬老尊贤，敦亲睦族，不得有忤逆不道之行为。

明理尚义，入孝出悌，不得有悖反伦常之行为。

慎宗追远，光宗耀祖，不得有辱没门风之行为。

（尊）〔遵〕纪守法，爱国爱家，不得有祸国殃民之行为。

为官清廉，为政爱民，不得有腐败欺压族人之行为。

修坟祭祖，捐资助学，不得有毁坏坟院让子女辍学之行为。

樊氏家训

1. 敬孝悌：乌鸦尚有反哺义，羔羊跪乳报娘恩，为人子弟当孝敬父母，友爱兄弟。

2. 睦宗族：宗族本是同根源，凡吾族人皆当重视同宗情谊。

3. 和乡邻：对乡邻应守望相助，亲善和睦，如同一家。

4. 明礼让：礼让为处世之道，做人当礼让谦虚，诚实待人。

5. 务本业：业精于勤，荒于嬉，为人当不赌不骗，勤劳致富，做事有始有终。

6. 端人品：心存仁义，注重礼节，名副其实，做儿孙楷模。

7. 隆师道：尊师重道，勤奋好学，以知识立身做事。

8. 时祭扫：依时祭祀敬祖，不忘祖宗功德。

9. 戒争端：对人以和为贵，器量广阔，腹能撑船，多为他人着想。

10. 莫非为：行为应正大光明，无愧于天地。

11. 敬尊长：尊重长者，退让有礼，尊老敬贤，扶危济困。

12. 守法纪:遵守国家法律,维护社会秩序,共建和谐社会。

13. 崇谱序:重视家谱,近可知宗亲之宜,远可明本身来源,不致忘本。

叶县西大樊庄樊氏宗亲壬辰年祭祖火会标语

1. 修坟祭祖四百年盛事,樊氏游子常回家看看。

2. 同根同祖血浓于水,同姓同族情重如山。

3. 一捧故乡土,千钩游子心,叶落总归根,宗族情谊深。

农历二〇一二年三月初十日

十、《2013 年禹州市闫寨王氏族谱》所载

闫寨王氏族约

当今社会时逢盛世,各项法律健全:危害国家利益和社会安全的惩罚有《中华人民共和国宪法》《中华人民共和国刑法》;争强好胜、打架斗殴、偷盗抢劫、破坏公共财物的处罚有《中华人民共和国民法》《中华人民共和国治安管理处罚条例》;乱砍乱伐、私开乱挖的处罚有《中华人民共和国森林法》《中华人民共和国土地法》《中华人民共和国环境保护法》;侮辱、虐待、遗弃父母和家庭成员的有《中华人民共和国婚姻法》《中华人民共和国老年人权益保障法》《中华人民共和国妇女权益保障法》等。我们的一切行为都不得超越法律的界限,必须在法律允许范围内活动。为了维护我家族的利益,提高我族成员遵纪守法的自觉性,根据相关的法律法规的精神,特定十条族约,望遵照执行。

(一)热爱祖国

祖国是炎黄子孙的家,人人都要爱护她,国家昌盛民荣耀,安居乐业建小家;爱国范畴蕴涵广,身体力行方式多,尽力做好本职事,奉公守法亦爱国。

(二)修身养性

人字好写也难写,好写难写人人写,言行举止善与恶,蛛丝马迹心上起;知荣知耻真善美,道德败坏众人鄙,修身养性等闲事,诚实守信是根基。

(三)家庭和睦

人有今生无来世,有缘方成一家人,文明用语无隔阂,礼貌待人润心田;利刀伤身痕易合,恶语伤人恨难消,珍惜缘分多容让,和睦团结家道兴。

(四)孝敬父母

人人做小又做老,六十花甲转眼到,尊老厚养尽孝道,一辈做给一辈瞧;生

活照料供吃住,精神赡养多谈心,歧视侮辱与虐待,合族谴责法不容。

(五)遵纪守法

做好做坏一步隔,守法犯法一念差,遵纪守法朝朝乐,为非作歹日夜忧;为人莫做亏心事,"110"响心不惊,谨防失足千古恨,后悔药方无处寻。

(六)培育子女

书山有路勤为径,学海无涯苦作舟,唯有学文铸人美,获取知识胜黄金;人有作为学为贵,供儿读书莫惜钱,智力投资先前苦,儿女成才日后甘。

(七)保护坟山

闫寨王氏北老坟,"118"位聚忠魂,齐心协力保护好,祭拜扫墓我子孙;开挖坟山作耕地,悖理违法情不容,毁碑灭祖无道德,天知地知己亏心。

(八)字辈排列

字辈排列前人定,后代子孙要遵循,一代一字顺序取,长幼大小易分清;我族始祖王尚仕,禁止后人用此名,寻根追祖知根底,名副其实王家人。

(九)家族管理

家族管理委员会,族内事务要上心,公益事业讲奉献,不贪不占半分钱;秉公正直办实事,培德行善应领先,捐款捐物要民主,收支账目公布清。

(十)家族寄语

世间有尽量长短,缺少规矩无方(园)〔圆〕,族约依法已规定,循规蹈矩自觉行;一切行为皆有度,言传身教留美名,狂妄做出越规事,法网恢恢不饶人。

十一、《2015年江州义门陈氏罗山陈家畈支系宗谱》所载家规家训

一族犹如一家,乃血缘之天性。一家之中,内外之事具应定例,使行之有规。族有规犹国之有法,国法所以纠正国民之举动,使国家长治久安。族规所以约束族人之行为,使长幼尊卑各安其分。今欣适国势昌盛,我族乘此升平之际,聚家族以修谱,采众议而定家规家训,旨在振吾族之家风,长吾姓之素质,兴族强国,愿与族人共守之。

一、爱祖国。何谓国家,即先有国后有家,家是国的基础,国是家的依托。国强民则兴,国破则家亦亡。因此,热爱祖国,与国共荣,是每一位公民的基本准则,我陈氏族人应当为维护国家利益,捍卫国家尊严,为祖国的繁荣昌盛奋发

图强,多作贡献,为国家争光,为陈氏家族添彩。

二、守法纪。国有法,民有约,家有规。法者,所以巩固国家基础,保证人民利益,维持社会治安也!遵纪守法、恪守本分、严于律己,明明白白做事,堂堂正正做人。法乃民之则,民以法之约,违纪者必罚,违法者必惩。法网恢恢,疏而不漏。应做到学法、知法、懂法、不违法,望族人自警。

三、孝父母。人生天地,孝为根本。父母者,天地也!敬父如天,敬母如地,是为人之本。百善孝为先,鸦有反哺之孝,羊知跪乳之恩。身为儿孙须尽孝,莫待木主空对灵。在家孝父母,胜过远烧香。令父母老有所依,老有所养,病有所医,衣食无缺,居养得所。《弟子规》教曰:父母呼,应勿缓,父母命,行勿懒,父母教,须敬听,父母责,须顺承,亲所好,力为具,亲所恶,谨为去。孝顺必有孝顺子,忤逆终养忤逆儿。初作人子,终作人父,彝伦垂范莫愧心,百年归世辞亲去,留取德望昭后人。

四、和兄弟。天下无不是之父母,世间难得者之兄弟。兄弟者,手足也!弟恭兄友,弟忍兄宽。一回相见一回老,能得几时为兄弟。父母和而家不败,妯娌和而双亲悦,夫妇和而家道兴,兄弟和而家不分。兄弟一条心,黄土变成金。兄弟不和,则子侄不爱。兄弟之间长幼有序,尊卑有别,喜相庆,戚相忧,危相扶,难相助,患难与共,休戚相关。猜疑相忌不可有,兄弟和睦万事兴。

五、讲诚信。诚信是金,言行一致,表里如一,讲究诚信乃成家立业之根本。失诚信者则众叛亲离,一事无成。国无诚信不兴,族无诚信不和,家无诚信不宁。政者谋其政,学者笃于学,耕者重其耕,商者仁其利,职者司其职,均应遵循行必有诚,交而有信。切不可因喜而轻诺,因醉而生怒,乘大而多事。

六、循礼仪。人无礼则不生,事无礼则不成,国无礼则不宁。秉纲常,毋逆亲以悖理,序尊卑,毋犯上以灭伦,和宗亲,毋恃强以凌弱,宽气度,毋失礼以欺人,和宗亲,毋持悖以欺邻,守祖训,毋丧德以失行。恒谦恭,毋为富以不仁。讲礼仪,先人定,延至今,仍遵循。

七、重道德。国无德不兴,人无德不立。修身齐家平天下,王公士庶君子莫不以修身而自贵。修身首在修德。秉持大度,仁心宽厚,助人心安乐,慈善施人德。恶习不可有,仁心不可无,理法不可丢。不责人小过,不揭人隐私,不念人旧恶,不仅可以养德,亦可以远祸。古人云:皇天无亲惟德是辅,积德之家必无灾殃,有德则为君子,无德则为小人,愿吾族众人切勿轻之。

八、行善举。廉洁育仁义，慈善施人德。敬老慈幼，济困扶危，好善乐施乃我中华民族之美德。人云：勿以恶小而为之，勿以善小而不为。天有不测风云，人有旦夕祸福。兄弟之间、邻里之间、朋友之间，乃至所有的人，若有危难之处，凭己所能，能帮既帮，能扶既扶，受人滴水之恩，应该涌泉相报，多行不义必自毙，常行善举保平安。希望我陈氏族人多做与族人有益的事，积极参与本族及社会的公益活动，以传我祖德，扬我族风。

九、勤学文。古曰：万般皆下品，唯有读书高。今曰：读万卷书，行万里路。知识改变命运，习惯主宰人生。子孙虽愚，书不可不读。惜钱休教子，护短莫从师。劳而不教，其子必败。玉待琢而成器，人待学而明义。读书不读子孙愚，田地不耕仓廪空。三更灯火五更鸡，正是男儿读书时。宝剑锋从磨砺出，梅花香自苦寒来。智者求学能益智，愚者求学则化愚。富若不教子，钱财必消之，贵若不教子，家兴难久长。愿吾族人尊重知识，尊重人才，勉励后人，勤奋向上，学者有成。

十、务勤俭。古人云：一勤天下无难事，百俭家中有福星。为士而勤学，优可以致贵显达；为官而勤政，绩可以利国惠民；为农而勤耕，盈可以温饱致富；为商而勤谋，利可以富甲一方。勤劳尤尚节俭，勤而不俭，财竭于奢，俭而不勤，则终于困。一粥一饭当思来之不易，(一)〔半〕丝半缕恒念物力维艰。传家二字耕与读，兴家二字勤与俭。穷莫倒志，富莫(颠)〔癫〕狂。常将有时思无日，莫把无时当有时。曾见多少穷了富，又见多少富还穷，古今多少沧桑事，审时度势且在心。

十二、《2017年信南甘氏宗谱》所载

家规

“忠厚传家久，诗书继世长”是我国许多家族的优良传统。我甘姓申阳支脉，从始祖炳公起，就以“忠厚为心，耕读为业”，且传承至今二十余代，“代代耕读为业，世世忠厚相传”。峣公名列胶庠(代指高等学府)，曾详细阐释忠厚之义：忠也者，天之德也；厚也者，地之德也。为我族人树立了“忠厚”树人、诚敬行事的高标。甘姓申阳支脉，虽非名门望族，也无高官显贵，但都谨遵祖训，思厚传家，诗书继世，以士、农、工、商等为业，奉公守法，报效祖国。更有甘绶青(名其佩，1890—1938)等行医济世，造福桑梓，惠及百姓，其事迹被载入方志(《信阳

县志》),为同族争光,令宗亲自豪。甘氏宗谱“家规”引孟子曰:庠、序、学、校,皆所以明人伦也。也就是说,家规是用道德伦理来规范族人的语言和行为的。我族家规共八项24字:举祭祀,重坟茔,正嫡庶,肃闺门,慎交游,惩暴戾,禁刁讼,戒嫖赌。其中许多至今仍有现实意义,与当今倡导的社会〔主义〕核心价值观也能相衔接轨。家规原为文言文,理事会责成我用现代汉语(白话文)逐条择要阐述如下:

“举祭祀”规定:亲长的生日必须庆祝。清明、岁末祭祀祖先,要“积诚举祭”,诚心诚意;时间可以提前,不得延后。对先祖的坟茔,须严加照管,妥为修葺,不使颓塌崩毁。我国近年设置清明节、春节为法定假日,为我们祭祖提供了法律依据和时间保证。当然,缅怀先辈的具体方法可以与时俱进,不断创新,如扫墓献花、上网悼念等。

“慎交游”指出:“凡人子弟,与端人正士往来,则模范有资,德日进于高明,而不自知也。”意思是子弟与品行端正的人士交往,就有了学习的榜样,不知不觉中道德水准就会日益提高。成语说“近朱(则)〔者〕赤,近墨者黑”,甘姓家规要求年轻人“慎交游”实乃苦口婆心,金玉良言。

“惩暴戾”引孔子名言:血气方刚,戒之在斗。指出未成年的弟子往往意气用事,好勇斗狠。家规要求家长对子弟“预为教戒,犯本宗者,痛责弗贷”,就是要预先教育,对滥用暴力的行为要严辞责备,不得姑息。而且不得欺侮异姓,或倚仗金钱,欺凌怯懦和愚钝的弱者。这是预防青少年犯罪的重要措施,针对当前社会现实,仍然很有必要。

“禁刁讼”:家规禁止捏造讼词,纠缠官司;倡导宽厚待人,睦邻相处。“让路不枉百步,让畔不失一段”,忍气一时,可免忧百日。指出“我族夙称良善,固无健讼之徒。然共当永垂为戒!”虽然甘姓子弟向来心地善良,本来没有好惹官司的狂徒,但家规要求永远杜绝不良现象。当然,在法治社会运用法律法规,维护自身、家庭乃至整个家族的合法权益,又当别论。

“戒嫖赌”:家规严格要求戒绝嫖娼和赌博,反对“沉湎酗酒,狂泼惹祸”。这既是传承良好家风,也是维护社会安定的重要措施。

以上家规要求我族子弟尊老睦邻,戒除恶习,理性处事,遵纪守法,这些对我们建设和谐、文明的当代社会都大有裨益。

当然家规也要与时俱进,去芜存菁。社会主义核心价值观的内容为24字:

富强、民主、文明、和谐,是国家层面的奋斗目标;自由、平等、公正、法治,是社会层面的价值取向;爱国、敬业、诚信、友善,是公民个人层面的道德准则。建议删除“重坟茔,正嫡庶,肃闺门”三项家规,增补“尊自由,促平等,守公正”等新内容。

“尊自由”:自由是指人的意志自由、存在和发展的自由,是人类社会的美好向往,也是人们追求的社会价值目标。家规规范族人的言语行为都要以宪法精神和法律法规为依据,以尊重公民应享有的自由为前提,不能以家规侵犯族人的公民自由。如父母拘禁子女、丈夫打骂妻子等家庭暴力就违反了国家法律。

“促平等”:平等指的是公民在法律面前的一律平等,要求尊重和保障人权,人人依法享有(半)〔平〕等参与、平等发展的权利。在甘姓家族中,不论贫富,不管官民,不分男女,不看长幼,在人格上一律平等。不能嫌贫爱富,媚官欺民,重男轻女,辱长凌幼。人格平等与尊老爱幼不是对立的,而是统一的。

“守公正”:公正即社会公平和正义,它以人的解放、人的自由、平等权利的获得为前提,是国家、社会应然的根本价值理念。甘姓族人参与社会事务,要依法循规办事,恪守公平正义,不能徇私枉法,更不能损公肥己;甘姓处理家族事务,要从大多数人的共同利益出发,受推举、被委托为族人服务的人,不能为自己或少数人谋私利。涉及族人利益的公共事务,要公开、透明。

十三、《2018 年卢氏家训选编》所载

封丘县卢氏家训

家教

树不修不成材,养不教父之过,古有修身之书,今有道德之课,念吾族之德,爱国家,(教)〔孝〕父母,友兄弟,尊婆爱媳,妯娌和睦,遵纪守法。

孝父母

有生在世,必有父母,千里去送香不如在家孝爹娘,待父母之心更为子女之意,既无愧于生前又无愧于身后,如今个别子孙婚后分居,尽情享受,老易生病,活而不养,死而不葬,乌鸦反哺,羊羔跪乳,人若不如禽兽,苍天而不谅之,人应从孝为先,望族人遵之。

友兄弟

兄弟一体之分,理应相亲相爱,绝不能因小事或家产而结仇怨,更不能互相

残斗而讼公庭,断孝不亲,要真诚团结,同心同德,并劝侄男阁女友爱,为晚辈做出榜样,喜丧庆吊,故必均承,若贫富不同才能不等应尽力承担,家庭祥和,兄友弟恭,若兄弟不合朋友非意也,嫂弟之间,弟应尊嫂,嫂应爱弟,礼貌相待,忍让为安,望吾族人兄弟和气,家祥日上。

尊婆爱媳

婆爱媳,媳敬婆,团结和睦对于家庭安宁、经济繁荣、生活幸福至关重要,婆母对媳要如亲生女,儿媳对婆要如亲生母,语言礼貌态度温和,热心赡养,唤即到嘱即听,端饭洗衣,病痛护理,孝不辞苦,善始善终,邻里赞,子孙敬仰,但个别儿媳,缺乏教养,身情不顾,与婆闹气,重者打婆,抛弃虐待,居家悲伤,此为恶媳,街坊耻笑,天地难容,刑法于身,悔之晚矣。吾族儿媳引以为戒。

妯娌和睦

妯娌和睦,家庭幸福,待公婆操劳家务,争先恐后,不可相推,家兴家衰,妯娌和睦否,关系甚大,财产分配,姿态要高,忍让在先,后生贫富,(世)〔事〕在人为,遗产多少,自尊自强,勤俭持家,养殖种田,好人常在,一生平安。

教子读书

书是兴国之本,社会在改革,科学在进步,生产在发展,生活在提高,文化是基础,教子读书尽心尽责,培养成材实在关键,作为子女要勤奋学习,求则必通,(安)〔定〕要吃苦持之以恒,温故知新,日进有功,教育子女,品学兼优成栋材。

遵纪守法

社会在发展,法制在健全,吾族人德高不落法网人,遵纪又守法,永当好公民,积极纳赋税,为国献躯身,一心跟党走,吾族长存。

注:本家训录自封丘县卢庄村、王卢集村、赵寨村等16个村庄的卢氏于1998年2月(戊寅年腊月)编的《卢氏家谱》。

第二节 受时代新风影响的当代家训

当代中原家谱中有些新训受时代新风影响较大。社会主义建设、改革开放、计划生育、社会主义荣辱观、社会主义核心价值观等,都对当代中原新谱家训产生了深远的影响。兹摘录部分此类优秀新训如下。

一、《1990 年沈丘郸城界首于氏宗谱》所载

于氏(阁)〔閤〕族公约

一　热爱祖国热爱人民拥护中国共产党

二　团结异姓和睦相处互(邦)〔帮〕互学共同上升

三　敦品励行言传身教建设精神文明

四　学法守法建立良好社会秩序

五　继承优良传统抵制不良之风

六　注重教育培育人才

七　公职人员努力工作服务“四化”报效祖国

八　积极搞好农工(付)〔副〕牧生产提高生活水平

九　严禁门分派别小团体活动封建迷信活动

十　孝敬父母尊敬师长兄弟友恭爱护幼小礼貌待人

公元一九九〇年五月

二、《1999 年鲁山李村李氏族谱》所载

族规家训禁约

为了继承始祖文贵公勤劳善良、质朴忠厚之美德，维护与弘扬李氏之荣誉，教育当代，启迪后人，特定此族规、家训、禁约，望我李氏族人自觉遵守。

族规

一、遵守国家的政策、法律、法令。为官者要清正廉明，爱民洁己；务农者要勤耕不戾；经商者要买卖公平，童叟无欺；务工者要尽职尽责，勇于创新；从军者要忠勇保国；求学者要刻苦攻读，努力上进。

二、祭祖规定一年一小祭，由各分会一至三人参加；五年一大祭，全族参加。时间均在每年农历正月十九日，在文贵公茔前举行，风雨无阻。

三、遵照李村李氏字排，自公历一九九九年元月一日起，出生婴儿一律以规定字辈取名，即：

远　鸿　敬　晓　世　勤　恭

永　绍　承　恩　剑　定　宗

继　新　铁　德　效　恒　存

润　泽　维　昱　颖　宜　聪

共28个字周而复始，循环无限。

四、每隔25年续一次家谱。续家谱时对字辈进行审定。

上述族规，自一九九九年农历正月十九日李氏家族全会讨论通过生效。今后在大祭或续家谱时，对族规执行情况进行检查，或审议修订，以求逐步完善。

三、《2001年河南洛阳吉利区白坡权氏族谱》所载

权氏家族族规祖训

在这六个多世纪以来，我权氏亮祖子孙繁生近万，兴旺发达，其原因除天时地利人和之外我权氏先辈世代严守族规祖训的教诲是极其重要的决定因素，为了让后世子孙继承祖先遗志，发扬权氏家族的传统道德规范，为国争光，为祖争荣，经第五次修续谱执事会、理事会全体委员研究决定特制定出以下族规祖训，望我权氏后世子孙严格遵循。

一、凡我权氏宗族子孙要热爱祖国，尊祖敬宗，孝敬老人。

二、人人增强宗族意识，树立良好的族情观念。

三、族人要团结友爱，不断加强权氏家族的凝聚力。

四、后世子孙起名应尽量按辈字，避免雷同和误犯前讳。

五、遵纪守法、行善积德、耕读传家。

六、人人都要求学上进，在不同的工作、劳动岗位上争创廉洁英模，为祖争光，为己争荣，为后世子孙树立楷模。

七、破除迷信，崇尚科学，移风移俗、乐善好(使)〔施〕。

八、注重礼仪，团结异姓，和睦乡邻，助人为乐，宽容待人。

九、凡我权氏家族直系血亲和五服以内的旁系血亲严禁结婚。

十、每年春节团拜，清明节祭祖。

白坡权氏五修族谱执事会、理事会全体通过

四、《2008年河南登封岳家楼岳氏宗谱》所载

族人守则

国以法治，族以规约，法善国盛，规严族兴。我忠良公之后裔，集聚登封，亦徙他乡，根深叶茂，人丁3000，皆武穆之后，然祖训遗风不可不遵，立此守则，希

(寄)〔冀〕共勉。

一、发扬“尽忠报国”精神,构建和谐社会,倡导社会主义荣辱观,热爱祖国,热爱人民,热爱家族,立志奉献。

力戒卖国求荣,苟且偷生,渎职卸责。

二、认真学习法律,增强法制观念,自觉遵纪守法。

力戒贪污受贿,行凶杀人,拦路抢劫,偷盗扒窃,聚众闹事,营利赌博,扰乱社会治安等违法犯罪行为。

三、自觉执行《中华人民共和国老年人权益保障法》,做到尊老、敬老、养老,传承“忠孝”美德。

力戒遗弃、殴打、谩骂父母和不〔履行〕赡养老人义务的行为。

四、自觉执行党的基本国策,计划生育、少生优生。反对重男轻女思想,体现男女平等。

五、自觉执行《中华人民共和国婚姻法》,创建文明家庭。

力戒虐待妻子、子女,破坏他人家庭,包办婚姻等不法行为。

六、自觉缴纳国税,完成国家上缴任务。

力戒偷税、漏税、抗税的违法行为。

七、自觉保护生态平衡及生态环境。

力戒乱砍滥伐,捕猎国家令禁的珍禽贵兽。

八、遵守职业道德,优质服务人民,公买、公卖、不欺、不诈,树立良好岳氏族人形象,稳定社会发展。

力戒制造贩卖伪劣商品,利己坑人。

九、坚持勤劳致富,科技兴家。

力戒懒惰,挥霍浪费及恒守旧规,不求上进的行为。

十、正确处理兄弟、妯娌、邻里亲友之间的关系,讲究文明礼貌和睦相处。

力戒惹是生非,寻衅闹事,诽谤他人,蛮横无理等行为。

十一、为政者以“文官不爱钱”为镜,入伍者以“武将不惜死”报国。

力戒草(管)〔菅〕人命,推诿、敷衍、懈怠等行为。

十二、团结异姓兄弟,搞好睦邻关系,共同促进发展。

继承祖风遗训。

登封岳家楼岳氏宗谱编委会

五、《2012 年安阳永和伍庄杨氏家谱》所载

伍庄杨氏家族家规、家训

家规、宗规、家训是要求族员共同遵守的行为规范，凡我杨氏后代，自觉共同遵守(此项经家族协会征求意见，共同研究)，议定内容如下：

1. 每位族人，必须要爱国，爱家，爱族，以忠孝为本，以和敬为先，上敬祖宗，下敬父母。弟必敬兄，幼必顺长。

2. 每位族人，不得逞强，不得称霸，不以强凌弱，平等相处。

3. 每位族人，要奉公守法，不得无理闹事，不得族大欺人，不得以众暴寡，不得以富欺贫，不得以尊欺卑，不得以少凌长，不得为非作歹。

4. 禁止同族或近亲通婚，不包办婚姻，执行国家政策，不讲财礼。

5. 婚丧喜庆要移风易俗，新事新办，不铺张，不浪费，不图虚名。

6. 教育子女，要勤耕好读，务必堂堂正正做人，踏踏实实做事，为家族争光。切记忠之至诚，顺时为安，自然为之，严厉则爱，娇纵则害。

7. 男女平等，夫唱妇随，相互尊重，分工合作，共同劳动，共同致富。

8. 勤俭持家，精简节约，勤劳朴素，不损公利己，和睦宗族，友爱邻里，与人为善，团结互助。

9. 尊老爱幼，赡养父母，孝敬老人，夫爱妻敬，兄友弟恭，长幼有序，取长补短。

10. 严守社会公德，遵守社会秩序，爱护清洁卫生，注意身体健康。

六、《2015 年郑州市金水区高皇寨村杨家族谱》所载

杨氏族规

一、凡我杨氏族人必须严格遵纪守法和［遵守］社会公德，为祖国建设做出贡献、文明处世、诚信立德、礼貌待人、和谐安稳。

二、婚姻大事必须按国家法律办理，结合本区域传统习俗，正确处理婚姻恋爱纠纷，过继抱养子女承祧(嗣)者，应本着先亲后疏入谱。

三、族人应敬师重教，支持子女进校念书，完成国家规定的九年义务教育，提高族人文化素质，从而进更高一级学校深造。族中子女有造就前途成绩优秀，但家贫无力供给者，全体宗亲应集体捐资帮助使其继续深造完成学业造福

社会。

四、族人老弱病残鳏寡孤独无人侍奉者,除国家社会给予照应外,族人可据个人经济能力大小而提倡济贫扶危,不许趁机为掠夺他人资产财务以致虐待。

五、族人子女成年后无论公(公务员)、工、农、商、学、兵、艺(演职员),须各务正业,尽力公干,勤俭持家,艰苦奋斗,自力更生,不得游手好闲,倚强凌弱以大压小,为非作歹,流为浪子,行奸犯科,劣行情〔节〕严重者,族人有责及时向政府和执法部门举报,以利宗族和社会。

六、今有族谱字派,统一从二十三世后,族人给子孙取名时望按字派选字择义,少取或不取同义同字之名,以利分别尊长,有取单名者亦应镶进字派,便于后人谱时不致混淆(姓名中第二或第三个字)。

七、凡族中之人不能无理以小犯长,严禁不分亲疏,出口谩骂,动手伤人的恶劣行径。对那种不赡养老人还谩骂殴打老人的忤逆不孝者,宗族合众予以谴责,并报政府给予惩处。

八、凡本族人员,无论公职人员,还是普通百姓,遵守社会公德,勿贪不义之财,切忌损人利己,子弟尤其不可参与赌博,吸食毒品;染此恶习则倾家荡产,家不睦,国不稳,力戒之!

九、愿后裔子孙勿忘根本,兴建祠堂,供奉祖先,祭扫坟墓。凡每年拜祖日须通族前往祠堂或墓地祭祀,祭祀时衣冠整洁,态度严肃,各分支门严格保存好各门宗谱及时续填不得妄信邪教,焚烧宗谱。

十、凡吾杨氏族人须妥善保存族谱,外族人不得传阅。本族人需看者,须先行拜谱礼,不准用手沾唾液翻阅。沧桑变迁,山河不老,望我族更加旺发繁昌,撰写族谱工作继续,希后裔宗亲代代相传,续谱更全更好。

郑州市北高皇寨杨氏第一届理事会

二〇一五年二月十日

七、《2016 年新郑市龙湖镇山西卢村卢氏族谱》所载

族规族风

2005 年修谱时,族人经过反复回忆和认真总结,一致认为:经过几代人的磨砺和实践,全体族人逐步养成了勤劳、好学、诚信、互敬、创业等优良传统。这次修谱,一致同意将上述优良传统升华为全体族人应当身体力行的族风、族规,使

其在家庭文明建设中发挥积极作用。其内容如下：

勤劳俭朴。一生之计在于勤，勤能治愚，勤可增智，业精于勤。勤，无论劳力劳心，竭尽所能，勤勉从事，不怠慢，必定有所成就，出人头地。我族先辈和今人，无论田间耕作，还是工作、经商，人人都从不怠慢，起早贪黑，珍惜时日，努力多做，从不拖拉，今事今毕；时时、事事、处处精打细算，量入为出，能省则省，节衣缩食，少花钱多办事，从而逐步改变了家庭面貌。时下虽然较前富庶了，勤劳(简)〔俭〕朴的族风仍应当永远保持和发扬，(以)〔一〕如(继)〔既〕往。

诚实守信。“言必信，行必果”。诚信是一种个人修养，是一种人格境界，是立身之本，也是一个集体、民族、国家的生存之基。它要求人们真实无妄，诚实无欺，内心诚实。一个人只有这样，才能够心智清明，善待他人，择善而从，进而营造更好的社会关系。与人相交，言而有信，一诺千金，行必有果。这是数代族人为人处世的准则，应当成为族人言行之规，世代践行。

互敬互助。互敬互助就是孝敬父母双亲，厚爱兄弟姐妹，夫妇和睦，乐于助人。我族先辈历来父慈子孝，同胞共敬，夫妇亲爱，家庭和睦，各家相互乐施好善，亲如一家，和衷共济，共克苦难，极少出现过家庭纠纷和各家之间不和现象。家庭和谐是社会文明和谐的基础，家和万事兴。因此，先辈为族人开创的互敬互助好家风好家规，应当传承千秋，发扬光大，任何一家、任何一人均应力争在社会发展中与时俱进，在互敬互助方面不落后，不掉队。

刻苦求知。国家前名誉主席宋庆龄女士曾经说过：“知识是从刻苦劳动中得来的，任何成就都是刻苦劳动的结果。”我族子孙深知祖辈因家贫而上不起学，没有文化的苦衷，立志下决心改变文化水平低的情况。因此，无论上学多长时间，学习都非常刻苦，学业都比较优秀，学有所成，学(于)〔以〕致用，使自身文化科学素质不断提高，营造了良好的家庭勤学求知的氛围，构建学习型家庭方兴未艾。知识改变人生，技能成就事业。因此，随着科学技术飞速发展和知识经济时代已经到来，刻苦求知应当成为全族各家持之以恒的好风尚，人人养成上学时学业优秀，就业后继续求知，长到老学到老，生命不息，学习不止，使全体族人文化层次一代比一代高，在人文修养方面有一定造诣和成就。

艰苦创业。为了改变贫穷面貌，先辈们奋斗了一代又一代，终因政权不在广大劳动人民手中而未果。新中国成立后，特别是党的十一届三中全会实施改革开放方针政策后，改变贫穷面貌的理想才逐步成为现实。时下各家都比过去富裕了,但仍处于小富即安阶段,同全面小康的要求还有不小差距,家与家之间发展还不平衡。因此,全族人等应当充分利用新农村建设和大众创业、万众创新的大好形势和有利时机,自力更生,再接再厉,奋发有为,百尺竿头,为圆建设幸福美满家庭之梦拼搏不止,越过"富不过三代"的周期。

遵法守俗。法律、法规和乡规、民俗,是国家长治久安、社会和谐稳定的保证,是人们言行的准绳和规范,是人们安居乐业的保证。本族人丁自先祖至今,人人以身作则,遵守法律、法规和村规民俗,并且能够依法保护合法权益。我国是一个法治国家,法律法规日益健全,依法规范言行是每个人的言行准则。因此,随着文化层次的提高和职业的严格要求,遵法守俗应当成为族人的良好风范,力争使族人中没有违法、乱纪和损害乡规民俗情况的发生。

八、《2018 年魏氏宗谱息县八里岔乡魏寨支系》所载

魏氏族规

族规是振兴一族之利,正人伦之大节。一族之中,事务繁多,人丁繁衍,规章必不可少。惟择乡俗所共识,寻常所习用的采录如下,俾使家喻户(喻)〔晓〕,此则为人处世,持身之要道,今时人所最禁者,使我族人定宜防范,严以警戒。

一、爱国家。国为家之本,国强则民安、家兴。因此,要爱国似母,执法如山。凡我族人应积极响应党和政府的号召,努力学习,践行社会主义核心价值观,勇于担负起保卫祖国、建设祖国的重任,与时俱进,不断创新,全心全意为民谋福祉,同心同德为国家谋发展。大智兴邦,集思广益;联系群众,为民办实事;扶弱济困,利惠民生。勇力振世,守之以法;功被天下,守之以让;富有四海,守之以谦。团结奋进,交邻有道;务本节用,选贤任能;兴学有才,尊师重教;保守国家机密,反对民族分裂;疾恶如仇,构建和谐。主动参加新农村建设,使现代"农村美,农业强,农民富",并逐步实现农业现代化,为全面建成小康社会贡献力量。

二、敬父母。父母乃生身之本,为人子应尽其心,外竭其力。晨昏省视,出告回禀。即使身在外务工,也应时时联系,供养无违。节假日应及时回家看看,陪陪老人,关心老人衣食住行,身体状况。如有忤逆之徒,不负赡养责任,应即传各支户长共议,严加劝诫,如仍不悔改,当严责罚,情况严重者呈送国家司法

机关追究其民事责任。

三、序尊卑。长幼之间,规矩当循,尊卑之节,长幼宜重。此人伦之大事,谱系之规定。长者应关心爱护幼小。尤其是现今,年轻人多在外务工,留守儿童多由老人照顾,更应多加爱护、教育。尊长者不可以大压小,恃强凌弱;卑幼者更应尊重长辈,礼让有节,倾听教诲。不可以下犯上,逞强恃恶,凶殴尊长。如有此类事件发生,当邀各户长公允责处。

四、重婚姻。婚姻之礼,主张自主。但凡男欢女爱,家长应支持孩子自由结婚,不可包办。娶媳嫁女,必择勤劳忠厚之家,勿计聘礼妆奁多寡。况族大人多,重亲叠戚者众,尤须层次不紊,尊卑有序。国法明训,同姓近亲不婚。倘若大小不分,随意联姻,不独称谓失宜,尤其乖伦背理。凡我族人,定当慎之。

五、夫妇和。夫妇之间,人伦之始,和合为贵。美满婚姻,地久天长。夫唱妇随,相敬如宾,双方父母,同样孝敬,不得厚此薄彼,免生祸端。和睦亲邻,温良俭让,妯娌兄妹之间,互敬互谅;叔伯子侄,视如己出。或有贤不肖者,树立榜样,多加教训,万不可动辄施以家庭暴力,或轻言离异。不但使家庭破裂,更影响社会和谐。劝我族人谨宜遵之。

六、训子弟。养不教,父之过,古有明训。子弟不法,非独族有条规,且国法示禁,法律森严,责及家长。况于今世国家严厉打击黄赌毒和网络犯罪,严厉打击偷盗、抢劫等不利社会和谐、破坏人民团结的行为。各家长应严格要求子女努力学习文化科学知识,积极参加祖国建设事业,做遵纪守法、不损人害己的模范公民和优秀青少年。违者不仅家长受累,且合族受辱,劝我族人,严教子女远离〔此〕行。

七、讲团结。族内之人,无论远近亲疏,均系一脉同源。均应和睦相处,仁义待人。团结一致,共同建设自己的美好家园,同心同德奔小康。如遇些小事发生纷争,应先经各支户长公议调解,通过互谅互让,公开沟通,公解矛盾,免伤和气。千万毋逞一时之气,不顾同宗或手足之义,妄兴讼端,自相残害,不仅祸及自身,亦伤族睦,劝我族人应当诫之。

八、禁非为。凡盗窃、抢劫、赌博、酗酒、吸毒、奸淫、嫖娼、教唆等项,国法明令严禁,计赃问罪,或受刑事处分,凡是游手好闲、恃强凌弱、聚众赌博、打架斗殴、唆人为娼、酗酒闹事、吸毒卖淫等不法行为者,合族父老、叔伯兄弟均有责任进行训诫。倘有怙恶不悛,姑息宽容者,定当公诉究惩。劝我族人,当公正守法,严禁胡作非为,不得损人利己,不得损公肥私,不得侵占集体或他人财物,损害他人权益。

九、祀祖宗。祖宗乃族人之本源,距我们虽远,祭祀不可不诚。每逢春节、清明节等传统节日,合族老幼应当慎重祭奠。到宗祠祭祀,必先值祭仪,洒扫祠室;族长主祭。祭者不拘人数多寡,各肃衣冠,依次礼拜。祠内不得戏谑、喧哗,有失尊祖之礼。坟茔乃祖骸所藏之所,先人靠其安居,子孙依其荫佑。清明祭扫,法有例循。至期,父长应率子孙们各带工具,不论坟茔有无崩塌,均应培土修葺。且坟中无碑者多,有碑者少,父长应详细指认,以示晚辈。勿以畏远图逸,不以为然。为人子者,当知父母养育之艰辛,知感恩图报。老人百年作古之时,应根据家庭状况,妥善安葬,不宜过于铺张。祖茔乃合族共管,不得随意损坏或侵占。劝我族人,遵之重之。

十、续修谱。续谱工作,诚望三十年一修。不再如现今,旧谱遗失,年代久长,许多好人好事,祖辈生平都无法标明。单凭记忆,既耗费时间精力,又难尽人意。况族人远徙近迁不一其地,生配死殁不一其时。人丁愈广而事愈繁,久远难记,续谱工作不宜迟缓。续谱时,必择族内心境清明者为掌修,其编辑、采录、校对、缮写,亦必识字明白之人,方可承担其事。修谱人员在精不在多,多则混淆视听。凡选中之人,必能吃苦耐劳,克己奉公,不计得失,毋论房分配人数。倘或借续谱之名,耗费繁多,中饱私囊,定须严加整饬。诚望我族后之贤达,审时度势,相机而裁之。

十一、珍藏谱。我族原来曾经前人修谱。奈因年移时易,加之我村地处淮河边缘,古时多水患,兵匪之灾,历史沿革,不知散失于何时。此次谱书既成,印刷多本,分发各支各房认领珍藏。凡领谱者,当思谱书来之不易,均应慎重、细心保管,视同眼目。藏谱者请附笔记本一册,记录各房各支每年生、殁、嫁、娶或承继、招赘、子弟博取功名,受国家奖励。拟定每逢甲年(十年),借公祭之机,由族长主持进行查验。一可得各支所记诸事汇集于宗祠总册,便于以后续修作重要史料;二可检查各谱有无虫噬鼠咬,漏湿朽坏或私添乱改,缺页少张现象。一经发现有以上现象,应及时督修,以便下次调验。劝我族人珍之慎之,不复如现今,谱失,屡费心力稽查,既枉费时间,又浪费财力、精力!

十二、清组织。族内设族长二人,各支设房长一人,经管族内一切事务。凡族长、房长均应协力同心,维护族训、族规顺利执行,并能正人伦,整家规,端风化。遇事不容推诿，出语更要忠良。族内大小事务及意料不到的突发事件，一经告知，应及时处理，彰显公平、公正、公道；严肃法规，调解纠纷中树立公信。切勿徇情碍面，姑息宽恕。若因推诿怠惰，不负责任地任其发展，咎在族、房长。族、房长任期五年，任满后由各房各支代表遴选族内德才兼备、克己奉公、办事公允、受群众信仰者为族、房长。原族、房长亦可连选连任。各族、房长尤应切实负责，振奋威信，树一族之表率。

十三、奖学子。吾族不乏英才，特别是今世考入本科大学的不下百十人。俟以后族内当设立助学基金，对家庭困难，其又发愤图强、刻苦学习、品学兼优的学生，给予资助或奖励。各支各房有识之士，当解囊捐资以作基金，以鼓励学子，并帮助困难家庭解决学费问题，勿使辍学。对祖国经济建设、国防建设、科学技术作出突出贡献者，受到国家表彰的，族内应当奖励；对于扶危济困、见义勇为者，族内也视其情况给予表彰或奖励。此项，待以后公议决定。

十四、讲卫生。积极开展新农村建设，加强村容村貌整治工作，改善和美化人居环境，逐步实现城乡一体化。教育族人不随时随地乱扔垃圾、秽物；柴草、粪土定点堆放；猪、马、牛、羊、鸡、鸭务必实施圈养，定期清理圈栏，既积攒肥料，又预防疾病。同时做好牲禽的防疫工作，消除传染病。秋麦二季，不随便焚烧秸秆，做到返秆于田地，以净化空气，治理污染，有益个人健康，保护我们共有的家园。

十五、重消防。搞好消防工作，加强村庄和野外用火管理，做到人离火灭。随时关闭电器和煤气灶具，做到安全用电、用气。对村庄、居家电网线路定期检查，排除隐患。如有损坏，及时请电工修理，严禁私拉乱接。加强对儿童的用电、用气、用火的常识教育，严防触电、溺水等事故发生，提高族人消防意识水平。

十六、族规者。所以挈一族之人尽归良善。古圣贤垂教立言，历代典册，历历在目。……也就是准人情、厚风俗、正党风、恤民意，至明至切。凡我族人，苟能身体力行，继承和发扬老辈的优良传统，正己修身，树楷模于后裔，光辉吾族，则幸甚至哉！

《魏氏宗谱》理事会

2015.7.22

第八章　丰富多彩的中原家训撷英

中原家谱所载家训内容丰富多彩、形式多种多样。古诗在民间有着长远广泛的影响，这在家训中也有所反映，格言诗训成为最为常见的中原家训表现形式之一。有的家族用于排列辈分的字派、祠堂建筑的楹联等也具有家训的性质。有些中原家族还特意引用古代本族或本姓名人的家训或家教言论等作为家训。也有些家训综合了多种形式与内容，甚至在21世纪的今天还出现了英文家训等特殊形式的家训。生活居住在中原地区的少数民族，如回族，也有不少家族编修了家谱，并将家训载入其中，形成了别具风格的少数民族家训。兹选录整理如下。

第一节　格言诗训

用三言、四言警句、格言或律诗的形式作为家训，也是家训的重要形式，中原家谱中所载此类警句格言诗训非常丰富。这类家训有的是传统家训，有些则是当代的新谱家训，但从形式上来看，具有一致性，故一并从中选择部分优秀家训整理如下。

一、《1997年商水南街王氏宗谱》所载

族训

遵祖训守法纪安业务本

幼尊长长爱幼辈序必循

济贫困扶弱寡团结互助

接事物对人众和平谦逊

尚勤劳重廉朴不吝不侈

勤学习苦钻研力求上进

志坚强行持苦造福人类
继美德传家风万古长春

二、《2000年三槐堂王淮源宗支族谱》所载

三槐堂王　淮源宗支

族训

宗亲团结　护国为民　振业兴家　支清派定
厚德升光　仁义礼信　好义趋公　品端行正
崇尚知识　通材达文　勤于本业　力图昌盛
廉洁大公　修身养性　宠不增秩　荣不忘本
爱族尊谱　循规而行　三槐之根　永铭于心

家规

志育心田，孝养父母，友爱兄姊，崇睦乡邻。
严教子孙，恤扶孤寡，婚姻遵法，勤俭为本。
公则生明，崇俭除奢，表率躬行，国事为重。

三、《2005年林虑刘氏族谱》所载

刘姓的传家宝

勤俭立身之本，耕读保家之基。大福尚需时势，小福必要殷勤。一年之计在春，一日之计在晨。有事莫推明日，今日即办就成。明日恐防下雨，又推后日天晴。天晴又有别事，此事却做不成。夏天又怕暑热，冬寒又怕出门。为人怕寒怕热，难以发达成人。请看天上日月，昼夜不得停留。寒窗苦读君子，五更雪夜萤灯。官商盐埠当铺，万水千山路程。若做小本生意，必要起早五更。乡农春耕下种，一年全靠收成。男人耕读买卖，女人家务殷勤。节俭先贫后富，懒惰先富后贫。纵有万贯家业，乱用终究必贫。每日开门两扇，要思用度人情。自食油盐柴米，总要自己操心。一家同心合意，何愁万事不兴。总是你刁我拗，家中一事无成。既为年轻弟子，为何不做事情。总想空闲游耍，不思结果收成。年轻力壮不做，老来想做不成。别人那样发达，我何这等贫穷。别人妻财子禄，我今一事无成。别人也有两目，我有一对眼睛。又不瞎眼跛脚，为何不如别人。自己想来想去，恐患赌博奸淫。务需回心转意，发愤做个好人。为人忠厚老实，

到底不得常贫。忍让和气致富,争强好胜致贫。粗茶淡饭长久,衣裳洁净就行。不论居家在外,总要节省殷勤。若是出门求利,总要积赶回程。银钱勤勤付寄,空信也要常行。父母免得悬望,妻儿也免忧心。若是赌嫖乱行,一世不能成人。赌钱不是正业,本来有输有赢。赢钱个个问借,输钱不见一人。即刻拮据困难,无人来帮分文。回家寻箱找柜,想要再赌转赢。谁知赢钱多艰,再赌又输他人。输多无本生意,耕读手艺无心。输久欠下账目,家产当卖别人。父母妻儿丢脸,自己被人看轻。嫖赌从今戒尽,耕读买卖当勤。每日清晨早起,但坐必要更深。弟兄同心协力,商量斟酌方行。银钱交接明白,戥斛寸尺要清。算盘不可错乱,账目登记细明。开店公平和气,主顾富客常临。兄弟忍让和睦,外人不敢欺凌。夫妻更要和顺,吵闹家中不宜。亲朋不可轻视,弟妹不可断情。贫富都要来往,免被别人看轻。奴婢得尔恩待,必萌护主之心。切莫言行刻薄,忍耐三思而行。村坊和睦为贵,不可唆害别人。瞒心骗拐莫作,交往总要公平。钱粮不可拖欠,关税更要缴清。安分守己为贵,奸猥造次莫行。亲戚朋友识破,谁肯赊借一分。如然贪腐求阔,或起盗贼之心。偷窃终会暴露,治安处罚判刑。自身监狱受苦,父母妻儿忧惊。劝君回心转意,耕读买卖为生。嫖奸断不可为,丢钱受苦损名。奸淫第一损德,报应儿女妻身。如嫖他人妻女,己有姐姑母亲。倘若别人嫖戏,我知岂肯容情。事败妻儿反目,姐妹也免断情。善恶终会有报,不可感情冲动。恶习若能除戒,天涯海角畅通。此宝熟读且行,定有结果收成。

总结语:

怕贫休浪荡,思富莫闲游。欲求身富贵,须向苦中求。

刘氏格言十则

立身其正其言　待人以厚以宽

教子唯忠唯孝　治家克勤克俭

存心能忍能耐　做事不偏不倚

接物勿斯勿怠　处事曰谨曰廉

尊长必恭必敬　交友与德与贤

刘氏戒律十条

赌博　酗酒　淫乱　斗殴　行骗　蛮横　偷盗　争讼　懒惰　吸毒

刘氏宗亲日常行为规范

刘承业摘编

行为规范,大家遵从。世代书香,门(弟)〔第〕光荣。举仕登科,光耀祖宗。

孝养父母,尊长必恭。兄弟和睦,妯娌和顺。姑嫂姊妹,诸姑伯叔。礼貌尊崇,荣辱与共。亲友故旧,相互尊重。忽持盛态,欺弱凌穷。教子有方,切勿放纵。引入正途,学习用功。虚心求教,少私多公。贫贱不移,富戒骄横。毕生奉献,立业建功。强筋苦志,牢记心中。求知必学,学则精通。官以德政,廉洁奉公。为医讲德,救死扶伤。为商公平,勿欺叟童。为民务本,辛勤耕种。各司其责,法规必从。助人为乐,八方称颂。婚丧喜庆,勿太优隆。移风移俗,以俭为荣。嫁女择婿,遴选厚重。娶媳求贤,切忌娇容。节酒戒色,赌场勿行。交友择(隣)〔邻〕,取义(慎)〔慎〕重。仁慈宽厚,小巧谦恭。取财有道,外财不容。节俭为美,劳动光荣。(迂)〔遇〕事忍耐,居家严讼。高风亮节,世人称颂。忠于职守,德高望重。尊重异(性)〔姓〕,不忘大众。关心社会,前程宽宏。训谕后人,贯彻始终。我族醇风,弘扬贯通。

刘氏族训

骏马骑行各出疆,任从随地立纲常。

年深外境亦我境,日久他乡即故乡。

早晚勿(亡)〔忘〕亲命语,晨昏须奉祖炉香。

苍天佑我卯金氏,二七男儿共炽昌。

刘氏通用楹联

禄阁家书,藜焰照十行之间。

玄都种树,桃花赋千植之诗。

刘氏通用宗联

三章早沛秦川雨,

五夜长明书室灯。

术通乾象,喜入天台。

雕龙名著,殿虎英风。

四、《2005 年商水县雷氏族谱》所载

家教格言

(1)教子立志

人怕无志,树怕无皮。人怕伤心,树怕剥皮。

胸无大志,枉活一世。穷要志气,富要田地。

胸中有志，遇难不畏。鸟贵有翼，人贵有志。

为人须立志，无志枉为人。鸟无翅不能飞，人无志无作为。得志一条龙，失志一条虫。有钱须念无钱日，得志毋忘失意时。

(2)教子(不)读书

养子不读书，不如养条猪。子弟不读书，好比无眼珠。家有千金，不如藏书万卷。穷人莫断猪，富人莫断书，养子不教如养虎，养女不教如养猪。儿孙自有儿孙福，莫为儿孙做马牛。

(3)孝顺还生孝顺子，忤逆还生忤逆儿

世人知孝双亲，养儿才知父母心。若待养儿方知报，父母岂有百年身？千跪万拜一炉香，不如生前一碗汤。在生不孝顺，死了哄鬼神。

(4)兄友弟恭

打虎需要亲兄弟，上阵还需父子兵。平时虽多好朋友，见你遭难难依靠。兄弟在家虽争吵，对外合力抗强暴。天下难得是兄弟，好友亲像亲兄弟。

(5)夫妻和睦

妻贤夫祸少，夫和妻子贤。痴人畏妇，贤女敬夫。百世修来同船渡，千世修来共枕眠。

(6)家和为贵

家贫和是宝，不义就是过。父子和而家不败，兄弟和而有力量。夫妇和而家业兴。两人一条心，有钱买黄金。一人一条心，无钱买枚针。

五、《2006年汤阴南申庄丁氏家乘》所载

家训

1.

为人行善

为民积德

为子尽孝

为吏尽职

(前两句为第三人称，后两句为第一人称)

2.

家有读书郎

跃坐大学堂

书海是银海

辈辈吃皇粮

3.

团结就是力量

勤奋家业兴旺

和谐和睦处事

忠孝治国安邦

六、《2007年罗山县叶氏族谱》所载

祖训

自古以来:“国有国法,家有家规。”祖训即是要求族人要做到,并严格遵守之家规。综观罗山县叶氏原有家谱,在已有的祖训和要求后人遵守的规定条文基础上,吸取精华,增加了与时俱进的条款和内容。现把它概括为四字一句,四句一意,共60句:

正本清源,历史考证,辈分谨记,血缘纯正;

保国卫家,遵纪守法,克己奉公,顺天者存;

清明扫墓,古成先例,年年祭祀,孝心永存;

相信科学,不忘祖训,叶氏血缘,永不通婚;

赡养父母,理报深恩,孝敬公婆,家有温馨;

兄弟姐妹,手足之情,相互关爱,往来情深;

夫妻和睦,相敬如宾,男女平等,相辅相成;

教育子女,夫妻责任,训子以礼,倾注爱心;

邻里和谐,闲气休争,扶弱助残,以心换心;

勤俭持家,积少成多,讲究卫生,知足常乐;

拒色戒赌,堂堂正正,奢侈贪贿,人人忌讳;

正义拒邪,忌恶扬善,诚人达己,光明磊落;

求知好学,不耻下问,戒骄勿躁,谦虚谨慎;

壮志雄心,永恒奋进,励精图治,自重自尊;

人生旅途,努力攀登,光宗耀祖,重光永恒。

七、《2007年嵩山甑氏族谱登封卷》所载

嵩山甄氏族训

甄姓子孙　爱我中华　团结各族　强国富家

为官清廉　勤政爱民　为民勤俭　遵纪守法

忠孝为本　礼让当先　尊老爱幼　疾恶敬贤

生财有道　耕读永传　刚直正气　律己定严

和睦邻里　对人要宽　勤学好问　永不自满

逆境奋起　拒腐防变　开拓进取　百业状元

八、《2007年新乡东曲里申氏族谱》所载

申氏家训

弘扬申氏家族优良传统，共建文明和谐家庭，特立家训以示族人。

爱党爱国，遵纪守法；敬老爱幼，家庭和睦；

光明正大，勤劳致富；团结友爱，互相帮助；

诚实守信，心地善良；激励后人，奋发图强；

为国立功，为家争光；遵循家训，世代发扬。

九、《2008年宝丰县商酒务镇武岗村石氏家谱》所载

家训

我国历代名门望族，不仅重视家谱的修续，还制定有家训、家规、家戒等以规范族人的道德行为。我族两次修谱均未涉及家训内容。今第三次修谱，考虑到家训是家谱的组成部分，且对家族具有重要意义，故依据中共中央印发的《公民道德建设实施纲要》精神，提出“六十四字诀”，作为家训，而不立其他规戒，望遵守。

爱国　爱民　爱族　爱家

敬祖　敬宗　敬父　敬母

重德　重礼　重信　重义

勤耕　勤读　勤商　勤政

助贫　助弱　助残　助困

和谐　和睦　和善　和衷

守法　守纪　守志　守节

戒骄　戒奢　戒淫　戒赌

十、《2009 年陈郡阳夏(太康)谢氏族谱安公故里篇》所载

族语

言传身教有分寸,百家姓中谢为尊。

宝树芝兰传芳远,东山再起日一轮。

千古绝唱淝水歌,如今乳燕又报春。

文明家风世代传,无愧申伯好子孙。

十一、《2010 年淅川富春堂严氏家谱》所载

家族宗规

笃祖宗　孝父母　敦兄弟　睦夫妻　明礼让　讲诚信　亲仁义　多包容

崇学识　奇创业　守法律　戒奢侈　禁娼赌　息诉讼　谨交游　乐助人

慎嫁娶　重人本　勇担责　志兴族　勤修谱　明源流

十二、《2011 年登封市郜氏宗志》所载

郜氏祖规祖训歌

中华民族五千年,炎黄子孙代代传。郜氏源(源)〔远〕著青史,祖宗功德留人间。家有族志莫闲置,男女老少应细观。心明源流知根本,尊族敬宗理当然。族规严明必遵守,祖训教(会)〔诲〕记心田。支系名序俱列明,取名结亲伦莫乱。时代延续无止境,续谱莫越三十年。金玉良言嘱托语,还有下面肺腑言。天赋生命只一次,树好人生价值观。忠孝仁义礼诚信,社会主义荣辱观看实践。人的能力有大小,事业没有贵与贱。居官不忘权谁给,为民应当思奉献。务农莫嫌苦和累,做工不避暑与寒。从军杀敌立战功,干警一方保平安。经商公平不欺诈,从政清廉不腐贪。攻读勇于攀高峰,执教培才不言难。为父教子做表率,做母爱子莫娇惯。子女敬老尽孝心,孙辈仿照成孝贤。夫妻相重敬如宾,弟兄妯娌亲无间。和家睦邻万事兴,忍让一步天地宽。在家应当守家规,在外必受法纪管。不义之财不可取,不义之人不可沾。不以权势欺压人,不与富贵去

比攀。学习英模干大事，莫跟邪恶陷深渊。琴棋书画冶情操，酒色赌场惹祸端。勤俭治家常有余，好逸恶劳寸步难。老老实实做事情，堂堂正正做女男。争做郜氏忠孝孙，光门耀族美名传。

十三、《2011 年固始詹氏家族四修宗谱》所载

家族族规

尊祖敬宗　和家睦族　毋致因利忘义　有伤风化
遵纪守法　爱国爱民　毋致侮辱国格　有违祖训
孝敬父母　尊敬长者　毋致忤逆尊长　有乖礼体
严教子弟　戒染陋习　毋致偏袒护短　有遗后患
读书尚礼　交财尚义　毋致骄慢啬吝　有玷家声
富勿自骄　贫勿自贱　毋致恃富凌贫　有失礼义
婚姻择配　朋友择交　毋致贫慕富豪　有辱宗亲
冠婚讲礼　称家有无　毋致袭俗浮奢　有乖家礼

钧公二十三世裔孙乃安撰

2011 年 2 月 16 日

家训十二条

父母宜孝　兄弟宜睦　子孙宜教　夫妇宜尊　交友宜慎　国家宜忠
亲邻宜和　心术宜端　言行宜谨　法度宜遵　孝道宜尽　友爱宜笃

钧公二十三世裔孙乃安撰

2011 年 2 月 16 日

十四、《2011 年鲁山县白村白氏家谱》所载

白氏祖训

民族之林大中华，天下白姓皆一家。
炎黄先祖是吾根，子孙繁衍遍华夏。
白氏祖训铭肺腑，崇尚首先尊国法。
报国爱家孝父母，科教振兴能壮大。
仁义礼智加诚信，争做优秀好公民。
求知重教为发展，团结和谐齐奋进。

熟读人间百科书,跨越时空尽佳运。
当官清廉反贪腐,为国为民多出力。
男女老少都一样,人人均可创辉煌。
行走天涯与海角,胸怀社稷志四方。
全球到处可安身,日久异土作故乡。
拼搏创业守本分,国强家强自亦强。
不论立足在何方,白村老根切莫忘。
事业有成鸿图展,切记祖宗上炷香。
发迹多为民谋利,当是白家好儿郎。
白姓代代才人出,家世源远永流长。

撰稿人:白福安

白氏家规

尊老爱幼,孝敬父母。
赡养老人,自始至终。
养儿育女,立德重教。
夫妻情深,和谐为本。
兄弟姐妹,手足情长。
妯娌团结,遇利相让。
邻里关爱,谦虚尊长。
富不欺贫,贵不凌弱。
男女平等,社会前行。
创造财富,幸福光荣。
扬吾家风,白氏昌盛。

撰稿人:白福安

十五、《2012 年平顶山叶县任店镇樊庄村樊氏族谱》所载

樊氏族训

追思祖德,宏念宗功,勿忘世泽,创造家风。
遵循孝道,睦亲敦宗,济困扶危,意志一同。
勿因小忿,以伤和融,勿念小利,以失大公。

团结合作，共存共荣，父慈子孝，言语顺从。
为长爱幼，为幼敬尊，为兄则友，为弟则恭。
夫妻相敬，和乐相融，勤俭共勉，肃正民风。
处世待人，至诚为重，认清善恶，辨别奸忠。
脚踏实地，莫贪虚荣，良朋多结，恶友勿逢。
不染赌习，远离毒品，不偷不抢，勤劳光荣。
遇强不缩，见弱不凌，刻苦耐劳，必定成功。
修坟祭祖，世之常情，家族兴旺，先祖之功。
十年树木，百年树人，读书传家，教育为宗。
先求知识，后求金玉，莫言贫困，放弃读诵。
士农工商，百业可兴，吾族后人，迈向光明。

十六、《2013年光山县方氏族谱杏山分卷》所载

方氏家训

一　睦宗族

人之有祖，水之有源；同宗同祖，一脉相承。自幼至长，贵贱不分；尊亲敬长，和睦族人。恃强凌弱，孤立不群；扶贫济困，方能远行。

二　敦孝悌

父母之恩，天高地厚；兄弟之情，唇齿相依。父母冷暖，牢记在心；兄弟危困，竭力帮衬。我父我兄，检迹慎行；若子若孙，效仿秉承。

三　教子孙

家之盛衰，须看子孙；世务通晓，能担重任。百年大计，教育为本；子孙之功，贵在师从。书囊无底，博大精深；勤学苦练，持之以恒。

四　慎嫁娶

男大当婚，女大当嫁；婚嫁之事，姻缘注定。贪荣求利，埋藏危机；包办代替，理当反对。择佳求贤，古今成规；志同道合，夫敬妇随。

五　安生理

民为邦本，食为民天；人生在世，勤业务本。士农工贾，守道力行；术业专攻，出类拔群。恪守法律，诚信为本；自力更生，爱国尽忠。

六　尚勤俭

勤俭节约，立业之本；奢侈浪费，败家之兆。勤而不俭，财流于奢；俭而不

勤,财终于困。俭可助贫,勤能补拙;勤以修身,俭以养德。

七　友邻里

谢家宝树,孟氏芳邻;千古传颂,家家追崇。邻里相好,永远是宝;心怀鬼胎,终必自害。与人为善,以邻为伴;和谐相处,温暖家园。

八　重交游

大千世界,芸芸众生;物以类聚,人以群分。近朱者赤,近墨者黑;结朋交友,慎重审择。结朋胜己,交必良友;五湖四海,以诚相待。

九　省自身

金无足赤,人无完人;人非圣贤,孰能无过。洁身自好,日当三省;常思己过,莫论他人。穷不忘操,贵不忘道;知足常乐,终身不辱。

第二十三世　方京　整理

十七、《2013 年夏邑刁氏家谱》所载

刁氏族训

商支祖训,渊源流长,始祖瑰宝,功高德望。
尊祖敬宗,永远不忘,报效祖国,热爱家乡。
耕读传家,诚信工商,知书达理,传统发扬。
孝敬父母,弟恭兄让,家和邻睦,遵纪守纲。
乐善好施,勤俭荣光,慎婚传嗣,教子有方。
禁戒非为,立身自强,弘扬家族,后裔兴旺。
先祖勋业,千古流芳。振兴家族,续写华章。

十八、《2014 年登封市颍阳镇郝寨村王氏家谱》所载

郝寨王氏家训

国有国法,家有家训,
兴家爱国,理当己任;
遵纪守法,民之本分,
学德尚仁,明礼诚信;
敬祖尊长,孝顺父母,
友爱兄弟,团结族人;

从善如流,和睦乡邻,
坚持正义,扶危济困;
尊重科学,破除迷信,
勤俭持家,安富恤贫;
敬业奉献,勤政恤民,
立本创业,致志专心;
热爱故土,不忘根本,
牢记家训,世代永欣。

十九、《2015 年登封蒋庄李氏家谱》所载

族人行为准则

爱国敬祖,惟忠惟善。
守诚创业,亦勤亦俭。
立身行事,且谨且严。
热心公益,勿奢勿贪。
尚居高位,不扬不显。
厚人薄己,无悔无怨。
为官公正,载清载廉。
取财有道,莫诈莫骗。
吾族牢记,裕后光前。
家风长矣,此可永年。

蒋庄《李氏家谱》编委会撰文

李氏家训十二要

一、治家要勤;二、持家要俭;
三、责己要严;四、居心要正;
五、处事要和;六、事亲要孝;
七、接物要诚;八、待人要敬;
九、出言要慎;十、励行要恭;
十一、为人要义;十二、道德要行。

蒋庄《李氏家谱》编委会撰文

二十、《2015 年鲁山蔺氏族谱》所载

蔺氏家训

礼仪为本，诚信正身。对下关爱，对长孝顺。
凡善奉行，宽厚待人。示强戒之，扶弱怜贫。
耕读传世，治家俭勤。为官清正，贪欲莫存。
光明磊落，辛劳勤奋。圣贤之训，时时记心。

男子立世间，心正胆壮，能屈能伸，刚柔并济，游刃有余，方能展志向；
女儿展眉时，通情达理，温柔贤惠，孝长睦邻，相夫教子，才能理好家。

二十一、《2015 年唐河县郭滩镇马岗马氏家谱》所载

马氏家训

国有法纲纪，家有祖遗训，国强享太平，家和万事兴。
爱国必爱家，凝聚众人心，民族大团结，亘古之根本。
马氏大家族，神州有威名，枝繁叶并茂，扶风来传承。
厚德又敬贤，克俭又克勤，尚文亦尚武，慎言亦慎行。
为官要清廉，时刻想黎民，大公且无私，切记戒贪心。
为将战沙场，奋勇杀敌人，马革裹尸还，维和保太平。
为民遵法纪，耕读是根本，为国创财富，国富家安宁。
为工须刻苦，创业须勤奋，恪守职业规，尽职尽责任。
为商戒奸诈，交易要公平，取财应有道，来往讲诚信。
为长须爱幼，幼苗须扶正，教子戒溺爱，全凭一片心。
子女孝父母，尊敬老年人，兄弟要礼让，和睦贵如金。
夫妻要恩爱，男女皆平等，偕老延年寿，幸福享终身。
交友要谨慎，彼此须真诚。有难要同当，处处关心人。
成功不骄傲，失败不灰心，谦虚加谨慎，有志事竟成。
讲科学文明，倡开拓创新，不因循守旧，尚与时俱进。
继伏波风范，承龙马精神，让旌旗高扬，望图腾鲜明。
凡马岗马姓，谨记祖遗训，洁身作典范，不负后代人。

二十二、《2015 年温县翟氏家谱》所载

翟氏族训

尊老爱幼,兄弟和睦。为人诚实,宽宏待人。善信为本,以理服人。勤俭持家,奋发上进。社会公德,处处遵守。职业道德,敬业永久。家庭美德,世代相传。

二十三、《2015 年郑州市金水区高皇寨村杨家族谱》所载

高皇寨杨氏族训

爱国爱家　遵纪守法
正直刚毅　矢志成名
敦亲睦族　自强共奋
亲族帮亲　邻乡帮邻
宗亲一心　其利断金
礼仪贤廉　博雅笃行
成家创业　文明平等
尊老爱幼　重教敬贤
敦厚诚信　立德至善
民族复兴　兼济天下

二十四、《2016 年白居易家谱(新郑卷)》所载

辛店忠和堂家规家训

忠和堂八字家风:忠孝、和谐、修身、诚信。

忠和堂六条家训:

一、敬祖宗:木本水源,孝敬祖先,创业维艰,世代相传。

二、孝父母:羔羊跪乳,乌鸦反哺,尽心尽力,孝敬父母。

三、友兄弟:兄弟姊妹,父母生养,同根手足,相助互帮。

四、爱子侄:子侄儿孙,教育培训,深学笃行,利国利民。

五、睦宗族:族众宗亲,同源同根,团结和睦,同德同心。

六、和乡邻:炎黄子孙,乡里乡亲,共建家园,梦想成真。

二十五、《2016 年封丘黄德镇后老岸李氏族谱》所载家训三字经

（一九九五年农历正月）

李秀

第一章　家史经

我李家，历史远。内黄县，草坡迁。有祖始，已十三。忆先祖，创业艰。披星月，流血汗。没有苦，何来甜？木有本，水有源。敬先祖，功德传。昭后人，承前贤。易族风，倡文明。学先祖，伟大风。诫子孙，听而行。

第二章　报国经

国有道，多忠良。遵法纪，守纲常。报国恩，不能忘。国富强，民安康。太平世，幸福长。

第三章　教子经

社会倡，重计生。育男女，一般同。家溺爱，小聪明。早严教，礼貌懂。知老少，敬祖宗。勤求学，艺精通。志高远，理想宏。基础好，业方成。敬师长，正学风。人易老，不可松。

第四章　成年经

青壮年，花正红。精力旺，建奇功。成家业，育后生。干事业，留贤名。学技术，巧而精。治家业，量力行。身作则，言必行。为后人，树正风。

第五章　生活经

过生活，要节俭。勤致富，戒赌贪。不义财，不可取。邪恶事，前劝止。宽待人，严律己。既诚实，又谦虚。心平和，人不欺。作风正，顾大局。高修养，能容事。对贫穷，勤抚恤。家庭内，妯娌们。婆媳间，友与邻。己不欲，勿施人。多忍让，和如春。

第六章　敬老经

家有教，子孙贤。孝父母，美名传。孝不孝，众知道。孝心到，君子报。老爱幼，幼尊老。孝心到，老人笑。父母恩，如泰山。作晚辈，记心间。衣与食，冷与暖。为人子，常惦念。老幸福，子心安。家和睦，福绵延。

第七章　启后经

李家人，要记清。讲道德，讲文明。若无德，害子孙。若无道，难久存。诫族人，遵家训。我李家，万年春。

二十六、《2016 年焦作市武陟县青龙镇王氏宗谱（四修）》所载

家训

爱我中华，兴我家邦。
少小勤学，翰墨传香。
遵纪守法，孝德永彰。
和亲睦邻，扶幼尊长。
敬德修业，发奋图强。
耕读继世，兰桂齐芳。
扶贫济困，造福一方。
克勤克俭，家道隆昌。
忠厚传家，源远流长。
仁孝节义，日月同光。

二十七、《2016 年洛阳柳氏宗谱新安、宜阳支谱》所载

百年祖训

天赐柳姓，祖宗和圣，彪炳史册，感恩荣幸。
祖德深厚，柳下河东，牢记族训，贵在践行。
精忠报国，拥护时政，遵纪守法，堂堂正正。
为官清廉，为民服从，正道经商，勤朴工农。
读书认真，作业干净，尊敬师长，融入百姓。
孝敬父母，团结弟兄，夫妻和睦，邻里宽容。
以文立世，细读勤咏，历练智慧，笔谏家声。
直道事人，真实至诚，反腐拒奢，力戒俗庸。
街道清洁，叶茂花荣，庭院亮堂，窗明几净。
衣帽整洁，行为端正，礼貌谦虚，厚德信用。
尊老爱幼，长幼分明，与人为善，和合共赢。

赌博败家，毒品害命，贪欲深渊，奸淫恶佞。

勤劳致富，俭朴为荣，淡泊名利，苦读躬耕。

扶危济困，能量必正，惩恶扬善，爱憎分明。

热爱家族，敬奉祖宗，承继祖德，发扬传统。

热爱祖国，爱我柳姓，谨尊家训，光耀门庭。

二十八、《2016年沁阳廉氏族谱》所载

家风家训

热爱祖国，永远跟党。遵纪守法，履行规章。核心价值，践行大纲。

八荣八耻，行动方向。文明礼貌，谦和礼让。明理尚德，注重修养。

积德行善，美德发扬。耕读为本，自立自强。艰苦创业，弘我祖先。

扶弱助贫，阖族同康。吃亏是福，见利不抢。让人一步，天高地广。

戒斗戒讼，力戒逞强。重义轻利，和睦乡党。邻里有事，出手相帮。

亲戚好友，有难相当。不嫖不赌，勿沾毒黄。勿贪小利，免上大当。

父慈子孝，男优女良。长幼有序，夫妻和顺。兄弟同心，家道隆昌。

尊师重教，育子成梁。溺爱子孙，自筑高墙。诚信经商，不瞒不诓。

勤俭节约，珍惜物粮。骄奢淫逸，败家之相。孝敬父母，厚养薄葬。

生命宜动，心情宜畅。粗茶淡饭，长寿秘方。禁烟限酒，低盐少糖。

身体为本，早治早防。祭祖续谱，人之纲常。报本明伦，雍睦一堂。

父母恩深，如海似洋。多陪双亲，精神赡养。乌鸦反哺，羔羊跪娘。

人不孝亲，不如雀羊。二十四孝，履行效仿。家风家训，永志不忘。

社会和谐，幸福绵长。

二〇一六年六月

二十九、《2016年新密马圈王三字谱》所载

谱首言

水有源，树有根，国有史，家有谱；

地方志，明衍变，国家史，辨今古；

氏族谱，辨世系，别长幼，昭亲睦。

续家谱，要详细，生男女，迁徙地，

为后世,留依据,人发展,谱延续。
世代传,不断续,三字谱,简难易;
老幼妪,阅易记,词韵语,记心里;
与国学,紧相依,启后人,传下去。
马圈王,续谱会,深思虑,编字谱;
不辞苦,不怕烦,为氏族,作贡献;
为国史,添瓦砖,做国人,理当然。
三字谱,再展现,祖功德,代代传;
奉先祖,孝父母,家规风,永继承!
马圈王·续谱会·丙申年·季迎春

三十、《2018 年宣三堂马氏宗谱巩县分卷》所载

宗训

官则清正廉明　民则奉公守法
老则育幼教耕　少则继承先德
男则知书达理　女则娴淑温良
夫则恭勤孝悌　妇则孝翁和妯
祖则青史流芳　后则增荣启后

第二节　字派与楹联家训

行辈字派是家谱中所包含的主要规矩之一,又叫辈字、辈序、祧字、派字等,是用以区分辈分、排行的一些字。行辈字派多由家族中有名望之人制定,有的编成若干句吉祥语,有的编成一首有积极意义的诗。中原家谱中就有寓家训于字派诗中的情况,有四言、五言、七言的,而以五言诗居多,兹摘录数例。

《1947 年西平县于氏家谱》续订字派有言:"圣德启景运,庭训承孝行。宋泽培世久,文武永太洪。""圣德""孝行"等词语,均体现了儒家思想对于氏家族的影响之深。

《2013 年新乡卫氏族谱(新乡市四门长房献珍卷)》的《凡例》共十二条,其中第八条在对新选定的字辈用字进行解释时,阐发了卫氏家族的理念,具有家训的性质。该条云:“世序不可紊乱,增字辈以下应续辈字,所用之字应有意义,为此经过多次推敲,根据族史家风及先贤之所望,选定以下二十个字为辈序:德昌明礼义政廉宇清顺,邦兴立世林族振华玉成。”接着解释道:“德昌明礼义是处事为人之道,我族先祖,正是以德为本,修身齐家成就了卫氏望族之名分,我后人应传承以德修身,齐家立业之家风,重振望族之名分以慰先祖在天之灵。政廉宇清顺,此乃从政为官之道,为官不可存私心,应忠心为国为民!我卫氏先人正是如此而名垂青史,从政者应效之。[邦兴立世林:]国家兴盛,才能不受外辱而朋友遍天下,体现我文明古国大国风范。族振华玉成:以德为本,振兴中华,社会就能实现文明礼尚、官清民顺、国泰民安,我中华民族复兴的光辉就会照耀天下,影响世界,促进社会进步,距先贤和今人理想之大同社会不远矣!”

《2015年鲁山蔺氏族谱》所载《全省统一辈次派字(从第六世起派)》“系世草完一,挺如福德跻,景维田克鸿,深茂崇本基,礼乐承祖训,裕智昭荣彰,万代传耕读,惇厚耀毅刚,任正风纪信,兰桂定恒昌”,则表明了蔺氏家族耕读传家、崇尚“礼乐”“毅刚”“纪信”等价值倾向。

《2015年南阳毕氏宗谱》所载《派序辈字谱训》则对派序辈字专门写了一段家训文字:“凡我同宗,毕氏为姓。天南地中,派序论称。繁衍子嗣,依序起名。辈谱排列,不得擅更。辈字使用,列名当中。望我族人,自觉遵从。纵有高见,谐音不重。志存高远,和谐上进。富家旺族,任重千钧。派谱铭记,严肃认真。辈分分明,尊称有伦。承上启下,长幼共遵。”

《2020年原阳县包北村张氏族谱》字辈歌云:“武祥永留芳,孝义振国昌。道德兴祖业,忠贤正家邦。”这里的“孝义”“道德”“忠贤”等词,也反映了包北村张氏家族的儒家思想价值取向,同样是对张氏族人的教育。

此外,还有楹联形式的中原家训。

楹联,也称对联,是中华语言独特的艺术形式,是中华传统文化的瑰宝。中原地区从古至今都是楹联文化的“富庶”地区。在庭院居室、家族祠堂等建筑悬挂家训楹联,是中国古代人们以家训形式传播儒学的一大创举。特别是祠堂,在宋元以后,尤其是明清时期,作为家族祭祀先人的地方,集会较多,且庄严肃穆,从而成为进行家族教育、传播儒学的重要场所。家谱中往往有记载祠堂的部分,而祠堂的楹联一般都以重要的形式记载于家谱。此外,有些家族还在节庆时常用楹联,这也会被记载于家谱之中。

如《1983年新乡西牧村尚氏族谱》所载十世孙尚重《尚氏祠堂堂联》具有家训性质:“有书可读,有田可耕,安得忘乎祖父;或为善士,或为良民,是所望于子孙。”

又如《1998年新乡孙姓谱牒》中记载的一副楹联也具有家训性质:“子孙虽愚经书不可不读,祖宗虽远祭祀不可不诚。”

第三节 古代名人家训

在家谱中,若是本家族或本姓先祖中有名人,往往摘录其家训或家教言论,作为本家族共同遵守的准则。中原地区名人辈出,中原家谱中也记载有许多这样的古代名人家训。如引用汉代刘邦、马援,唐代白居易,宋代“二程”、杨万里,清代严复等历史名人的家训警句,甚至外国名人如诺贝尔等人警句,用来教育族人。兹摘录其中部分名人家训如下。

一、《2000年荥阳马氏宗谱》所载

马氏家训

——马援诫兄子严、敦书

马援(公元前14—后49)东汉扶风茂陵(今陕西兴平东北)人。新莽末,为新城大尹(汉中太守)。后依附割据陇西的隗嚣。继归刘秀,攻破隗嚣,征伐先零羌,肃清陇(古)〔右〕;平交趾(越南北部),任伏波将军,称马伏波。善相马,著有《铜马相法》。此文是他写给两个侄儿的一封书信。是一篇著名的《马氏家训》。

援兄子(兄之子)严、敦并喜讥议(好讥笑人),而通轻侠客。援前在交趾,还书诫之曰:

吾欲汝曹(我要你们)闻人过失,如闻父母之名,耳可得闻,口不可得言也。好议论人长短,妄是非正法,此吾所大恶也,宁死不愿闻子孙有此行也。汝曹知吾恶之甚矣,所以复言者,施衿结缡,申父母之戒,欲使汝曹不忘之耳。

龙伯高敦厚周慎,口无择言,谦(幼)〔约〕节俭,廉公有威。吾爱之重之,愿汝曹效之。杜季良豪侠好义,忧人之忧,乐人之乐,清浊无所失,父丧致客,数郡毕至。吾爱之重之,不愿汝曹效也。效伯高不得,犹为谨敕之士,所谓“刻鹄不

成尚类鹜(家鸭)”者也;效季良不得,陷为天下轻薄子,所谓“画虎不成反类犬”者也。

迄今季良尚未可知,郡将下车辄切齿;州郡以为言,吾常为寒心,是以不愿子孙效也。

马援认为:人生在世,当个守财奴,那太没出息了。说:“丈夫立志,穷当益坚,老当益壮。”马援年逾花甲,还主动请兵出战,为国靖边。说:“男儿要当死于边野,以马革裹尸还葬尔,何能卧床上在儿女手中耶。”马援的“穷当益坚,老当益壮”精神,“马革裹尸”的气概千古传颂,吾马氏族人应当效也!

二、《2005 年林虑刘氏族谱》所载

刘姓的三祖遗训

汉高祖:夫运筹帷幄之中,决胜千里之外,吾不如子房;镇国家、抚百姓,给饷馈而不绝粮道,吾不如萧何;连百万之众,战必胜,攻必克,吾不如韩信。三者皆人杰,吾能用之,此吾所以取天下者也!

汉光武帝:舍近谋远者劳而无功,舍远谋近者逸而有终。故曰:务广地者荒,务广德者强;有其有者安,贪人有者残。

蜀汉昭烈帝:勉之、勉之,勿以恶小而为之,勿以善小而不为。惟贤惟德,可以服人。

三、《2008 年巩义程氏谱》所载

家训警言

吾之胤子,不得毁辱先人。外顺君长,内孝父母。一、莫不孝于亲。二、莫弃本逐末,背毁师长。三、莫盗贼,累耻先灵。四、畏“四知”,为人仁义。五、远“五刑”,莫犯刑戮。六、行“六政”,宽以调民。七、躬事廉俭,敦厚自裕。八、勤习经义,引文自饬。九、用“九思”立德。十、无忘好善。凡此十事,行之是吾胤也。莫为他技役使,少小须习坟典,敬慎乡闾,增益门户,勤修祖业,无令废弛也。女须[遵]妇德,莫犯“七出”,敬依“三从”。凡在女工,乃可学习。自吾先世以来,死无刑戮,生无忝辱。吾之子孙,为人谨慎,勤修谱籍,婚宦有次,男娶室家,审其门户。女适外族,择其良善。比见他族之人,仕宦功高,轻疏祖属,豪富贵显,欺凌贫贱,公叔并列,为人讪笑。盖由不学谱系,莫知原绪,吾之世胤,宜莫如此。然三世不

修谱,无仕宦,三世不学问,便流为小人,辱于先人也。(西晋·程延)

起家之道,莫先教子,教子莫先诗书。家之贵显,增光先世者,皆由子孙读书知为善。(隋·程富之族)

继志莫如读书,荣名之来,听之而已。(歙县·程文傅)

父慈子孝,兄友弟恭,夫妇和,朋友信。见老者敬之,见少者爱之。有德者,年虽下于我,我必尊之。不肖者,年虽长于我,我必远之。勿谈人之短,勿矜己之长。仇者以义解之,怨者以直报之。人有小过,以量容之,人有大过,以理责之。勿以善小而不为,勿以恶小而为之。处公无私仇,治家无私法。勿损人利己,勿妒贤嫉能。见不义之财勿取,遇义合之事则从。崇诗书,习礼仪,训子孙,宽奴仆。守我之分,听我之命。人能如此,天必从之。此常行之道,不可一日无也。(宋·程颢)

凡物,知母而不知父,走兽是也;知父而不知祖,飞鸟是也。惟人则能知祖,若不严于祭祀,殆与鸟兽无异矣。

每月朔必荐新(如仲春荐含桃之类),四时祭用仲月(用仲,见物成也。古者天子诸侯于孟月者,为守时也)。时祭之外,更有三祭:冬至祭始祖(厥初生民之祖),立春祭先祖,季秋祭祢。他则不祭。冬至,阳之始也。立春者,生物之始也。季秋者,成物之始也。(宋·程颐)

婚姻:一忌,同姓通婚。二忌,近亲结婚。三忌,骨血回堂(程姓女适外姓所生之女回嫁程姓)。此三忌,乃古制也。如今从科学方面讲也不无道理。

为天地立心,为生民立命,为往圣继绝学,为万世开太平。(宋·张载)

为善不见其益,如草里冬瓜,自应暗长;为恶不见其损,如庭前春雪,当必潜消。

福祸无门,惟人自召。诸恶莫作,众善奉行。命自我造,路由我走。

施惠勿念,受恩思报。修身种德,邦家之基。

居官有二语,曰:“唯公则生明,唯廉则生威。”居家有二语,曰:“唯恕则情平,唯俭则用足。”

积善之家必有余庆,积恶之家必有余殃。人之别于兽类者,以能孝亲悌长也,苟内行有亏,即外观有耀,吾不知其自居何等也。(程寨·程佐尧)

留有余,不尽之巧以还造化;留有余,不尽之禄以还朝廷;留有余,不尽之财以还百姓;留有余,不尽之福以还子孙。(摘自康百万庄园《留余》匾)

四、《2010 年淅川富春堂严氏家谱》所载

家族宗规

附:严复《遗训》:

须勤于所业,知光阴时日机会之不复再来。须勤思,而加条理。须学问,增知能,做人分量,不易圆满。(清·思想家严复《遗训》)

附:启迪名言

学而不思则罔,思而不学则殆。(孔子)

故天将降大任于斯人也,必先苦其心志,劳其筋骨,饿其体肤,空乏其身,行拂乱其所为,所以动心忍性,增益其所不能。(孟子)

富贵不能淫,贫贱不能移,威武不能屈,此之谓大丈夫。(孟子)

以铜为镜,可以正衣冠;以古为镜,可以知兴替;以人为镜,可以明得失。(李世民)

要得到人家尊重,首先要尊重人家。(周恩来)

真正的科学精神,是要从正确的批评和自我批评发展出来的。真正的科学成果,是要经得起事实考验的。有了这样双重的保障,我们就可以放心大胆地去做,不会自掘妄自尊大的陷阱。(李四光)

难道搞科学的人只需要数据和公式吗?搞科学的人同样需要有灵感,而我的灵感,许多就是从艺术中悟出来的。(钱学森)

古往今来,能成就事业,对人颇有作为的,无一不是脚踏实地攀登的结果。(钱三强)

生命,那是自然付给人类去雕琢的宝石。(诺贝尔)

五、《2012 年密西陈氏族谱》所载

陈寔遗作《贤孝图序》

(代祖训)

人生在世,谁无父母,孰非人子?为人子者,当尽其孝矣,夫孝,天之经也,地之义也,民之行也。置之而塞乎天地,(傅)〔溥〕之而横于四海,施诸后世而无朝夕。古之贤者,无一不孝,所有孝子,皆忠臣也。谨绘《贤孝图》刊石,法古今之完人,倡忠孝之伟业,以期寄厚望于来者。舜日再现,宇宙澄清。五德化天下，社会永太平。

（注：五德：父义、母慈、兄友、弟恭、子孝）

录自陈瑞松著《颍川始祖太丘轶事》一书

朱元璋梦中拜会圣师陈寔所得治国安邦之良策

创业难，守业更难，治国之本有三：勤政、任贤、惜民。尽公者，政之本也，树私者，乱之源也。私情行，而公法毁，开国承家，小人勿用，为官择人，唯才是举，骄将不可纵，直臣不可疏，色情不可贪。朝纲不可乱，民可载舟，亦可覆舟，任职则思利人，不欺庶民，不负众望，百姓心服。

颍川始祖陈寔锦言录

乌鸦反哺，鹁鸽呼群，是其仁也；蜂见花而聚其众，鹿得草而鸣其群，是其义也；羔羊跪乳，马不欺母，是其礼也；蜘蛛织网为其食，蝼蚁塞穴避其水，是其智也；鸡非晓而不鸣，雁非祀而不至，是其信也。禽兽尚知仁义礼智信，何况人乎？

六、《2018 年白居易家谱（淮阳卷）》所载

白居易家训

《续座右铭》

勿慕贵与富，勿忧贱与贫，自问道何如，贵贱安足云？

闻毁勿戚戚，闻誉勿欣欣，自顺行何如，毁誉安足论？

无以意傲物，以远辱于人，无以色求事，以自重其身。

游与邪分歧，居与正为邻。

修外以及内，静养和与真，养内不遗外，动率义与仁。

千里始足下，高山起微尘，吾道亦如此，行之贵日新。

不敢规他人，顾自书诸绅，终身且自勖，身殁贻后昆。

后昆苟反是，非我之子孙！

第四节　特殊的家训

随着国内外交流的增加，一部分中原儿女走出国门，定居海外，把中华民族的家族文化带到了世界各地。在中原家谱编修过程中，为了让定居海外的族人了解家训，家谱中出现了家训的英文版，这也是当代中原家谱新修中的新事物，成为中原家谱文化中一道亮丽的风景线。有些中原家谱所载家训采取了特殊的形式,比如辑录民间谚语、传讲家族故事等,有的家训所在的家谱还正式由出版社出版,这都是中原家谱中比较少见的。兹选取数例辑录如下。

一、《2013年巩义市西村镇李家窑村李氏族谱》所载

李氏族规与家训

族规与家训是宗族家族成员共同制定的、用以约束和教化族人的宗族法规,古人云:无规矩不成方圆,没有一定的族规、家法和治家教子良策不行,要用一定的行为规范来约束族人和家人,启迪后人,维护族群、家庭团结和睦,遵守社会公德和法制秩序。

李氏祖训

明明我祖,汉史流芳,训子及孙,悉本义方,仰绎斯旨,更加推详。
曰诸裔孙,听我训章:读书为重,次即农桑,取之有道,工贾何妨;
克勤克俭,毋怠毋荒;孝友睦姻,六行皆臧;礼义廉耻,四维毕张;
处于家也,可表可坊;仕于朝也,为忠为良,神则佑汝,汝福绵长。
倘背祖训,暴弃疏狂,轻违礼法,乖舛伦常,贻羞宗祖,得罪彼苍,
神则殃汝,汝必不昌。最可憎者,分类相戕,不念同忾,偏伦异乡,
手足干戈,我民忧伤。愿我族姓,怡怡雁行,通以血脉,泯厥界疆;
汝归和睦,神亦安康,引而亲之,岁岁登堂,同底于善,勉哉勿忘。

李氏祖训英文版

李氏长门十三代传人李宗鍙翻译

Teachings from Li Family's Ancestors

Our brilliant ancestors have left their names on Chinese history. The teachings should be learned by heart by the decedents. The teachings say: schooling the first important, then agriculture. One might as well take commerce as profession, but honesty must be obeyed at any time. Be diligent and frugal, don't be lazy and idle. Be filial to parents, friendly to acquaintances, close to relatives, respective to wife or husband, not afraid of your responsibility, and love your offspring. Be polite, fair, incorruptible, and ashamed of any wrong doings. At home, you should handle things such as is praised as models of others. As officials, be loyal and excellent. If so, you will be blessed to be prosperous for good. If you disobey these teachings, and be cruel and arrogant, and violate the social and family orders, it is a shame on your ancestors. Even God will not bless you any longer. What is detested most is that Li family's descendants divide rather than unite, even worse, hurt and kill each other. If so, your ancestors will not rest well in the other world. Truly wish Li family's descendants can live together without fence, and be united as harmoniously as a crowd of wild geese, for you have the same blood. If so, you will be blessed. Treat your parents well till they end their day, and remember to commemorate them every year. All in all, be good forever and ever.

二、《2014年郏县前王庄王氏家乘》所载家训谚语百条

(一)做人

1. 一人做事一人(挡)〔当〕。
2. 一言既出,驷马难追。
3. 人怕没脸,树怕没皮。
4. 人往高处走,水往低处流。
5. 人穷志不短。
6. 人过留名,雁过留声。
7. 人凭良心树凭根。
8. 千里去烧香,不如在家敬爹娘。
9. 千里送鹅毛,礼轻人意重。
10. 山高不遮太阳,儿大不厌爹娘。
11. 己不正不能正人。
12. 己所不欲,勿施于人。
13. 不听老人言,事后受艰难。
14. 不吃苦中苦,难为人上人。
15. 不做亏心事,不怕鬼叫门。
16. 从小偷针,长大偷金。
17. 百善孝为先。

18. 在家不欺人,出门人不欺。
19. 有志不在年老少。
20. 吃亏人常在。
21. 师生如父子。
22. 你敬我一尺,我敬你一丈。
23. 君子之交淡如水。
24. 官大不欺乡亲。
25. 和为贵。
26. 前三十年看父敬子,后三十年看子敬父。
27. 养儿方知报娘恩。
28. 指亲戚,靠邻居,不如自己立志气。
29. 浇树浇根,交人交心。
30. 要叫好,大让小。
31. 能大能小是条龙,只大不小可怜虫。
32. 能让人见面,不让话见面。(指不说不利〔于〕团结〔的〕话。)
33. 路遥知马力,日久见人心。
34. 滴水之恩,涌泉相报。

(二)做事

35. 一人不如二人智。
36. 一分利钱吃饱人,十分利钱饿死人。
37. 一个篱笆三个桩,一个好汉三个帮。
38. 一回生,两回熟,三回就是老师傅。
39. 一着不慎,满盘皆输。
40. 人勤地不懒。
41. 人尽其才,物尽其用。
42. 人闲生余事。
43. 十年树木,百年树人。
44. 十分"精明"甭用尽,留下三分给儿孙。
45. 三人行,必有我师。
46. 三个臭皮匠,顶个诸葛亮。

47. 上梁不正下梁歪。
48. 小心没大差。
49. 小洞不补,大洞尺五。
50. 小孩勤,耐烦人。
51. 千里之堤,溃于蚁穴。
52. 子不教,父之过,子不学,师之惰。
53. 天才出于勤奋。
54. 不怕门门通,就怕一门精。
55. 不怕不识货,就怕货比货。
56. 心急吃不了热豆腐。
57. 书读百遍,其义自见。
58. 中间没人事不成。
59. 功夫不负有心人。
60. 失败是成功之母。
61. 打铁先要自身硬。
62. 只要青山在,不怕没柴烧。
63. 师傅领进门,修行靠个人。
64. 有钢使到刀刃上。
65. 有志者,事竟成。
66. 世上无难事,只怕有心人。
67. 众人拾柴火焰高。
68. 全家一条心,黄土变成金。
69. 学习如逆水行舟,不进则退。
70. 读书破万卷,下笔如有神。
71. 铁梁磨绣针,功到自然成。
72. 勤能补拙。
73. 笨鸟先飞。
74. 熟能生巧,巧能生花。
75. 磨刀不误砍柴工。

(三)生活

76. 一日夫妻百年恩。

77. 一天三笑容颜俏,七八分饱人不老。
78. 一年之计在于春,一天之计在于晨。
79. 不当家不知柴米贵。
80. 不怕一万,就怕万一。
81. 弓是弯的,理是直的。
82. 历览前贤国与家,成由勤俭败由奢。
83. 处处留心皆学问。
84. 尺有所短,寸有所长。
85. 有理走遍天下,无理寸步难行。
86. 有来无往,非礼也。
87. 没有规矩,不成方圆。
88. 远亲不如近邻。
89. 严是爱,宽是害。(指对小孩教育。)
90. 苦口良药利于病,忠言逆耳利于行。
91. 和气生财。
92. 前事不忘,后事之师。
93. 前人栽树,后人乘凉。
94. 家和万事兴。
95. 亲是亲,财白分。
96. 笑一笑,十年少,愁一愁,白了头。
97. 要想公道,打个颠倒。
98. 要想人不知,除非己莫为。
99. 恶有恶报,善有善报,不是不报,时候不到,时候一到,一切都报。
100. 谋事在人,成事在天。

三、《2016 年封丘黄德镇后老岸李氏族谱》所载

李臣劝人学张仓孝顺

编者按:我的祖父李臣寿高九十,晚年因耳朵背,说话的声音极其洪亮。他和兄长李清在东院聊天时,附近的邻居和马路上的行人都能听见。他生前无数次讲述过张仓(孝顺)〔行孝〕的故事,根据记忆整理如下。

传说黄河南岸有一家大户,非常富裕有钱。户主人希望得到佛祖的保佑,经常到寺院烧香拜佛。特别是到了初一、十五等关键时节,总是一大早就起床,急忙赶赴寺院,希望能做第一个向佛祖烧香的人。但令他失望的是,无论他起得有多早,每次当他赶到佛祖香案前的时候,都发现有一个名叫张仓的人,已经点燃了佛祖前的第一炷香火。经年累月都是如此,令他十分困惑。

户主人找到寺院长老,问这个张仓到底是何方人氏。〔在得到长老的答复后,〕他决心去寻访张仓,向张仓学习烧第一炷香的经验。

长老打下偈语:“要想学烧头炷香,你上河北找张仓。”

于是,择了一个好日子,他就出发了。来到黄河北岸,走村串乡,逢人就打听张仓是谁。功夫不负有心人,这一天的早晨,他终于找到了张仓本人。

他问张仓:“你究竟是如何做到总能在佛祖案前烧头炷香的?”

张仓说:“我从来不烧香,我只是一个卖烧饼的,你说的寺院在哪里我都不知道。”

这人说啥也不信张仓的话。此时他的肚子有些饥饿,就想买张仓的烧饼吃。

张仓说:“我烤制的第一个烧饼,是给我娘吃的。无论你出多少钱,我都不能卖给你。”

这人闻听此言,顿时大悟,对着张仓拜谢而去。回家以后,他每天向自己的父母曲尽孝顺之道。

别人问他:“为何从河北回来后变得如此?”

他讲述了寻访张仓的经历,然后感慨地说:“佛祖慧眼遍观寰宇,一定会保佑孝顺父母的人。与其起早贪黑去寺院竞烧头炷香,还不如先在家奉养好爹娘,这样自然就会有无尽的福报。这才是真正的头炷香啊!”

四、《2017年偃师高崖王氏宗谱(中州古籍出版社)》所载

王氏祖训

爱国家 铭祖训 存忠厚 善为本

孝父母 睦兄弟 和夫妇 礼妇幼

亲宗族 敬师长 信朋友 乐助人

勤读书 力农耕 仕清廉 义商贾

尚勤俭　习礼仪　遵公德　守法纪

诉有道　忍息争　崇庶民　诚待人

戒淫恶　戒为诽　戒赌博　戒酗酒

槐府后裔,王氏尊言,德孝并臻,忠信垂典。

善和邻里,耕读传绵,勤俭持家,广结善缘。

遵纪守法,赌毒不沾,敬老爱幼,夫妻合欢。

繁荣后昆,家珍永传,振兴望族,训诫铭嵌!

十五世孙　王书凯　十六世孙　王治国整理

第五节　综合性家训

有些中原家谱所载的家训形式多样,囊括传统家训、当代家训、格言诗训和名人家训等多种形式,家谱编修者寄希望于通过家谱所载家训教育族人的迫切心情跃然纸上。兹摘取其中部分优秀综合性家训如下。

一、《2016 年商丘市梁园区白云办事处大陈庄陈氏族谱》所载

祖训

要孝:孝为百善之首,吾之子孙当知父母养育之恩,创业之艰辛。生则报效奉养,居则致其上,病则致其忧,丧则致其哀,祭则致其严,尽人子之本。

要悌:兄弟乃一娘同胞,同根而生,应惜手足之情,做到长幼有序,兄友弟恭,患难相顾,安乐与共,各尽其责,各得其所,家道长兴。

要忠:忠就是竭其力,尽其心,要忠于国家,忠于陈氏家族,忠于事业,常念祖宗恩德,不叛国,不叛陈氏家族。

要信:一诺千金,诚实守信。信就是表里如一,不哄不骗,以诚待人,家庭和睦,事业有成。

要礼:子曰:“不知礼,无以立。”礼就是上下左右,迎来送往,待人接物之准绳。吾族子孙非礼勿做,非礼勿视,非礼勿动,非礼勿听,以礼行之,乃正人君子也!

要义:子曰:“见义不为,无勇也。”吾之子孙大节不可夺,道义不可弃,坦坦荡荡,光明磊落,胸怀正义,心存善根,见义勇为,扶弱济贫,近君子,远小人,爱

国家,爱集体,爱家庭,则为义。

要勤:勤是创业利器,立业之本。吾之子孙无论是上学、务农、做工、为政,均须勤勤恳恳,任劳任怨,务本立业。

要俭:俭,节省也,节衣缩食,物尽其用,虽家富邦富亦不可弃也,钱当用则用,不当用则俭省之。

要学:人不学而愚,学而使人聪。吾之子孙要尊师重教,谦虚谨慎,戒骄戒躁。学能立身,学能报国,勤于学习,善于学习,持之以恒,必成大器。

治家格言(摘录清代学者朱伯庐《朱子治家格言》,略)

家规

一　饮食

1. 用餐前要礼让长辈或领导,服侍他们先坐下,只有他们先动筷子,其他人才能用餐。

2. 不能满桌子乱挑菜,只能夹靠自己一边的。

3. 给长辈或客人斟酒、倒茶一定要用双手,斟酒斟七分,倒茶倒八分,并用手示意,以显礼貌。

4. 用餐时不能拿筷子、勺子敲碗。

5. 酒桌上与别人碰杯时,自己的杯子要低于对方。

6. 饭间需提前离席时,一定要说:“我吃好了,您慢用。”

二　举止

1. 坐着时不许跷二郎腿。

2. 不能斜视看人。

3. 不能压人肩膀。

4. 公众场所不能大声喧哗。

5. 站不倚门,话不高声,要站有站相,坐有坐相。

6. 进出门要注意随手关门。

三　待客

1. 待客要提前到场,做好迎客的各种准备。

2. 客人进门时,要热情欢迎。

3. 客人进门后,要主动让座、倒茶,表示尊重、好客。

4. 客人就餐时,要热情大方,让酒有度。

5. 客人临别时,要以礼相送至门外。

四　做客

1. 做客时要准时到达,从容大方,对主人的邀请表示感谢。

2. 做客时,进门要问候说:“您好!”用餐后要说:“谢谢!”

3. 做客时,主人让餐,才能动筷。用餐过程中要与主人积极热情配合,使主人感到很有面子。

4. 做客时不能乱坐,特别是主人的床不能乱坐。

5. 做客时,不许进主人未安排的房间。

6. 主人送别时,一定要说:“请留步,再见。”

五　尊老

1. 对长辈或年长者要尊称“您”。

2. 对长辈或年长者,要用高称或职务,不能直呼其名。

3. 回家要向长辈问好。

4. 出门要给长辈话别。

5. 与长辈或领导同行,要略迟于其左后方一步。

6. 远行前应向长辈辞行并说明去向,回来后要向长辈问候。

7. 每逢佳节,要尽量和长辈一起过节,问候长辈。

家风四字好歌

幸福境界,心情要好。
家贫家富,和睦就好。
老公在外,顾家就好。
老婆唠叨,贤惠就好。
人无完人,知错就好。
事无完美,看开就好。
人老人少,健康就好。
望子成龙,随其爱好。
少年励志,奋发就好。
壮年创业,正道就好。
四季服饰,舒服就好。
名不名牌,端庄就好。

饮食起居,规律就好。
一日三餐,杂食为好。
房子大小,够住就好。
虽非豪宅,舒适就好。
两轮代步,方便就好。
四轮快捷,安全就好。
贫不嫉富,泰然就好。
富不笑贫,帮扶就好。
矛盾大小,化解就好。
烦心事儿,想开就好。
尊老爱幼,做到就好。
不计前嫌,忘却就好。
公益事业,参与就好。
乐善好施,人间美好。

二、《2016年新蔡沈岗杨氏家谱》所载

家训、家规、五戒是地方民风民俗现象之一,是古人留下的一笔文化遗产。本编收录家训十二条、家规十条、五戒五条以及杨万里家训一篇。家训、家规、五戒内容繁杂,有可取的地方,也有不可取的地方,收编的目的是让今人了解过去族人生活的一面,研究古人家训、家规、五戒的特点,以便促进新家规在不同时代背景下的更订,形成社会主义的新家风。

家训

第一条　孝敬父母
第二条　和睦兄弟
第三条　团结(族人)〔宗族〕
第四条　厚待姻里
第五条　教育子孙
第六条　立志尚学
第七条　勤于职业
第八条　遵纪守规

第九条　谨慎交游

第十条　节约财用

第十一条　争讼调解

第十二条　敬祭祠墓

家训释义

第一条　孝敬父母

古人说:“夫孝,天之(径)〔经〕也,地之义也,人之行也。”孝是诸德之本,是中华文化的基础。“人之行,莫大于孝”,一个人能够〔孝〕顺,他就有一颗善良仁慈之心,有了这份仁心,就可以让许许多多的人获益。自古至今,至亲至孝之人难以胜数。何为孝,孝就是尊重父母,就是顺亲养亲。养亲重在养志,顺亲贵在顺心。古礼说:视于无形,听于无声,就是养志顺心。一个人身体发肤受之父母,十月怀胎,一朝分娩,自呱呱(堕)〔坠〕地,父母亲溺子爱子养子育子,直至羽毛丰满,长大成人,父母亲重如山,尚不思图报。身为人子对于父母,应当尊之敬之养之送之,即使竭力报恩,难报万一。如果能善于体(查)〔察〕父母的想法,即使粗茶淡饭,也可承欢,开水一杯也可暖心。假如情意不合,即使让父母口食佳肴,身着锦绣也不算孝敬。古人说:百善孝为先,论心不论行,论行寒门无孝子。孝敬孝敬,重在心重在敬,敬则孝,不敬则不孝。

有的人道德滑坡,礼仪崩摧,于父母出现了种种不孝。

一为任性。父母对儿女溺爱有加,事事顺着儿女的性子,稍有约束便执拗不从,固执任性,甚至抵触,其不孝〔之〕第一种。

二为懒惰。父母勤于耕织工作,辛苦忙碌,儿女娇惯成性,好逸恶劳,贪图享受。令其劳作,便多方借故推诿,此不孝〔之〕第二种。

三为浪费。父母减口节约,儿女却肥吃大喝,奢侈浪费,此不孝〔之〕第三种。

四为无礼。在父母面前言语放肆,举止傲慢,行动无礼,此不孝〔之〕第四种。

五为偏爱。面对双亲,颜色阴沉;对待妻子,和颜悦色;伴双亲胸怀烦闷,有好吃的给自己和妻子吃,不奉给父母;有好穿的给妻子穿,不理会父母,此不孝〔之〕第五种。

六为争财。资财到自己手中便据为己有,认为是自己的,在父母手中也认为是自己的;没有财产,向父母强要强索,甚至偷劫父母的财产,财产多了就忘了父母。自己不得志不满意时,就埋怨父母亲,父母老了吃住在儿子家就讨厌。更有甚者单父独子而争夺财产,兄弟数人互相推诿,抛弃双亲不奉养,忘了是谁给了他身体,是谁把他养活,凡此种种,为不孝〔之〕第六种。

七为玩赌。有的人恣情声色,外诱日浓,不顾双亲三更三鼓挑灯望儿归,在外游戏赌钱,破家荡产,常使双亲忧郁成疾,此不孝〔之〕第七种。

八为纠缠。父母对儿女个个疼爱,公平对待,在兄弟姊妹中,有时处理可能不公,多点少点在所难免。有的儿女埋怨父母偏心,争议纷纷,纠缠不止,甚至视父母为仇人,此不孝〔之〕第八种。

知不孝方能孝。以上八种不孝为天地不容,身为人子应当戒之,去不孝为大孝。无犯此八者以伤父母之心,才可能报恩于万一。

古人至孝,十分重视为父母送终。遇丧事竭力置办衣履棺椁,依礼治丧。棺内不用金银玉物,吊丧的人食素饭,不设酒筵,服未除不嫁娶,不听音乐,不参加宴贺,不进入公门。葬必择地,至有终身不葬,累世不葬者,不得盗葬,不得侵祖。当入殓时,举家哀哭……枕宜低平,两耳襟贴,宜紧实不致摇动。

世易时移,变法宜矣。今人为亲送终应不尽古礼,厚葬也好,薄葬也好,火葬也好,唯一不变的是尽孝。古人至孝重生不重死,重养不重送,古今一理,今人沿(巡)〔循〕这种传统,谓之至孝。

第二条　和睦兄弟

兄弟为一母同胞,骨肉之亲,情同手足。为兄当友弟,为弟应恭兄,兄弟团结,和睦相处。然而,有的兄弟之间各求便宜,甚至争论公堂,视兄弟为路人,不仅贻笑外人,而且大伤父母之心,实为不孝。究其原因主要在自己,次要表现有二种:

一是父母的原因。有的人为人父母,自己不尊敬兄弟,并让儿子不礼〔敬〕叔伯。殊不知自己的兄弟即父母的诸子,自己的诸子即明日的兄弟,自己兄弟不和,自己的孩子就会学习,孩子从不尊敬叔父伯父开始,慢慢地就会不孝敬父母,所以说让儿女团结和睦,做父母的要起示范带头作用。要让儿女孝顺,父母要对自己兄弟好。古诗说:同气连枝各自荣,些些言语莫伤情。一回相见一回老,能得几回为弟兄。兄弟同居忍便安,莫因毫束起争端。眼前生子又兄弟,留(与)〔予〕儿孙做样看。

二是财产的原因。尘世上兄弟不和,往往因听妇人言,看重资财所致。谚语说:兄弟如手足。兄弟是同胞一体,痛痒相关,溺爱妻子而仇兄弟决不可为。有的妇人见识卑浅,不重兄弟之情,锱铢升斗切切于心,斤斤计较,啧啧于口,男子听久,认为近情达理而信之,视钱财之念重,看兄弟之情轻。应该明白兄弟是同胞所生,委室虽亲而略远,兄弟缘于生初,夫妇联于生后,要重视兄弟之情,不能亲后而先。对于钱财更不应伤感(悟)〔情〕而计较。父母所遗家产无一定之数,有的多至数千数万,少则仅有薄田数亩,更有甚者一无所有。如果分授不均,不足以争执较量。古人云:当分资析产时只当父母多生数子,少点多点自不至于争竞。当养老送终时,只当父母只生我一人,便不至于推诿。钱财有限,兄弟情重,宽容退让,才能和睦。凡我族人有兄弟者,当鉴及伯叔子侄及妻孥,兄弟和睦,以成孝友。

第三条　团结宗族

古书上说以亲九族。诗上说本支百年,贵如帝王,都以和睦团结宗族为任务,何况普通百姓。(归)〔旧〕时万石君家子孙经过故里一定要下车,这种作风现在还有。到了近代,有的人以富贵骄横,有的人以聪明抗衡,有的人以顽泼欺凌,虽争胜一时,实际是自作罪孽。更何况相争相仇,循环不(掇)〔辍〕,人人讨厌,天地不容,早晚必败。

团结睦族有三要:一要尊尊,二(是)〔要〕养老,三要敬贤。名分属尊行者尊,则恭顺退逊不敢触犯;分属虽卑而齿迈众者老的,则扶持保护,予以高年之礼;有德行族彦贤,贤者是本宗桢干则亲炙之,景仰之,每事效法,忘分忘年以敬之。此之谓三要。又说四务:一务怜幼弱,二务恤孤寡,三务周窘急,四务解忿竞。幼者稚年,弱者鲜势,人所易欺,则怜之,有怜悯忘自,随处为之效力;鳏寡孤独者王政所先,况每天耳闻目击的同族人,就应该对贫困的人伸援助之手,朝廷进行抚恤,周济一些财谷。富有的人不惜好言相劝也都是积阴德。要周济那些衣食窘急,生计无聊,命运多(乖)〔舛〕的人。要根据自己的情况,对方的情况,可为则为,不求回报,不必人知,只是尽心(心)〔尽〕意。如果人有愤恨,就容易起而争竞;如果有人相劝,就会心平而气和;如果有人支持,气愤就会更加激烈。当局的人多迷者,居间解劝这是族人的责任,也是一件善事。这就是四项任务。以此引申类推,为义田为义食为义学为义塚教育同族,使生死无失所,都是应当做的。陶渊明说:同源分流,人(世易)〔易世〕疏,(概焉)〔慨然〕寤叹,念(此)〔兹〕厥初。范文正公说:宗族于吾,固有亲疏,自祖宗视之则均是子孙,固无亲疏。此先贤格言,人人能以祖宗之念为念,自知宗族之当和睦团结。宗族能够团结,各族人民也一定能和睦团结。

第四条　厚待姻里

姻者族之亲,里者族之邻。远则情义相关,近者出入相见,厚待姻里才能处好人际关系。要与之为善,与之为友,互尊互助,互谆互让。不因小利而伤邻,不以摩擦而纷争。和睦相处,以诚相待。

宇宙茫茫,有幸聚集在一起也是前世良缘,更何况童蒙时一起游戏或同窗共学,直至长大成人。姻里之间,凡事应当从厚,通有无恤患难。不论曾否交往,俱以心存和气相(侍)〔待〕;即使彼此有过隙,也不可以薄(侍)〔待〕之,使彼感化。如果恃强凌弱,倚众暴寡,仗富欺贫,借故占人田地风水,侵入山林疆界,放债违例,过分取息,这些都是薄恶凶习,尤其应该急戒,毋作孽以自害儿孙。凡到新丧之家,不可剧谈大笑;对新丧之人不可亵狎戏谑。至亲中或有家庭变故,或有词讼疾恶等,要思其能不能承受。教人之善不要要求过高,当使其可以听从我;施舍有恩不要求别人回报;结有怨不与他计较,忍不过时着力再忍,受不得时耐心再受,可以除了许多烦恼。姻里之间一般没有原则问题,凡我族人对于姻里要按礼行事,宽厚和睦,不要忘记这些道理。

第五条　教育子孙

《三字经》上说:养不教,父之过。杨氏宗族,无论富贵贫贱,对子孙惟当教之以道。

教之道在于身先示范。谚语说:孔子家儿不识骂,曾子家儿不识计,皆习于善则善。凡儿童少年要启蒙,养要有方,教育俭朴,杜其骄纵。做父母的衣冠要整齐,言语行动要端庄,务令子孙识得廉耻二字,儿孙就自然有正大光明的气象。

教之道在于树仁之心。先贤说:父母教子,当孩子稍有知识时,见生动之物如昆虫草木,一定叫他不要伤害,以培养他的仁爱之心。对尊长亲朋一定要恭敬,以培养他的礼节。注意言谈,不苟言笑,以培养他诚信之心。

要树立正确的教育方法。儿孙稍有不合便正言厉色以谕之,不要暴戾鞭朴,以伤其恩。卑幼有过,责让要慎重。对众不责,愧悔不责,正在饮食不责,正欢喜不责,正忧悲不责,疾病时不责,暮夜中不责,此七不责要记心中。

教之道在于做人之道。古时,林退齐临终时,子孙长跪,请训。先生说:无他言,你等只要学吃亏,不吃亏常常会害人坏事。而人尤贵立志,志不立,天下无可成之事。虽百工技艺没有不本于立志的。无志则如无舵之舟,无衔之马,任意漂荡奔逸而无有目的。一个人若要富贵福泽天主张,由不得我;要做贤人君子我主张,由不得天。凡(是)〔事〕最忌阴险,处心尚阴刻,做事多阴谋,未有不殃及子孙的。又有人说:一言折尽平生福。此应指刻薄之人说的。有的人以语言刻薄为能,以"不为过"三字(昧)〔昧〕却多少良心,以"没奈何"三字抹却多少体面。古人认为:无才无学士之羞,有才有学士之忧。大才学非有之,难而降伏之难。君子之贵才学以成身,非以(怜)〔矜〕己也;以济世也,非以夸人也。所以才学如剑,当可试之时一试,否则藏诸室,无以炫弄,庶几不为身祸。古人又认为:贫不足羞,可羞是贫而无志;贱不足恶,可恶是贱而无能;老不足叹,可叹是老而虚生;死不足悲,可悲是死而无补。处人不可任己意,要悉人之情,处世不可任己见,要悉事之理。如果子孙平日在家一言一行轻率苟且惯了,一入于衣冠礼乐之场,便觉耳目无所加,手足无所措,岂不可耻?凡人贫贱时,眼中不看富贵,他日富贵必不骄;富贵时心中不忘贫贱,一旦贫贱必不怨。而且家境盛衰不在田地多少,金帛有无,但看子孙何如耳。子孙若贤,即白手亦可起家;子孙不肖,虽有膏田万顷,金帛盈庭,正好是其后奢侈的机会,遂其纷华之志。唯有教以诗书,授以执业,使之日见成人,日闻正言,坐立趋步,必安详稳重,则人品端正。有诗说:如知子弟成何品,但看何人共来往。来者若是亲匪人,则易至流荡;接邪狎则易起淫心,兹乃不义,习与成性,悔之晚矣,教子者要知道这个道理。

今之教育重在树人,树人要德才兼备,缺一不可。有德无才,难以自立;有才无德,害人更深。教育子孙要全面发展,做一个对家庭负责,对社会有用的人。教育子孙就是真正的爱幼,关心下一代,生活上体贴入微,使其身心健康成长;教育上严慈相济,不娇不惯不溺爱,培养良好的行为习惯和优秀的思想品质。

第六条　立志尚学

人无志不立。有志者,事竟成,志坚者功名之柱也。鸟贵有翼,人贵有志。治天下者必先立其志。古人立大事者,不惟有超世之才,亦必有坚(忍)〔韧〕不拔之志,虽百折而不馁。志之所趋,无远勿届,穷山复海不能限也;志之所向,无坚不摧。人若有志,万事可为。有志者自有千方百计,无志者自感千难万难。

我族子弟当立宏志,做有志之人。古人云:有志之人立长志,无志之人常立志。实现梦想,意满自得,重要的是学习。重视知识,崇尚学习,追求科学,增强本领。学习,才能增长才干;学习,可催人奋进;学习,可获得殊荣;学习,才能实现梦想,不常立志。学然后知不足,人要活到老学到老,终身学习,终身受益。

书山有路勤为径,学海无涯苦作舟。通过不断地寻找,不断地勤奋学习,不断地缜密思考,不断地追求突破和超越自己,使自己见识卓越,富有远见,才有条件实现远大志向。

第七条　勤于职业

一家数口,寒欲得衣,饥欲得食,全凭人力劳动,全族人应勤于职业。勤于职业重在勤,勤为无价之宝。古人说:业广惟勤,业精于勤,可见勤之重要。少年子弟尤要勤学职业技能,使身有所约束,心有所向,自然不暇外想;如果浮闲无业,容易流于酒色,博弈之中,习为下贱,不务正业,为人所不齿,不仅仅会倾家败业。

勤与不勤于人生截然不同。勤则职业修,堕则职业废。修则父母妻子仰事,抚畜有所赖;废则资身无术,财用无出,到余资告空,遗产坐耗,身志力衰,学疏计穷,免不了身受冻挨饿。古人又说:祖宗富贵自诗书中来,子孙富贵则弃诗书;祖宗家业自勤俭中来,子孙享家业则忘勤俭,这也是很多家倾业败的原因。后世子孙应该引以为戒。人的一生机会不多,得到机会切莫缓慢,便要急急动动。如果体懈神昏志消气沮,天下事不是这些人做的。干天下事的人,一定是智深勇沉神闲气定,有所不言,言必当,有所不为,为必成,所谓言必行,行必果。

凡我族人要记着这些话,黄金本无种,出自勤俭家。勤劳可以战胜一切英雄,勤劳就是人们的财富。人只要不游赌懒惰就有生财之道,勤于职业难道还怕穷吗?

第八条　遵纪守规

遵纪守规首先要学习和了解法律法规、纪律条例,知晓各种法律法规内容,懂得法的使用环境,知法守法,依法办事,维护法律的尊严,不越法律法规的红线。知法才能遵法守规。古人说:“(畜)〔离〕娄之明,公输子之巧,不以规矩,不能成方(园)〔圆〕。”家庭、街道、社区、公园等群众聚居的地方以及公共场所均有制度,讲究文明、注意卫生、先来后到、扶老携幼、保护环境、遵守交规等约定俗成〔的公约〕应自觉遵守。守规已经延伸到了生活和社会的方方面面,成为我们工作、学习、为人处世和治国安(帮)〔邦〕等应以遵循的唯一法则。

第九条　谨慎交游

交游很重要。古人云:近朱者赤,近墨者黑,此话当真。文昌帝君说:善人则亲近之,助德行于身心;恶人则远避之,杜灾殃及于眉睫。朱子也说:狎匿恶少久必受其累,屈志老诚实则可相依。诸葛亮在《出师表》中说:亲贤臣,远小人,此先汉所以兴隆也;亲小人,远贤臣,此后汉所以倾颓也。交游关系到家国兴衰,身家性命,圣贤之言不无道理。亲近贤人,远离不肖,这样才可以身安家保,否则就会造成身危家败。

交游要知人。知人实在很难,远谁近谁确实不容易。贤者容易疏远难以亲近,肖者容易亲近难以疏远;贤者应该亲近,亲近了反面生疑,不肖者应该疏远,因为疏远有可能得到怨忿,因此要尽早辨明情况。知人要认真观察,贤者性格一定刚直,不肖者一定柔佞;贤者一定平和正大,不肖者一定便僻;贤者一定谦虚公正,不肖者一定挟私扭曲;贤者一定敬重谨慎,不肖者一定恣意放肆;贤者处事谦让,不肖者见利力争;贤者开诚布公,不肖者为人险恶阴诈;贤者特立,不肖者附和;贤者稳妥持重,不肖者轻浮捷径;贤者对别人乐见其成,不肖者喜败,幸灾乐祸;贤者一定韬晦,不肖者表暴;贤者宽厚善良,不肖者一定苛刻残忍;贤者嗜欲必淡,不肖者势力必热;贤者严于律己,不肖者律人必严;贤者从容有常,不肖者争猝更变;贤者见其远大,不肖者见其近小;贤者厚其所亲,不肖者薄其所亲;贤者行孚于言,不肖者言过其实;贤者先人后己,不肖者先己后人;贤者见善如不及乐道人善,不肖者妒贤嫉能好称人恶;贤者不虐无告不畏强御,不肖者柔则茹之,刚则吐之。如此等等正如雪中冰炭,昭然不同。然而不同总不外公私义利而已,明辨这些,观察这些表现,对知人有很大帮助,有利于更好地交游。

交游要谨慎。一个人来到世间,不可能不交游,但交游一定要谨慎。谨慎交游要知人,交游谨慎要防人。大千世界中,真正的朋友很难得到,身边有一些色佞之人,容易接触善谀之意态,想不进入不好的环境也不容易,况且好人“坏人”也会变化的。古人云:害人之心不可有,防人之心不可无。人在交游厚密时,当言则言,不当言不言,不可以私事密语之,恐一旦失败,则前言作口实凭证;至失欢时,也不可尽以切实之语加之,恐忿平复好则前言可愧。君(之)〔子〕固要亲近,也不要近于逢迎;小人固当疏远,也不能明显为仇敌。对待自己当从无过中求有过,不仅是进德,也是为了免除灾患;对待别人当在有过中求无过，不但存厚德，也是为了解除积怨。在交游中，对待富贵的人不难有礼难有体面，对待贫贱的人不难有恩难有礼；自己谦让则人愈服，自己自夸则人一定怀疑；自己恭敬可以平人怨气，自己贪欲一定会启人争端，这些都存在于我。人无论居乡在朝，不可轻受别人恩惠，方未达时受人之恩，受之者常怀敬畏，施之者亦有恩在我，常有德色及吾。荣达之后遍报则有所不及，不报则为义卖出。总之，交游谨慎以不损人利己为全交之道。

第十条　节约财用

俭朴节约古之美德。饮食衣服日用起居样样开(消)〔销〕都应节约财用，财用要留有余而不尽享，以还造化，优游天年，这样可以养福。奢靡败度，俭约鲜过，圣人有辨，这样可以美德。多费多取，多取不免奴颜婢膝，委曲循人自丧其志；费少取少，随分随足，浩然自得，这样可以养气。而且以俭朴示后，子孙可以效法，对家庭有益。以俭朴率人，敝俗可以挽救，对国家有益。俭朴节约优良传统应继承和发扬。

然而好门面好排场之风日盛，人们远离了俭朴节约，奢侈浪费出现了种种。有的人争讼好赢得门面，就卖家产借债讨人情，不顾利害吉凶；礼节上好富贵门面，卖田地嫁女或厚赂聘媳，铺张奢费，开厨设供，倡优杂戏，击鲜散帛，乱用绫纱。又例如招请贵宾宴婚，与演戏放愿，预修祈福，力量不支，设法应用，不知挖肉补疮，所损日甚，这都是不好的风俗，实在可怜可悲。

读书人是平民的榜样，有贤有智的人是庸愚之人的榜样，应以俭朴作为表率。过去的农民每年田畴所收，除去应交租税、来年种子、粪治之外，余下的以十分场份，留三份备水旱不测之用，备一份为祭祀所用，其六份分十二个月之用，取一月合用再均分三十份，月用一份，余而不可尽用，周至七份为适中，不及五份为悭啬。其所余者另外论账收管，作为仗天腊月丧葛，修葺墙屋，医药，宾客吊丧问疾时馈送，又有余则以周济族人中贫弱的人，贤士困穷的，佃人饥寒的，过往无聊的人，以及施舍僧道。

要记着一些惨痛的教训，事事要反对浪费，提倡俭朴。一些有余之家当盛极之时，每遇婚姻嫁丧葬，动辄费数百金或千金，即至衰落，遇些事有数十金就可敷衍发脱，可见俭约原在于人。要知道豪华满眼不过是一瞬虚名，有何实际？人富贵时不一定戴金簪，银的也可以；穿绸缎的人，细布衣服也可以穿；寒素人家米面可以精，也可以粗；酒可以浓也可以淡。总之，财富不能用尽，不独积蓄有余，而且可为我惜福明知。一家人生财有限，而用财无穷，冠婚丧祭当与有无相称，饮食供奉应崇尚俭朴。俗语说：器具质而洁，瓦缶胜金玉；饮食约而精，园蔬愈珍馐。况且人的福缘有限，如果诸事不俭约，过于暴殄天物，不是自折他们的福缘吗？俭约要量入为出，用不过头，锱铢计较，刻薄待人不是俭约的含义。

勤俭节约乃聚财富家之宝。凡我族人应明白俭与刻的界限。日常生活开支，要量力而行，量入为出，统筹安排，妥善合理，做到不因节约而吝啬，大方而不浪费，要厚以待人，薄以自奉，这些用财的道理不仅表现出较高的道德素养，还可以使家庭财产细水长流，富而不穷。

第十一条　争讼调解

人在世上不可能没有争执，一争执便诉诸法律，狭仇狭气，终不是办法，事事要谦让，以调解为上。古人说：凡人吃小亏则不至于吃大亏，受小气则不至于受大气，今世之人多不悟此理。

全族人处世谦让为上，不为些些不平之事而争胜。遇到胜过自己的则说：他不如我有势，是我大度容他，现在他凌辱我，我要让他是我畏懦也，怎么不争；遇到平辈的则说：他和我是一样的人，而顾欲加我乎，如何不争；及遇到不如自己的，则说：你事事不如我，怎么欺负我，况他人乎，如何不争。然而终身与人动气，还有休闲的日子吗？这都是小人的见识。

处理纷争，要以理而论，情理在我，又退一步就会自相安宁。君子一定不要有小人之见识在胸，与人相争只可以就事论事，断不可指其父母之短，扬其闺门之丑，这是杀身之祸，不仅仅只有伤长厚己的事。且不可追人于险，当人有危急之时，要施以援手，操纵在我，宽一分则受一分之惠；如果扼之不已，鸟穷则啄，兽穷则搏，反被其咬，祸将不可救。凡大事小事都要依理而行，有时恐怕遇到有的人愚笨不知理，强者不畏理，奸猾者故意不循理，则理又有难行之处。当审时度势，从容处之。如果是小事宁可忍含，倘若万不能忍之大事，方能质之亲友，鸣之官长，辨白曲直。

古人有屈死不告状的做法，认为讼事有害无利。讼事要（盤）〔盘〕缠奔走，若造机关又怀心术，无论官府廉明如何，到城市便被歇家撮弄，到衙门又被“胥皂”呵斥，伺候几朝夕，方得见官，理直犹可，理屈到底吃亏，甚至破家亡身辱亲，冤冤相对害及子孙。朱子说：居家戒争讼，讼则终凶。在古代，这话是有道理的。

衙门口向南开，有理无钱莫进来。古人经官动府打官司，费心吃打赔茶酒，赢得猫儿卖了牛。争讼双方一不(辩)〔辨〕是非,二赔钱无利,谁还愿意诉讼。如今政治清明,法制健全,有事讨个说法是应该的,且不可大事小事一私就了,遗患无穷。我们提倡调解,互相谦让,也不赞成事事私了,该私则私,该公则公,要慎重对待诉讼。

第十二条　敬祭祠墓

祠堂是祖宗神灵之所依,坟墓为祖宗体魄之所藏。子孙思祖宗不可见,见所依所藏之处,即如见祖宗一样。时而祭扫,大礼一定要诚恳诚敬。如果栋宇有损就要修缮,罅漏就要修补,垣碑破损就要修整,树木什器应好好爱惜;如果被人侵害或盗卖盗葬,大家应合力恢复。不要小看这些事情,愈延缓破费愈大,这就是事死如事生,事亡如事存的道理。贤子孝孙应培人心厚风俗,以加敬先人,而垂范后昆。

近世,有人往往以祭扫为故事,藉祭馔以游春,其哀思修墓的想法一概不讲,匆匆一拜,草草了事,回去以后于心可安。更有甚者不敬墓祠,没听说祭扫活动,以致坟墓湮没荒草,祀典废弃,不孝孰大。有的诗说:一年始得见儿孙,正好团(园)〔圆〕骨肉亲,即或到来来即去,空留细雨洒黄昏。又有说:住宅坟茔栽树植木,如人的衣冠整齐令人望之起敬。每见树木之葱郁者多是昌盛之族,而砍伐萧条者必家运陵替。

随着形势的变化,祭奠先祖的方法因势而变,但我族人祭祀祖先的思想不能变,有祖祭祖,有墓扫墓方为之孝。每到清明等法定年节,族人应继承传统敬祠扫墓,不忘列祖列宗。

家规

第一条　尊长爱幼
第二条　和睦宗族
第三条　重视教育
第四条　崇尚节俭
第五条　治理生计
第六条　纂修宗谱
第七条　省理坟墓
第八条　修建宗祠
第九条　防险除奸
第十条　建立机构

家规解释

第一条　尊长爱幼

新蔡县杨姓人家辈清伦明,长幼有序,历来就有尊长爱幼的优良传统。今后,凡本族人要继承这种家风,人与人晋接之间动则循礼。不得口出不逊,无视长者尊者,致开犯上之端;长者尊者要为人师,自爱尊颜,不得倚大压小,倚强欺弱,形同无赖。长幼尊卑都要记着长者要尊敬,幼者要爱护的道理。孟子说:老吾老以及人之老,幼吾幼以及人之幼。杨家尊老爱幼的传统应用及其他人群中。

第二条　和睦宗族

和为尚,家和万事兴。宗族是共祖而生,同派连支的一群人。宗族不和外人容易乘间而入,拨弄是非,致使一家人心怀棘茨,视为路人。有的基至为争胜负,致使亡家破产,视至亲本家如寇如仇,拨弄是非的却得以脱漏法网,坐观成败。今后,凡杨家族人应该念及同源共本,血脉相连的根本,宗族各房要求同存异,和睦共处,切切不可以小嫌微隙,致同宗操戈。

第三条　重视教育

教育是传承文明的一件大事,治穷先治愚,治愚办教育。无论何时何地,杨氏族人要重视教育,尽力隆学校,敬师长,教育子孙。重养不重才,养不才如蓬生麻中,只有扶才直。如果对子孙过于姑息(造)〔迁〕就,不养德不教以执业,则习惯性成(铁)〔偭〕规(侮)〔错〕矩。上有玷于祖宗,下贻累于子孙。所以作为父兄的人,不论子弟贤愚,皆负有教育他们的责任,使他们居处有常,出入有节,执习有业,免得他们成为无用之人,甚至棍徒游民。

第四条　崇尚节俭

杨氏族人,无论穷富都要崇尚节俭,俭为美德,奢为败兆。世人多竞奢华铺张,羞语朴素俭约,囊中羞涩仍坐宝马,驾奔驰,着美衣,赴华宴,此则不良风习。一铺而费经岁之用,一年而费累之数百金,何怪祖宗贻业不足,不数年而家资耗尽,家业萧条。善治家的人对于衣食宫舍,婚姻嫁丧祭及一切馈宴应酬之事都量力而行,居中用之,不过吝也不过奢,不攀比也不小气,唯此可以兴家,使家业永久。

第五条　治理生计

居家度日,以治理生计为先。衣无服,食无粮,何以为生。资生以执业为上。执业一要读书求学,学习生计,读书可以成才,成才则能荣身。二要为商为贾为农为艺为百业,都可以获得其余作为衣食之资。如果仅凭借先人的遗泽而治理生计,则坐吃山空,坐耗资财,况人口日渐繁众,那么人用畜费必然不足。今后,凡杨氏族人都要及时采取措施,年年制订计划,治理生计,发扬杨家耕读并举的传统,一要学,二要劳,不至于游手好闲,使业败家破。

第六条　纂修宗谱

宗谱就是家书,是记录祖宗的身世,以及各支派分流的源头。宗谱说明亲疏有别,嫁娶有稽,坟墓有考,作为家史保存下来,以致永久不忘。今后,续修宗卷每五年各房先将新名登入草谱,统俟十五年或二十年时,一律(腾)〔誊〕真以省烦琐。世世子孙应该牢记,永远奉为定规,不能任意迁延,以至世系混淆,久远难稽。

第七条　省理坟墓

坟墓是祖宗体魄埋葬的地方,与子孙命脉相关。子孙应建立碑铭或其他标志,时时加以省视管理,不能整年甚至多年不去一次墓地,以至于坟墓硕塌狐损,不为封固。今后,无论哪种丧葬方式,族人都应在清明节或其他节假日期间,去祭奠祖宗,省理坟墓,送上祭品,悼念亡灵。

第八条　修建宗祠

宗祠是祖宗英灵所依的地方,是子孙后代举行礼法祭祖的场所,修建宗祠是子孙报本联宗的第一重要任务。我杨氏族人虽人丁众多,过去贫寒者十有八九,其余衣食稍足者也不富足,是以宗祠无成。今逢盛世,经济发展,国强民富,族人议定,重修祖祠。自今以后,作为家规,各宜踊跃从事创修宗祠,管理宗祠,庶先灵悉得所凭依,宗族不至于秦越。

第九条　防险除奸

不守闺礼,女子之丑行;恣行盗,男子之败类。小则玷辱名节,大则倾丧身家。所以此风断不可长,其端断不可开。凡我族人要重视安全,天天防火,夜夜防盗,防水防电,防范各种天灾人祸,维护人身安全、财产安全。各宜谨凛家规,劝戒子孙。如果遇到有不肖子孙,初犯则严加教育惩治,再犯则不准入祠入谱,严重者送官究治。

第十条　建立机构

兵有头,将有主,古今如此。古人一族人推举族长,一房人推举房长。族长为族人办事,综理合族事务。族长由齿德俱尊、持公秉公的人担任。族中之事由族长集合各房长议定，从公从严处理；房长为一房之管理人，上为族长服务，下理族中其事。房长由各房公正贤达的人担任。房中小事直接处理，大事则汇报族长，研究处理。

召集形势有变，族中应成立杨氏宗亲委员会，负责族中事务；各房应有负责人，就房中事务加以协调指导。其目的是使杨家风清气正，家庭和（协）〔谐〕。

五戒

一　戒忤逆

忤逆为不孝。忤逆之事，家中难容。身体发肤，来之父母，身为人子，当思图报。世俗不孝之徒，堕其四肢，不顾母生父养，好狠斗勇，反贻父母之忧。或恶言或厉色，犯触尊亲，致使肉失和，甚者家败人亡。凡我族人当慎当戒，如有此孙，轻则教，重则罚，违法则究于国法。

二　戒赌博

赌博为历代社会所禁止。奕可博不可赌。人的一生，勤俭为本，以赌谋财，当为邪道，危害极深。赌场无赢家，轻则辱身败行，重则倾家荡产。赌为毒，形同鸦片，族中子弟勿以赌为玩，一入迷途，难以自拔，致使身败名裂，累及父母，追悔莫及，宗族老少，切切戒之。

三　戒淫恶

淫者乱也，万恶淫为首。自古世俗有淫戏，斯有淫心，有淫心斯有淫行。源于淫戏，流于淫行，人人当慎。族中男女，行为端正，则家道兴；家庭严肃，则风正气和。若年少气盛看黄碟、观淫书、听淫戏，潜移默化，久必成灾。族中子弟，当力戒之，非礼勿视，非礼勿听，正大做人，家兴族旺。要拒淫，淫邪削福报甚，拒淫功德极大。

四　戒刁蛮

刁者猾也，蛮者横也。又猾又横，国法难容。五刑之设所以惩有罪也，刁蛮之徒多陷于桎梏之中。刁蛮之徒常以强欺弱，以下犯上，甚至行凶斗狠，招惹是非，无法无天，祸及父母家庭。家有刁蛮子孙，家无宁日，早晚出事。要加强教育，当父母者要戒其子，为兄者应戒其弟，去恶行正，家庭安康。若以为能，苟且放纵，怙恶不悛，致惹巨祸，不堪收拾，宗亲族人，宜切戒之。

五　戒渎乱

家有家规，国有国法，有规有矩，才有方（园）〔圆〕。我杨氏族人虽众，但长幼有序，辈分不乱。自此以后，要传承家风，敦伦饬纪，遵纪守法，伦理讲义，戒渎乱而无违。

附：宋·杨万里家训

杨万里，字廷秀，号诚斋野客，吉州吉水（今江西）人，南宋著名诗人，与陆游、范成大、尤袤合称南宋四大家。一生秉性刚直，遇事敢言，享年80岁。所作《家训》内容为：

吾今老矣，虚度时光，终日奔波，为衣食而不足；随时高下，度寒暑以无穷。片瓦条椽，皆非易事，寸田尺地，毋使抛荒。懒惰乃败家之源；勤劳是立身之本。大富由命，小富由勤。男子以血汗为营，女子以灯火为运。夜坐三更一点，尚不思眠；枕听晓鸡一声，全家早起。门户多事，并力支持。栽苎种麻，助办四时之衣食；耕田凿井，安排一岁之粮储。养育牺牲，追陪亲友，看蚕织绢，了纳官租。日用有余，全家快活。世间破荡之辈，懒惰之家，天明日晏，尚不开门，及至日中，何尝早食。居常爱说大话，说得成，做不成；少年多好闲游，只好吃，不好做。男长女大，家火难当。用度日日如常，吃着朝朝相似。欠米将衣出当，无衣出当卖田。岂知浅水易干，其实穷坑难填。不思实效，专好虚花。万顷良田，坐食亦难保守。光阴迅速，一年又过一年。早宜竭力向前，庶免饥寒在后。吾今训尔，莫效迍邅，因示后生，各宜体悉。

忠：上而事君，下而交友，此心不亏，终能长久；

孝：敬父如天，敬母如地，汝之子孙，亦复如是；

勤：日出而作，日入而息。凿井而饮，耕田而食；

俭：量其所入，度其所出，若不节用，俯仰何益。

第六节　少数民族家训

河南地处中原，是汉民族的重要发祥地，在古代社会里长期是我国的政治、经济、文化中心，随着与周边地区乃至境外的交流，一些少数民族定居中原，成为今天我们中原儿女的重要组成部分。他们中间的一些家族，也与汉族家族一样，编修了自己的家谱。这些少数民族家谱，与汉族家谱既有共同的特征，又有自己的一些特色，其所载家训文献也是如此。兹选录两种回族家谱所载家训如下。

一、《2008 年荥阳巴氏族谱(回族)》所载

家族训言

巴氏祖孙,坚守教门;代代阿訇,厚重尔林。

尊主顺圣,敬宗爱人;遵守八件,教门原根。

干办五功,拜后寻恩;常出乜体,多为清真。

勤劳致富,俭朴质纯;捐助公益,扶危济困。

朋友团结,温和待人;公务人员,清廉为民。

农工劳作,汗水是金;商业营生,法理诚信。

军警职业,为国献身;为人师表,解疑释困。

志存高远,创业勤奋;人人争做,合格穆民。

为人父母,尽其职责;生子起名,按照辈分。

世系清楚,乱辈严禁;传其信仰,教子清真。

尽其义务,崇尚科学;谨遵圣言,年到完婚。

先人归真,勿忘懿德;周年冥忌,开经走坟。

为人子女,孝敬双亲;天道人道,赤子之心。

戒酒戒赌,远离罪恶;恶贯满盈,祖坟免进。

族规族训,莫违谨遵;两世追求,正道乐园。

皇皇古兰,切切圣训;指路明灯,照吾前进!

注:

八件指:1. 认主独一　2. 知主公道　3. 为圣　4. 为伊玛目　5. 命人干好　6. 止人干歹　7. 远奸　8. 近贤

二、《2008 年荥阳市贾峪镇马沟村马氏家谱(回族)》所载

家训

信真主(安拉)　遵教规

孝父母　敬长辈

兄姐亲　弟妹帮

勤俭廉　邻里和

守法纪　忠诚人

第九章　中原家谱所载优秀家训内容与特色初探

中原家谱所载家训内容丰富,从伦理教育到道德教育,从爱国教育到技能教育,从勤学教育到宗族教育,从处世教育到其他诸如励志教育、女子教育、为官教育、养生教育、安全教育、环保教育、卫生教育和法治教育等。中原家训特色显著,其形式多样、内容丰富、历久弥新、影响广泛。本章将对中原家谱所载优秀家训的内容与特色进行初步的探讨。

第一节　中原家谱所载优秀家训内容分析

中原家谱所载家训内容十分丰富,可谓包罗万象,不愧是教育子孙后代的知识宝库。根据笔者录出的500多则家训来看,其内容包括以下多个方面。从儒家的伦理教育,到朴素的道德教育、积极的爱国教育、生存的技能教育、刻苦的勤学教育,再到和睦的宗族教育、立身的处世教育,以及多样的其他教育。下面就分别予以叙述。

一、儒家的伦理教育

在中国传统社会中,从汉武帝实行“罢黜百家,表彰六经”政策之后的两千多年来,儒家思想长期占统治地位,对国家、社会以及家庭、个人影响深远。传统家训的主导思想就是儒家伦理思想,千百年来深入几乎每一个家庭。正像有学者指出的那样,传统家训“为圣人之学向民间的深入架设了桥梁,通过这座桥梁,儒家思想才到达了深入人心的境界”①。

“一部河南史,半部中国史。”河南在古代长期是中国的政治、经济、文化中

① 马玉山:《“家训”“家诫”的盛行与儒学的普及传播》,《孔子研究》1993年第4期。

心,在中原家谱所载家训中,儒家伦理思想也得到了很好的普及。儒家伦理思想的核心是孝,维系父母与子女的关系,加上兄弟关系与夫妇关系,共同构成家庭关系的主要部分,而如何维系这三大家庭关系,是几千年来千千万万个家庭共同探讨的问题,这在中原家训中均有着重要的体现。

第一,俗话说:“百善孝为先。”在中原家训儒家伦理思想教育中,最重要的就是要遵守孝道,这一点在绝大多数中原家训中都有体现,无论是旧谱还是新谱,都是如此。

旧谱所载传统家训,如《1931 年项城魏氏族谱》所载《项城魏氏规约》第一条就是“敦孝弟”,开头便引经据典:“经云:孝弟为人之立身大本。”接着说:“凡为一人,居家若不孝(与)〔于〕亲,对国必不能忠其事。”把孝敬父母与忠于国家联系起来,即忠与孝的统一。同时,规约把孝与弟(悌)相提并论,认为:“居家若不敬于兄,处众必不能合群。”对那些不能做到守孝悌的人,是“本根丧失”,从而“世所不齿”。继而对魏氏家族的成员提出具体要求:“我魏氏中有能力行孝弟者,族人宜崇敬爱护,力为表扬,用厚风化,籍资激劝。”若有忤逆者,就是“家庭之凶顽,人间之恶臭”,并且提出了惩罚措施:“族长族众共同协议,秉笔除去谱名,并不许参与岁时合祭。”在传统社会,从家谱中除名是对家族成员最重的惩罚之一,一旦除名,家族不再承认其家族成员地位,成为一个无根之人。

在新谱所载的受传统家训影响的当代家训中也是如此,《2005 年罗山葛家山葛氏族谱(固本堂)》所载《家规六则》,第二则即为“孝父母”,开头便言:“人生谁无父母。人生谁不当父母。”一下子就把孝敬父母之事与每个家族成员建立了紧密的关系,进而教育族人:“孝敬父母亦是珍重自身。自身是孩子最好的老师,你孝敬父母子将学你,你遗弃父母子亦将学你。父母养育之恩终身难报,切莫将反哺双亲之日作忘却自身被养之时。厚养薄葬,世人虽误解于一时而自心无愧,薄养厚葬虽能掩世人耳目于一时而获喝彩之声,于心何安?做儿女者切莫为(贾)〔沽〕名钓誉而出卖父母之身。”

新谱所载其他形式的当代家训也非常强调孝的重要性。如《2016 年封丘黄德镇后老岸李氏族谱》所载《家训三字经》,第六章为“敬老经”,认为:“家有教,子孙贤。孝父母,美名传。孝不孝,众知道。孝心到,君子报。老爱幼,幼尊老。孝心到,老人笑。父母恩,如泰山。做晚辈,记心间。衣与食,冷与暖。为人子,常惦念。老幸福,子心安。家和睦,福绵延。”字里行间都强调了孝敬父母的重要性。又如《2016 年商丘市梁园区白云办事处大陈庄陈氏族谱》所载《祖训》第一条便是讲的做人要孝，认为："孝为百善之首，吾之子孙当知父母养育之恩，创业之艰辛。生则报效奉养，居则致其上，病则致其忧，丧则致其哀，祭则致其严，尽人子之本。"

第二，兄弟关系是影响家庭和睦的重要家庭内部关系，因而，关于兄弟关系的约束与规则在家训中常常被列到重要位置，要求做到兄友弟恭、兄弟和睦。

《1962 年民权王氏族谱》所载《家规十二则》的第二则即为"笃友爱"，讲的就是兄弟关系，认为："兄弟者，分形连气之人。幼之时，食则同案，夜则连床。凡出入起居，不忍顷刻稍离，其天性然也。"然而，当长大以后情况就发生了变化："及其壮也，各妻其妻，各子其子，而爱不如初，甚者一室操戈、自相鱼肉。至于(欣)〔幸〕灾乐祸、潜谋暗害，往往都有，此识者鄙之。"家训作者认为："人有兄弟，犹身之有手足也。手足之捍卫头目，不言而喻，若阻隔不相连属，则痿痹不仁矣，岂复望其捍卫哉！"进而呼吁族人："凡为兄弟者，慎之思之！"

《1993 年淮阳县老段寨段氏族谱》所载《家训》，其中有一条明确提出要"和兄弟"，认为："兄弟之间，原称手足。言人之有兄有弟，方为手足俱全也。"然而，当今社会中存在一些背道而驰的做法："今人有见识浅狭者，或因兄弟多于我，或因食口多于我，加以妇言唆拨，遂日思析筷而各炊。甚而每因小事，入室操戈，同气参商。外人因而构害，拆篱放犬之弊可胜道哉。"进而家训制定者又以唐代九代同居的张公艺和江州陈氏为楷模，呼吁族人做到兄弟和睦。

《2005 年商水县雷氏族谱》所载《家教格言》倡导"兄友弟恭"，并且用俗语来提醒族人："打虎需要亲兄弟，上阵还需父子兵。"认为与所谓的朋友相比，兄弟是最可靠的人："平时虽多好朋友，见你遭难难依靠。兄弟在家虽争吵，对外合力抗强暴。天下难得是兄弟，好友亲像亲兄弟。"并认为在一个家族中，"父子和而家不败，兄弟和而有力量，夫妇和而家业兴"。

第三，夫妇和睦也是家庭关系的重要内容，这一点在中原家训中有着具体的表现。

中原家训中受传统思想影响较多的关于夫妇关系的家训不在少数。如《1993 年淮阳县老段寨段氏族谱》所载《家规》认为："夫妇之间，人伦之始。娶妇贤良，家之幸也。或有不贤，为夫者应多劝训，不可轻言出妻。"又如《2013 年归德(商丘)卢氏族谱》所载《家约十六条》，其中"夫妇"条言："夫妇乃人伦之始,刑于之化,无所不及不可谓。居室之近乃是寻常平等之事而不加之意也,不知齐家治国平天下皆自此始。故曰刑于寡妻至于兄弟以御于家邦,言夫妇也,故必夫尽夫道妇尽妇道一唱一随,相敬如宾。梁鸿之举案方成个夫妇道理,是以在父母则相勉以供菽水,在兄弟则相劝以全和气,男务生理,女务纺织,夫理其外,妇不敢恃才而篡夫之权;妇理其内,夫不至烦碎以侵妇之职。故夫贤则能化诲其妇,而妇贤亦能规正其夫,阴阳和而百昌遂,夫妇和而家道兴,为夫妇者可不交尽其道哉。"

中原家训中传统儒家思想结合当今时代新风的关于夫妇关系的家训也有很多。如《2007 年鹿邑丁氏族谱(增订卷)》所载《家教格言》强调了夫妻要和睦:"妻贤夫祸少,夫和妻子贤。痴人畏妇,贤女敬夫。百世修来同船渡,千世修来共枕眠。"又如《2009 年唐河曲氏族谱》所载《家风》倡导:"夫妇如宾相敬,意向比翼鸳鸯。同心黾勉敬高堂,留作儿孙榜样。有妻莫恋花柳,贫贱不弃糟糠。百年家事好商量,死亦山头同葬。"又如《2013 年巩义市西村镇李家窑村李氏族谱》所载《李氏家训》专列出"和夫妇"条,认为:"夫妇为人伦之始。"要做到"夫和其妇,妇敬其夫"。提倡族人"夫以修身齐家事为本,妇以人伦道德情操为重,同事耕耘,理家创业,夫妇协同,修身、齐家、治国、平天下,休戚与共,百年好合,白头偕老,同建和谐家庭",只有做到这样,才能够"万事兴矣"。最后不忘呼吁族人:"凡我族人念之。"

一个家族或家庭若能将这三大关系处理得好,家庭就能实现和睦。中原家训中的上述种种规定,在家族日常生活中发挥了积极的作用。

二、朴素的道德教育

通过家训对族人进行道德教育是人们的常用做法。在传统家训中,道德教育还列有惩罚措施,如果违背家训族规,会受到家族的惩罚。当代家训的道德教育多为说教性质的,仅是一种提倡家族成员向善的教育,其约束力没有以往的大。

在日常生活中,人们总结出一些不能做的事情,列于家训族规之中,警醒家族成员,如禁止赌博、嫖娼、吸毒等。在传统社会,有些属于道德问题,但在当代社会,还涉及法律问题。

在禁止赌博方面,如《1941 年新乡县茹岗茹氏宗谱》所载《家规十四则》,第一条即“戒赌博”,这在中原家训中还是比较少见的。家规认为:“为士者,当励于诗书以求上进,何故聚赌以营利。为农者,当深耕易耨不离田头,奈何开场以为生。”并引用谚语:“三人聚赌,四家想赢。”家规作者还以当时所见的社会现象警醒族人:“尝见浪荡之子,或耍纸牌,或掷牙骰,或推牌九,或打麻雀,竟将祖宗所遗之美产一旦卖尽,良可痛惜。岂知律例之严,或被仇人告发,或被官府察觉,被鞭扑,置监狱,受刑伤财,不亦羞乎。”最后,作者呼吁族人要以此为戒。又如《1962 年民权王氏族谱》所载《家规十二则》第九条,专讲“惩赌博”,家规作者首先讲述了东晋名将陶侃禁赌的故事:“昔陶士行刺广州时,尝语人曰:大禹惜寸阴,我辈当惜分阴,岂可逸游自弃,生无益于时,死无闻于后乎。诸参佐有博弈废事者,命取其具而投之于江。曰樗蒲,牧猪奴戏耳,士君子所不屑也。”进而认为:“人生世上,士农工商各务一业,不可优游偾事。”作者对所见到的赌徒深恶痛绝:“每见今之恶少,借此(暗)〔赌〕博之场,托为聊生之地,怠至倾家荡产,上辱先人,下累妻奴,一朝无赖之极,大而干名犯分,小而鼠窃狗偷,凡丧廉寡耻之事,无所不为,推其由,皆贪念所使也。”提醒族人:“凡我族人,宜戒之戒之!”如果有违此训而参与赌博,“送自公庭惩以极刑”。

在《1984 年杞县段氏宗谱》所载《段氏族约》中,也列有“禁赌”一条,认为:“赌博是使人(惰)〔堕〕落走向邪路的根本,重者可以使人倾家破产,甚(致)〔至〕影响社会秩序,或走向犯罪的道路。”鉴于此,“为挽救段氏子女,特制订禁止(睹)〔赌〕博”。《1997 年河南济源逢石田氏家谱(三修)》所载《家教诗(四首)》有“戒赌博”:“少年浪荡喜悠游,赌博迷人入下流。失事竟忘耕与敛,废时哪管夏和秋。心贪夤夜犹浓号,意薄良朋反作仇。到得家园终替尽,一身常卧古荒丘。”以家训诗的特殊形式,教育族人切勿赌博。无独有偶,《2004 年鄢陵县岗底张张姓宗谱》所载“张氏家约律诗”有一首名为《戒赌博》,其诗曰:“赌博原来是祸胎,千金哪惜片时灰。俨然宝贵豪华子,顷作贫寒下等才。祖父百年勤积累,子孙一掷不徘徊。衣衫褴(楼)〔褛〕成无赖,失陷妻孥泪满腮。”

在我国古代和近代社会,社会上存在丑恶的嫖娼现象,这对社会、家族、家庭都是有害的,因此,在家训中常见有戒嫖娼的内容。

在传统家训中,如《1941 年新乡县茹岗茹氏宗谱》所载《家规十四则》,作者专门列出“戒嫖娼”一条,认为:“好德远色,君子修身之要。迷花恋柳,俗子败家之端。何故不悦德而悦色,要逞风流,以自得罪于名教。况人不营职业,迷恋花柳,耗其财帛,败其身家,父母责之而不改,亲朋劝之而不听。终至身体有虚劳之疾,或染杨梅鱼口之毒,医药不愈而殒命,亦不伤乎。”既从道德说教让族人认清嫖娼的罪恶之深,又列出嫖娼导致的各种疾病警醒族人,进而呼吁“凡我族人,共当以此为戒”。又如《2005 年林虑刘氏族谱》所载《刘姓的传家宝》,用警句的形式列出了嫖奸的害处:“嫖奸断不可为,丢钱受苦损名。奸淫第一损德,报应儿女妻身。如嫖他人妻女,己有姐姑母亲。倘若别人嫖戏,我知岂肯容情。事败妻儿反目,姐妹也免断情。”并且认为:“善恶终会有报,不可感情冲动。恶习若能除戒,天涯海角畅通。此宝熟读且行,定有结果收成。”

《2009 年唐河曲氏族谱》所载《十规范》更是将嫖赌列为“十恶之首”,会造成严重的后果:“(即)〔既〕耗钱财又破坏夫妻情感,甚者酿成家庭悲剧。”不仅涉及家庭道德,还涉及国家法律,提醒族人一定要切记:“嫖赌国法难容,切戒之。”《2012 年周口康楼康氏家谱》所载《族劝》也严格要求族人:“嫖娼卖淫,社会丑态,为人不齿,千万别做。”

禁毒也是中原家训中常规定的一项内容。吸食毒品不仅会戕害个人身体,破坏家庭幸福,而且还会造成严重的社会问题。鉴于此,各个家族也认识到禁毒的重要性和紧迫性。

《2006 年太康虎头王氏族谱》所载《王氏族范》,虽是新谱,但所载家训应是对传统家训的继承,其对鸦片之害有着深刻的认识:“鸦片之害,甚于毒蛇猛兽,一经上瘾,富者至于破家荡产,贫者流为乞丐盗贼,凡吾族人宜切戒之。”若有违反族范之人,族长族正要把他送到官府治罪。《2005 年罗山葛家山葛氏族谱(固本堂)》所载《家规六则》认为:“嫖、赌、偷、毒是万恶之源,沾之则亲朋不齿。”所以族人要做到“洁自身”,远离毒品,“一生清白是留给子孙的最大的财富”。《2009 年唐河曲氏族谱》所载《家训》对毒品的危害也有清醒的认识:“毒品更不可近,近则家败命损。”所以在《十规范》中明确提出要“禁绝吸毒”,告诫族人:“吸毒危害甚重,摧残身体健康,传染多种疾病,消耗巨额财富,引发刑事犯罪,致使家破人亡。贩毒吸毒,国法不容,切勿沾染。”

《2013 年巩义市西村镇李家窑村李氏族谱》所载《李氏家训》也训诫子孙“忌毒染”,提出:“世人蠢蠢,吸嗜烟毒!日久难收,体魄渐削,形若骷髅,力莫能举,处不能事,名声泯灭。终朝烟雾缭绕,男女混杂,晨错夕颠。典当家财,帛金耗尽,绝嗣戕年。全无利益,自取尤愆。”所以要做到:“凡我族人绝禁之!”

《2013年禹州市闫寨王氏族谱》所载《闫寨王姓族训、家规》中的"人生六戒",其中就有"五戒吸毒",认为:"毒品是害己、害家、害国之物,吸之上瘾,难戒也。应时刻警惕,切勿为之,防止上当。"在告诫族人禁止吸毒的基础上,同时也不忘令其他人戒毒、禁止毒品危害社会,所以又提出族人不准贩卖毒品:"同时也不要图利而贩之,害人害己法律难容。"

中原家训中有对家族成员品行的规定,这也属于道德教育范畴。如《2004年郑州市中原区罗庄罗氏宗谱(柏林堂)》所载《家法》关于"端品行"的规定:"立心制行必正(真)〔直〕端方,以礼法自守,纵不能大有猷为,亦不失为自好之士庶,不至贻羞于祖宗。"《2005年罗山葛家山葛氏族谱(固本堂)》所载《家规六则》第五条"洁自身"规定:"人生须自爱是自古恒言。能自重自爱虽贫穷不失其人格,不自重虽富裕仍是衣冠禽兽。自强不息,奋力打拼是人生价值之体现。莫以成败论英雄,奋斗了就不虚此生。富贵不淫,威武不屈,贫贱不移方显男儿本色。"

中原家训中还有强调勤俭节约的教育,以养成良好的道德修养。如《2003年商水县叶氏族谱邓城邵逸公系》所载《邓城叶氏家训五条》有"崇俭朴"条,先是引用《朱子家训》的文首语句:"一粥一饭,当思来之不易;半丝半缕,恒念物力维艰。"然后教育族人在婚丧祭祀、日常生活的衣食住行中注意节约,规定:"冠婚丧祭祀,切戒奢侈,应遵俭约习俗之。本大节固不可废,而丰俭当不失宜。丧祭循士庶之分,冠婚守当今之制。娶必择淑女,(频)〔苹〕蘩有托;嫁必选才郎,门楣无忝。庶门多孝,行敬承之善而鲜忤递反目之愆。至于衣服饮食居室,尤宜循份量力,毋得过后纵恣,以暴殄天物。"又如《2007年鹿邑丁氏族谱(增订卷)》所载《族规、族约》第六条为"重勤俭、不奢侈",倡导族人:"勤俭持家是族中美德,社会富有,家中富裕也应勤俭,遇事不攀比,不浪费,办事讲究实效,排场应当合适。即便将来更富有,也不随意挥霍资财,切不可丢掉勤俭持家,量入为出的好习惯。"《2013年光山县方氏族谱杏山分卷》所载《方氏家训》第六条为"尚勤俭",教育族人:"勤俭节约,立业之本;奢侈浪费,败家之兆。勤而不俭,财流于奢;俭而不勤,财终于困。俭可助贫,勤能补拙;勤以修身,俭以养德。"

中原家训中还有诚信教育,认为这是"成家立业之根本"。如《2015年江州义门陈氏罗山陈家畈支系宗谱》所载《家规家训》第五条"讲诚信",教育族人:"诚信是金,言行一致,表里如一,讲究诚信乃成家立业之根本。失诚信者则众叛亲离，一事无成。国无诚信不兴，族无诚信不和，家无诚信不宁。政者谋其政，学者笃于学，耕者重其耕，商者仁其利，职者司其职，均应遵循行必有诚，交而有信。切不可因喜而轻诺，因醉而生怒，乘大而多事。”

总之，家训把道德化成日常行为规范和礼仪，用具体的条规来约束族人，潜移默化中影响族人的思维和行为。

三、积极的爱国教育

“天下兴亡，匹夫有责。”爱国主义教育是一个永恒的话题，自古以来，中国人民都具有爱国主义传统。在中原家训中，到处都可以看到积极的爱国主义教育。

如《1984年杞县段氏宗谱》所载《段氏族约》第十二条为“爱国”，要求族人要“爱国家、爱人民，为国家多做贡献，不要行有损公利己的事情”。《2007年鹿邑丁氏族谱（增订卷）》所载《族规、族约》提出：“爱国家、爱人民。丁氏家族向来有热爱祖国，和睦乡邻的传统美德。爱国即为爱家，爱人就是爱己。族人应以构建和谐氏族与和谐社会为己任，学习宣传，身体力行。”又如《2008年信阳义门陈氏支谱回祖支系》所载《族训十条》，第一条即“热爱祖国”，认为“爱国为百行之首”，要求：“我回祖后裔，应先天下之忧而忧，后天下之乐而乐，争做爱国模范，誓作兴邦表率。”《2011年登封市郜氏宗志》所载《郜氏族规》提出：“族中子孙要热爱祖国、关心民族命运，人人要为民族的振兴、祖国的繁荣，积极发挥自己的聪明才智。”不仅如此，“当民族利益受到威胁之际，要挺身而出、投身于保家卫国的伟大斗争”。

在古代，爱国还表现在按时缴纳赋税、履行徭役。如《1941年新乡县茹岗茹氏宗谱》所载《家规十四则》第三条为“戒抗赋役”，认为“赋役当供，赋税、力役，皆国家法度所系，毋容拖欠抗阻”。告诫族人：“若要拖欠钱粮，抗阻差役，便是不良之民。连累保长，烦恼官府。每见身家受亏，吾茹氏地数十顷，务要将一年本等差粮，急公而先完。纵囊橐无余，心亦安乐。”《1962年民权王氏族谱》所载《家规十二则》第六条为“急正供”，认为：“庸租调三者从古皆然，此治人治于人之通义也。况今者设兵卫民，而兵饷实出自民间，原非苛征可比。四月完半，九月全完，部限颁示煌煌，为小民者正谊急公完纳奉令，恐后何无知之，单每乐迟延，以致追呼临门，咆哮需索，甚则解赴公庭，不惟身受敲扑，且难逃刁抗拖久之罪,醇良之民岂若是乎!今后米多而家富者,输纳宜浮限外;米少而家贫者,勉力如期交完。公事早竣则鸡犬无惊,我得高枕而卧矣,何快如之!”又如《2013年归德(商丘)卢氏族谱》所载《家约十六条》专门列有“完国课(税)”一条,认为:“田之有赋,下以供上,份也。秋成之际即宜按时完纳,毋使里处催赶吏胥追呼,何等安逸。若本年不纳留待下年,年复一年而新粮又至,新旧交征必俟起征,即便完纳,岂不官民两便。”《2014年豫西嵩县段氏家谱》所载《洛宁谷圭段氏族规十六条》的第一条为“完钱粮,以充兵饷”,要求族人:“凡有兵饷,宜按限完纳,若有拖欠至十日不完者,重责,立逼全完。尚有寡独,实在不能完纳者,按门长援钱替完。”

在当代,依法纳税也是每位公民应尽的义务,这也是爱国的具体体现。《2008年河南登封岳家楼岳氏宗谱》所载《族人守则》规定:“自觉缴纳国税,完成国家上缴任务。力戒偷税、漏税、抗税的违法行为。”前面提到的《2013年归德(商丘)卢氏族谱》所载《归德卢氏族规家约》,特别提出要:“上忠国,下忧民,行国策,纳粮税。”

爱国与爱家是一致的。《2012年卜子大宗谱(河南·鄢陵卷)》所载《鄢陵新修家训·志向篇》第四条为“教子报国”,教育子女从小就具有为国为民的崇高理想,形成大的人生格局意识,认为:“热爱祖国,生而为人第一美德。为国尽力效忠,关心国计民生,关心百姓疾苦,利于社会发展,则受人尊敬称颂。”教育族人“应教子从小即爱国,爱党爱民,爱祖国之锦绣河山”。在《齐家篇》第五条“忠孝传家”中,家训作者将在外“忠于祖国”与在家“孝敬父母”并称,成为族人应遵守的条规。在《鄢陵新修族规》中,第一条即“爱国爱家”,认为:“有国才有家,合家而成县、成省、成国。国泰则民安,国强则民富。故爱国爱家乃人立之根本。”《2012年平顶山叶县任店镇樊庄村樊氏族谱》所载《樊氏族规》规定:“(尊)〔遵〕纪守法,爱国爱家,不得有祸国殃民之行为。”《2016年中华窦氏谱志(河南省平顶山卷)》所载《窦氏家文》认为:“经济要发展,民族要自尊。爱国又爱家,才是我族民。”把爱国与爱家紧紧地结合在一起。

《2017年偃师高崖王氏宗谱》所载《王氏祖训》文首即“爱国家,铭祖训,存忠厚,善为本”。《2018年魏氏宗谱息县八里岔乡魏寨支系》所载《魏氏族规》第一条即“爱国家”,认为:“国为家之本,国强则民安、家兴。”受新时代社会新风的影响,族规作者呼吁族人:“要爱国似母,执法如山。凡我族人应积极响应党和政府的号召，努力学习，践行社会主义核心价值观，勇于担负起保卫祖国、建设祖国的重任，与时俱进，不断创新，全心全意为民谋福祉，同心同德为国家谋发展。大智兴邦，集思广益；联系群众，为民办实事；扶弱济困，利惠民生。勇力振世，守之以法；功被天下，守之以让；富有四海，守之以谦。团结奋进，交邻有道；务本节用，选贤任能，兴学有才，尊师重教；保守国家机密，反对民族分裂；疾恶如仇，构建和谐。主动参加新农村建设，使现代'农村美，农业强，农民富'，并逐步实现农业现代化，为全面建成小康社会贡献力量。"作者从多个方面阐述了族人爱国的具体做法，呼吁族人立足农村实际，为国家多作贡献。

家国情怀是每一位中华儿女都应具有的品质，中原家训中对此也多有论述。如《2012 年尉氏县洧川镇老庄王村王氏家谱》所载《家训四篇》第四篇为"家国篇"，与族人分享了具有担当精神的家国情怀："家是国基础，国是家延伸。枝叶附树干，家国不离分。家乡哺育情意重，国家需要四海行。行孝皆可为，建功立业难。光宗耀门楣，其行高九天。国兴民安居，覆巢无完卵。民族存亡际，毅然赴国难。"《2013 年禹州市闫寨王氏族谱》所载《闫寨王姓族训、家规》规定，族人要以"五爱"为荣，即"热爱祖国，热爱人民，热爱集体，热爱家乡，热爱共产党"。并进一步教育族人："'五爱'和每个人随影相伴，做到'五爱'也是爱自己。为此，在行动上要做到跟着共产党走，以道德立身，以诚信立业，奉公守法，敬业奉献，做好本职，为人民谋福祉，为祖国尽忠心，为祖先尽孝道。"

四、生存的技能教育

人来到这个世界上，若要站稳脚跟，生活得更好，一定要有生存的技能。一个家庭的日常生活能够正常运转，一个家族能够代代相传，是离不开生存技能的。在家庭教育中，生存的技能教育占有重要的地位，也成为中原家训的一个重要议题。

在古代的中原地区，自给自足的自然经济长期占统治地位，男耕女织是传统家庭的重要经济来源，因此，中原家训中常常能够见到劝课农桑的教育，这是最重要的生存技能教育。如《1962 年民权王氏族谱》所载《家规十二则》第八条为"勤农桑"，作者认为："自后稷教稼穑而粒食攸赖，西陵课蚕桑而服制始兴。故孟子对文公有曰：民事不可缓也。夫民事之大者，莫逾衣食，衣食足而民生遂，然后礼义因之以生。苟饔飧不给，筐篚无资，饥寒耳不免，况礼义哉。惟百亩之田，可食九人，则为上农夫矣；遵彼微行，爰求柔桑，则克娴妇职矣。男勤于耕，可获茨梁之利；女勤于织，可勉蓝缕之嗟。”据该谱所载 1942 年《王氏族谱序》，民权王氏于明永乐年间由洪洞迁至考城（今兰考）东南王庄，称考邑王氏，清中叶由王庄分出一支住河朔（黄河北岸）三奶奶庙村，又百余年遭遇黄河浸没北岸，田舍湮没，王氏族人云游四方，南至鄢陵，后又有族人回迁至黄河大堤南六里孟庄居住。王氏家族经历了黄河泛滥的灾难，经历了颠沛流离的生活，深知要想生存于世，必须勤于农桑。因而，家训作者感慨道：“我族聚居脊土，艰于聊生，倘耽佚游，其何以仰事而俯畜乎。豳风七月之什，唐诗蟋蟀之章，其可忽乎哉！”

重视农桑的中原家训还有很多，如《2004 年鄢陵县岗底张张姓宗谱》所载《张氏家约律诗》亦有一首为《重农桑》：“国家自古重农桑，衣食之源莫怠荒。男力耕耘女纺绩，幼忻顾暖老安康。饥餐玉粒来风雨，寒暑新棉自篚篚。一室盈宁欢会聚，好洲化日乐陶唐。”《1994 年三槐堂（新密市王沟村）王氏家谱》所载《王氏祖训格言》教育族人：“天下最苦者耕，最乐者亦耕，苟不以为苦，勤劳既久，自有蓄积，苦中未尝不乐。语云：田连阡陌，不知如粪。多勤，此农家之上策也。”《2003 年商水县叶氏族谱邓城邵逸公系》所载《邓城叶氏家训五条》第四条“勤事业”要求族人：“尝谓士农工商各专一业，读者朝惜寸阴，夜勤青灯求为名士；耕者早作晚息，不辞劳苦求为上农。”

为了家族成员能够生活得更好，家训作者不忘告诉族人如何经营小家庭。如《2007 年鹿邑丁氏族谱（增订卷）》所载《家教格言》专列《持家经营》一节，用警句格言告诫族人：“勤能补拙，俭能养廉。会划会算，钱粮不断。懒人嘴快，勤人手快。大富由勤，小富由俭。年年防饥，夜夜防盗。祖业分不富，创业富长久。勤是摇钱树，俭是聚宝盆。人勤地献宝，人懒地生草。滴水汇成河，粒米积成箩。靠人谷满仓，靠天空米缸。晴天防雨天，丰年防灾年。勤人登高易，懒人伸手难。有时省一口，无时有一斗。出门不弯腰，入门无柴烧。生姜不老不辣，生活不谋不发。勤俭好比针挑肉，浪费如同水推沙。常将有日思无日，勿把无时当有时。早起三朝当一工，早起三秋当一冬。大吃大喝眼前香，细水长流富日长。做一毫用两毫，入不敷出债台高。勤快之人汗水多，负食之人口水多。”

籍贯为焦作市沁阳市的唐代大诗人李商隐在《咏史》中总结前人经验教训，发出了“历览前贤国与家，成由勤俭破由奢”的感慨。当代中原家训中也不乏对族人的勤俭教育,这是有利于生存的。如《2013年巩义市西村镇李家窑村李氏族谱》所载《李氏家训》教育族人要“尚勤俭”,认为:“俭可助贫,勤能补拙。勤俭者,起家之本,传家之宝,立业之基,人生当务也。勤而不俭,则财流于奢,俭而不勤,则财终于困。人世间,见名门世族,以祖考勤俭为成立之本,下代之福,因子孙奢侈而败家之业。盖俭则富贵长保,家计不难振兴。倘男不务耕作,女不事内,好逸恶劳,鲜衣美食,一旦骄惰,习惯俯仰无资,将祖资财一败而空,拖衣漏食。节俭者治家之要义也。饮食莫嫌蔬食,衣服莫嫌布素,房屋莫嫌湫隘,婚娶莫竞妆奁,死丧莫竞斋醮。宴客伏腊有时,不可常时群饮,设席数肴成礼,不必杯盘狼藉,多一事不如省一事,费一文不如节一文。当务勤俭。”进而呼吁族人牢记勤俭:“凡我族众念之。”

关于如何生存,从事何种职业,是农耕还是经商,是读书还是做工,多数家族还是允许族人根据个人实际情况自由选择的。多部中原家谱所载家训提到了“安生理”,无论士农工商,因人而异。如上述《2013年巩义市西村镇李家窑村李氏族谱》所载《李氏家训》提出:“士农工商者,然视其天赋择业,士者实去读书,农者实去耕耨,工者实去造作,商者实去经营。若生而愚鲁,不适读书,家道贫寒,无田可种,又无本钱做买卖,又不会做手艺,便与人佣工,替人苦力,也是生活。只要勤心礱力,安分守已,此中稳稳当当,便有无限受用。至若妇女,亦要勤纺绩,务针指,操井臼,协同丈夫,共成家业,方是贤妇。凡我族人念之。”《2013年归德(商丘)卢氏族谱》所载《卢氏家训》亦有类似的记载:“人不论家贫家富,都要寻个活计,不然便是死道,不是生理。如士者实去读书,农者实去耕种,工者实去造作,商者实去经营。若生而愚鲁,不会读书,家道贫寒,无田可种,又无本钱做买卖,又不会做手艺,便与人佣工,替人挑担,也是生活。只要勤心苦力,安分守已,此中稳稳当当,便有无限受用。至若妇女,亦要勤纺绩,务针指,操井臼,不要好吃好穿,赞助丈夫,共成家业,方是贤妇。凡我宗人念之念之。”

五、刻苦的勤学教育

受传统农耕文明的影响,长期以来,“耕读传家”被奉为圭臬,成为众多中原家族一代又一代人的不懈追求。

张怀涛在研究中国传统家训中的阅读观时指出:“在中国传统家训中蕴涵

着丰富而精彩的阅读观。通过挖掘和整理,别裁出中国传统家训中一些具有思想内涵和借鉴价值的阅读理念,如耕读传家、明理修身、立志勤学、尊教重读、合理有效、学以致用等。"①我们通过对中原家训文献的梳理,也不难发现关于读书的教育是其中最常见的勤学教育。如《1994 年三槐堂(新密市王沟村)王氏家谱》所载《王氏祖训格言》有关于"读诗书"的规定,认为:"自古及今,光前裕后,显身扬名者皆自读书中来。书固不可不读,尤不可一日不读,总是读书,在乎有志,切忘事竟成。一言读书,在乎反己,必须念毋自欺三字。"《1997 年河南济源逢石田氏家谱(三修)》所载四首家教诗之第一首即《劝读书》:"英姿少年莫蹉跎,勤把诗书苦练磨。月夜风清堪朗诵,花朝气爽好吟哦。原来道内滋无尽,果是书中粟自多。若得学成锦绣业,高车驷马沐恩波。"《2015 年江州义门陈氏罗山陈家畈支系宗谱》所载《家规家训》有"勤学文"条,先是引用古语:"万般皆下品,唯有读书高。"提倡:"读万卷书,行万里路。"倡导"知识改变命运,习惯主宰人生",认为:"子孙虽愚,书不可不读。惜钱休教子,护短莫从师。劳而不教,其子必败。玉待琢而成器,人待学而明义。读书不读子孙愚,田地不耕仓廪空。"从而呼吁族人:"三更灯火五更鸡,正是男儿读书时。宝剑锋从磨砺出,梅花香自苦寒来。智者求学能益智,愚者求学则化愚。富若不教子,钱财必消之,贵若不教子,家兴难久长。"对陈氏家族勤奋好学的未来充满了希望:"愿吾族人尊重知识,尊重人才,勉励后人,勤奋向上,学者有成。"

对学业有成的家族成员,有些家族还给予一定的奖励。如《1993 年淮阳县老段寨段氏族谱》所载《家约》规定:"吾族不乏俊笔,其奋志观光,显扬前列,公祠内必为旌奖。凡入大专者,每名奖金百元,大学本科者,每名奖二百元,进博士生者,每名奖四百元。进博士后或有国家级重大发明者,每名奖五百元,以激励其奋志攻读进取。各房人等,尤宜勉承先绪。"这是对勤奋学习的族人的鼓励,也是对整个家族成员的鞭策。

在进行勤学教育的同时,许多家族还不遗余力地大力提倡尊师重教。如《2005 年商水县雷氏族谱》所载《雷氏家训族规》第五条提出:"要尊师重教,求知识出人才。"作者先是引用韩愈的《师说》,写道:"古人云:师者,传道授业,解惑也,人非生而知之者,(熟)〔孰〕能无惑,惑而不从(道)师,其为惑也,终不解

① 张怀涛:《耕读传家有义方——感悟中国传统家训中的阅读观》,《图书馆理论与实践》2015 年第 5 期。

矣。”继而又将北宋汪洙《神童诗》“万般皆下品，唯有读书高”之句附会为大教育家孔子所言，来突出对这一理念的高度认可。接下来作者摆事实、讲道理，认为：“历史和现实的实践都证明，国之强盛，族之兴衰都与文化教育科学技术息息相关，凡国家文化教育落后，科学技术不发达，民众将愚昧无知，国家将衰败没落，综合国力低下；凡文化教育科学技术处于领先地位，国家将兴旺发达，繁荣昌盛，国力将大大增强，人民文化素质、科学知识、文明程度越高。”最后，作者呼吁家族成员：“凡我雷氏族人都要清醒地懂得，没有文化知识，不懂科学技术，都将一事无成，致富奔小康也只是一句空话。因此，我雷氏族人要尊师重教，重知识，懂技术，严家教，明事理，苦读书，勇进取，将族人子孙后代培养成国家栋梁之材，为族人增光添彩，使我族后继有人，兴旺发达，长盛不衰。”

有些中原家训还引用警句格言、谚语等，来教育族人勤奋学习。如《2007年鹿邑丁氏族谱（增订卷）》所载家训类文献就多处提到要勤奋读书学习，其所载《家教格言》，为了“教子读书”，引用了多句格言警句：“养子不读书，不如养头猪。子弟不读书，好比无眼珠。家有千金，不如藏书万卷。穷人莫断猪，富人莫断书。养子不教如养虎，养女不教如养猪。儿孙自有儿孙福，莫为儿孙做马牛。”为了倡导族人“勤奋读书”，作者引用了下列警句：“书山有路勤为径，学海无涯苦作舟。黑发不知勤学早，转眼都是白头翁。发奋识遍天下字，立志读尽人间书。十年寒窗无人问，一举成名天下知。”这些警句格言，都是人们所熟知的，使得勤学教育非常“接地气”。而在该家谱所载的《族规、族约》中，作者直接提醒族人“勤学习”：“诗书传家久，劳动可致富，族人应以族中杰出学子为楷模，为荣耀。上学读书，宜全力支持。实望族中多出人才。”

中原家训中的勤学教育，还体现在对家族中贫困成员求学的资助规定方面。《2018年魏氏宗谱息县八里岔乡魏寨支系》所载《魏氏族规》有“奖学子”条，规定：“吾族不乏英才，特别是今世考入本科大学的不下百十人。俟以后族内当设立助学基金，对家庭困难，其又发愤图强、刻苦学习、品学兼优的学生，给予资助或奖励。各支各房有识之士，当解囊捐资以作基金，以鼓励学子，并帮助困难家庭解决学费问题，勿使辍学。对祖国经济建设、国防建设、科学技术作出突出贡献者，受到国家表彰的，族内应当奖励；对于扶危济困、见义勇为者，族内也视其情况给予表彰或奖励。”《2011年登封市郜氏宗志》所载《郜氏族规》规定：“族中子孙如有天资聪颖、奋发好学，且家境困难、实无力进学者，族众当捐资助学,发挥其才智。”

当今国家规定有九年制义务教育,对每位公民的教育做出了法律上的规定。在家族层面,有些家族在其家训中也制定了相应的措施来督促族人进行九年义务教育。如《2015 年南阳毕氏宗谱》所载《毕氏族规》之“十禁”规定,有违反者逐出家族,不得入谱,其中就有关于子女义务教育的规定:“不得违背义务教育,养子不教,误己子弟。”

六、和睦的宗族教育

宋元明清以来,人们的宗族意识较为强烈,家训中往往有宗族教育的内容,要求族人和睦相处,团结一心。

如《1931 年项城魏氏族谱》所载《项城魏氏规约》第十三条为“睦宗族”,引经据典而称:“古时乡田同井,出入相友,守望相助,疾病则相扶持。”认为其“风化醇美,至今称之。况宗族之亲过于乡井,长幼尊卑之间,居常则爱敬提携,处变则互相救济,善则共勉,过则共规,以厚族谊,以挽颓俗”。从而规定魏氏族人:“倘有昧理蔑义之徒,恃强凌弱,倚众暴寡,卑犯尊,小逆大,甚而细故倾轧,彼此仇雠,是为先祖之罪人,魏氏之公敌,愿族人共弃之。”又如《1962 年民权王氏族谱》所载《家规十二则》第三条为“重族谊”,意为教育族人加强团结、和睦相处。其中规定:“每见一堂之上,始为父子,阅世而祖与孙矣,又阅世而高曾与曾玄矣。至五世之外,则服尽而族人矣。彼不肖之流,倚其势力,恃其才辨,凌铄尊长,侮慢族姓,在己深为得志,殊不知支分派远,虽贤愚不等、贫富不齐,而究其先,则皆一父之子、同条而共干者也。若使孝友亲睦之谊衰,岂周礼大司徒以三物教万民之至意哉!况我族累世忠厚,必须长幼有序、尊卑有等,而出入周旋之间,聚会献酬之际,恂恂乎孺子,庄庄乎吉人,以无负先人之旧范可也!”

《2009 年唐河曲氏族谱》所载《十规范》强调要“联亲联谊”,对曲氏族人进行宗族教育,认为:“曲氏之宗亲,千枝同本,万脉同源,始出一祖,有着血缘情,骨肉亲。应不分支派,不分地域,相互关照,相互爱怜,互相学习,互相帮助,和睦相处,共同繁荣。”《2013 年光山县方氏族谱杏山分卷》所载《方氏家训》第一条即“睦宗族”,倡导族人:“人之有祖,水之有源;同宗同祖,一脉相承。自幼至长,贵贱不分;尊亲敬长,和睦族人。恃强凌弱,孤立不群;扶贫济困,方能远行。”《2015 年内黄县城关镇赵庄冉氏家谱》所载《族规十则》第二则为“睦宗族”，开宗明义曰：“同族贵亲爱和睦。”之后引用了两则古代名人名言，一是“同源分流，人易世疏，慨然寤叹，念兹厥初”，语出东晋陶渊明；二是“族众与吾固有亲疏，自祖宗视之，则均是子孙，固无亲疏”，语出北宋范仲淹。从而得出自己的结论性认知：“人果能以祖宗之念为念，则自知族之当睦矣。”《2016 年白居易家谱（新郑卷）》所载《辛店忠和堂家规家训》第五条为“睦宗族”：“族众宗亲，同源同根，团结和睦，同德同心。”《2016 年宝丰均宝李氏族谱》所载《李氏家训》对“睦宗族”也提出了自己的看法：“宗族者，同宗共祖之人也。虽有亲疏贵贱之别，其始同出于一人之身，故尧典曰亲睦九族，周室则大封同姓宗亲之谊，由来重矣。今世俗薄淡间，有挟富贵，而厌贫贱，恃强众，而凌寡弱者，独不思富贵强众，皆祖宗身后之身耶？观于此，而利与害共，休戚相关，一体同视可也。倘有博众以暴寡，藉智以欺愚者，当睦宗族为念，凡我族人戒之。”

在《2017 年淮滨河南固陵堂阚氏族谱》所载《阚氏族规十二条》第八条“讲团结”中，作者还把宗族团结与民族团结联系起来，提高到强国之本的地位，并告诫族人：“子孙不可挑拨是非，损坏宗族利益。倘有胡作乱为，不讲团结之辈，要严加训斥。”《2017 年信南甘氏宗谱》所载《家训》中，还对“睦宗族”具体要做的事情进行了归纳：“凡我同宗，务要情意浃洽，生必庆，死必吊，有无相通，患难相恤。勿凌卑弱，勿慢尊长。勿自相攻讦，以折藩篱；勿引入豺狼，以残血脉。”并且把“睦宗族”与社会主义核心价值观中的“友善”联系起来：“由家族的团结，扩充到国家民族的大团结，这种良好传统观念，应当继承和发扬。当然要把家族的利益与民族、国家的利益统一起来，不得以家族利益损害国家利益。”《2018 年西河九龙族谱新乡市支谱》所载《林氏传世家训》第二条“睦宗族”也将具体要做的规范列出以提示族人：“族人虽有远近亲疏，要其本源则一，族中人有喜事或凶事，必先行庆吊之礼。遇有合族之事，必同心商榷。平时聚会，亦以联族谊为重。”并且认为：“人情不见则疏，日疏日远，大非睦族之道。宗族于我，固有亲疏。自祖宗视之，则均一人之子孙，能以祖宗之心为心，自知族人之当睦。”进而提出了睦族的五个要点：“一曰敬老，二曰亲贤，三曰矜恤孤寡，四曰周济急难，五曰解纷。”

七、立身的处世教育

一个人要真正立于世上，必须有其处世之道，中原家训中不乏这样的处世教育。

若要立身于世,必须有正当的职业,家训中往往教育族人不准从事卑贱的职业。如《1931年项城魏氏族谱》所载《项城魏氏规约》第六条“正职业”规定:“世间谋生之道,或劳智或劳力,必须业归于正,自重人格,否则操业卑贱,及流入盗贼者,迭经族人维护劝诫,坚不改行,玷辱先祖,遗羞后嗣,生者不许岁时合祭,谱牒不许列名,已列名者除之,死后不许入先茔,实族人应共弃之。”《1941年新乡县茹岗茹氏宗谱》所载《家规十四则》第八条劝族人“戒不勤职业”,认为:“职业当勤,士农工商。业虽不同,皆是本职。勤则职业修,惰则职业隳。修则父母妻子仰事俯育有频,隳则资身无策,不免姗笑于乡里。迢玉饥寒交迫,乃作奸犯科,贩毒品、吸鸦片无所不为,无□无耻,全不知非。犹傅之然自以为得计。语云资不足既。谁□鱼行为可□。及身撄法网,伤及妻子,悔何及乎,何君早加猛省。勤□傅、营生□,各业其业,各事其事,与其仰面乞人,何□及求□己。”

多部家谱所载家训中明确禁止族人从事演戏职业。如《1962年民权王氏族谱》所载《家规十二则》第十二条为“戒演戏”,即禁止族人从事唱戏这一职业,认为:“先民有言曰:勤有功,戏无益。何为勤?朝乾夕惕之谓也。何为有功?事亲保家之谓也。盖人生天地间,竭力耕田以供子职,衣食既足,礼义自兴,由是而明人伦,由是而识尊卑,由是而出孝入弟,问寝视膳,雇帷效顺,蔼蔼融融,以乐天真,为人之道莫大乎是。有贱丈夫焉,耽好懒惰,喜遂队以随群,贪食乐饮,即弃亲而弗顾,但见三五成群,言皆齐东野人之语,遂尔引类呼朋,行尽卑污下贱之为。时而粉面朱唇,搬演戏文;时而携琴挟板,沿门卖唱。音本期叠,自以为阳春白雪;声非金石,妄拟夫遏云绕梁。最可恨者,双亲无恙公然披麻戴孝,父母讣至仍复喜笑台。呼嗟!甘作浮萍浪子,不思罔极之深恩;忍为天地罪人,靡念先代基业。有至若斯,实同犬彘,当急赴先祠,鸣鼓而攻,送公究处,以为忘亲不孝者戒!”又如《2013年归德(商丘)卢氏族谱》所载《家约十六条》提出要“严演戏之禁”,认为:“虚戈为戏,无益之事也。膏粱子弟,凡溺于此者未有不覆败者也。乡曲之间虽无阳春白雪之调,而愚昧之人多有灾祥。祸福之惑不曰祈福则曰售愿,鬼神不可戏弄而以祈福售愿,不以戏弄之,甚乎!愚者惑而不解,而好事之人假以惑众,朝梆暮铎、缘门化抄、驾台旷野、击鼓吹笙,哨聚无端倾动乡市,至使农辍,耕耘女停机,继而无知之辈又群而和之。卑幼不禀父兄,奴仆不启家长，藉鬼神以惑众，借祸福以欺人，平空无故引类呼朋，门钦花户搬演杂剧，所费虽小所关甚大。日则废时失事，而农工商贾之业废；夜则外户不闭，而奸贼盗之隙开。诬民伤财莫此为甚，若不痛革，而日复一日年复一年辗转不已，遂以为例而不能革矣。今后有无故不禀尊，禁假托神愿而演戏者从公重罚。”

有的中原家训还教育子孙要学会忍耐，把忍耐作为重要的处世之道。如《2015年中华谢氏宗谱河南郑州大谢村卷》所载《谢氏家训》有“重忍耐”一条，先是引用“夫子曰”：“一朝之忿，忘亲及身诚由于不忍也。”然后举例说明忍的重要性：“诚观举世，多少暴烈之徒，不忍不耐，浅则祸及一身，深则倾家荡产，害及儿孙。昔张公艺九世同居，江州陈氏八百口共食，皆由于能忍。”最后呼吁族人：“夫万事当前，忍则大可化小，小可化无，不至逞凶构讼，亦不至事后追悔吾，愿族房子孙，若非切己大仇，凡日常小事，忍耐为上。泛应酧酢之间，不已天空地阔哉。”在《2016年封丘黄德镇后老岸李氏族谱》所载《家训三字经》第五章《生活经》中，作者也告诫族人要把忍让作为处世原则，言：“已不欲，勿施人。多忍让，和如春。”《2018年西河九龙族谱新乡市支谱》所载《林氏传世家训》第七条“明德性”也是对族人进行处世教育，认为：“大丈夫须有顶天立地之志，处世存心，要有容人度量，而勿求容于人。”主要也是教育族人要学会忍让：“人必善忍，其业乃有成；必有容，其德乃得大。君子立身，未有不成于忍而败于忍，惟能忍，方能恕于合众志以成大事业；不忽视小事物，方能谨慎处世而致成功。”

为何中国几千年的农业社会许许多多的农民文化知识匮乏，但仍然培养出来一代又一代非常杰出的孩子？针对这一问题，复旦大学韩昇教授给出了答案：“中国农民教育孩子，虽然讲不出一套套大道理，但是，他们最常说的一句话就是：‘孩子，咱要厚道，要老实。’这就是中国农村最常见的家教，在这种家教下很多人健康成长起来了。”①其实，老实厚道不也正是一代代中原人最简单朴素的处世教育吗？

八、多样的其他教育

除了上述七个方面，中原家训中还有一些其他方面的教育，如励志教育、女子教育、为官教育、养生教育、安全教育、环保教育、卫生教育和法治教育等。它

---

① 韩昇：《良训传家》，生活·读书·新知三联书店2017年版，第8页。

们共同构成了中原家训千百年来绵延不断、历久弥新的核心内容，成为中原儿女共同的精神财富。

励志教育。《2015年武陟詹堤詹店詹氏宗谱》所载《詹堤詹店詹氏宗族家规宗训》专列有《人贵有志》一节，用诗句的形式对族人进行励志教育："人生意义在贡献，各尽所能展其长。立志可少盲目性，明确方向动力足。人生如同走远路，定准目标积亿步。古往今来成就大，年少立定志向人。人生目标既已明，奋斗终生须坚定。千难万险在途中，坚韧不拔智前行。若向困难低下头，再好志向会落空。颠扑不破真理在，有志坚者定成功。滴水穿石绳断木，铁棒磨针凭深功。持之以恒前行舟，以柔克刚道理同。心血不会白耗费，天道酬勤事竟成。人各有志志不同，利家利国为准绳。社会分工有万千，未必皆志研尖端。精通本行志可贵，有所创新更艰辛。不是一番寒彻骨，怎见梅花扑鼻香。但愿族人早立志，奋斗终生竭全力。"此外，该家训中还有《善待逆境》一节，也是对族人的励志教育。

女子教育。《1931年项城魏氏族谱》所载《项城魏氏规约》对女子教育进行了规定，首先引用《礼》云："女子主内，无故不出中门，不理外事，行无独成事，无擅为。"在古代的中国，"未嫁之女，教以麻枲丝茧菹醢纴纼，并未授予男子同等教育"。规约又结合民国时期时代发展形势给予规定："自国体变更以来，文化日新，人生应有之权利义务，逐渐扩大，个人智能亦应随之增进，果令女教普及，女子均有相当之学识，处事对人断不致远逊于男子。彼世俗旧说以女子倚赖为天性，中馈纺绩即为完毕女职，陈腐之论，迂阔之谈，慎勿狃以为常。此后家庭中关乎女子教育，勿惑世说，勿拘旧习。本财力之丰约，视女资之高下，力为培植，使之学有专精，技操一长，否则亦须具有初级中学或高级小学以上之知识，尤宜注重中国古传孝翁姑、敬丈夫、和娣姒之女德，娴熟烹调、针指、纺织、腌酿、饲畜之女工，适人后主持家计，补助生活，应付社会，一切事物足堪胜任。男则专力事业，无内顾负累之苦，女则完成家政，易暗弱倚赖之风。分食者有生产，被治者为治人，富民齐家实多利赖。愿族人共勉之。又女子独立治事，已属人间之常，闺阃之制，势难仍前锢闭，但女子纵有真正学识，言行举止亦宜谨束，身心恪守范围，行迹之间犹宜庄重光明，用远猜嫌。古之礼教，男女授受不亲，不通乞假，不通寝席者，正所以尊崇女格，令人勿敢亵慢之意。新近时髦，不暇深解，反斥为迂，未免矫枉过正。甚有高唱自由，放纵无忌，托言大方，轻薄自取，身被恶臭,丑声洋溢,败坏门庭,玷辱先祖,不贞不洁,世所共诛。此后对于阃教,勿大事开放,蔑弃古礼;勿牢狱束缚,强遏新潮;不倚不偏,适中而已。愿族人慎之勉之。"

为官教育。虽然在一个家族中能够为官之人必为少数,但许多家训十分强调为官教育。因为在古代,这是"儒家'修身、齐家、治国、平天下'的晋身理想,也是古代宗法社会'家国一体'的修身要求"①。而这一传统一直延续至今。《2005年罗山葛家山葛氏族谱(固本堂)》所载《四言家训》告诫族人:"当官为民,廉洁自律;勤政奉献,青史永记。"《2007年鹿邑丁氏族谱(增订卷)》所载《家教格言》教导族人要"为官清正",引用了以下警句:"君子当权积福,小人仗势欺人。宁可直中取,不可曲中求。宁可玉碎,不为瓦全。"《2012年密西陈氏族谱》所载《密西陈氏劝君赋》对为官清廉也做出了明确的要求:"家贫不要昧心钱,人穷不能志气软。取财有道品德高,廉洁奉公美名传。"该谱所载《族规》也提出族人要"为官清廉,勤政为民,反贪拒腐。办事认真,主持正义,扶危济贫"。《2017年信南甘氏宗谱》所载《家训》要求族人"矢忠贞":凡我族有登科跻仕者,"即当循分尽职,矢志忠公",指如能从政为官,不论官位高低,都要忠于职守,尽心尽力,为社会多作贡献,为国家人民尽责。

养生教育。《2015年武陟詹堤詹店詹氏宗谱》所载《詹堤詹店詹氏宗族家规宗训》专列有《保健养生》一节,用大量篇幅向族人推介保健养生方法。作者在开头首先强调了健康理念:"追求财富人愿望,第一财富是健康。强健身体如舟车,多装快跑财源旺。病弱之躯破车船,不装货物行驶难。健康不在人何用,对你一切都是零。牢记身体是本钱,保健养生莫等闲。"然后从饮食、运动、心理等几个方面,告诉族人如何做到保健养生,如作者认为:"合理膳食很重要,均衡营养要做到。"又如:"适量运动生命旺,有氧运动代谢良。"在心理方面,提倡:"心理平衡健康枪,能把疾病慢扫光。胸怀开阔万事乐,心地善良性随和。"作者用词通俗易懂,读起来朗朗上口,相信其家族成员看后定会受到养生启发。

安全教育。《2015年武陟詹堤詹店詹氏宗谱》所载《詹堤詹店詹氏宗族家规宗训》专列有《安全事大》一节,对用电安全、燃气安全、校园安全、传染病,甚至核安全都有所提及。进而作者呼吁族人:"安全意识须常有,相关知识要学习。自救互救有技能,平时练熟急时用。突发事件若发生,沉着冷静要报警。

① 曾礼军:《江南望族家训研究》,中国社会科学出版社2017年版,第243页。

政府统一有指令,不可慌乱任自行。平时重视除隐患,很多事故难发生。”《2016年新蔡沈岗杨氏家谱》所载《家规》第九条为“防险除奸”,作者在对之解释时提出:“凡我族人要重视安全,天天防火,夜夜防盗,防水防电,防范各种天灾人祸,维护人身安全、财产安全。各宜谨凛家规,劝戒子孙。如果遇到有不肖子孙,初犯则严加教育惩治,再犯则不准入祠入谱,严重者送官究治。”可见,该家族把防火、防盗、防水等安全教育放在了重要位置。《2017年河南永城魏氏宗谱》所载《道德行为准则》还专门讲到了交通安全问题,提倡族人:“文明出行,注意安全。”《2018年魏氏宗谱息县八里岔乡魏寨支系》所载《魏氏族规》专列《重消防》一节,对家族成员进行消防安全教育:“搞好消防工作,加强村庄和野外用火管理,做到人离火灭。随时关闭电器和煤气灶具,做到安全用电、用气。对村庄、居家电网线路定期检查,排除隐患。如有损坏,及时请电工修理,严禁私拉乱接。加强对儿童的用电、用气、用火的常识教育,严防触电、溺水等事故发生,提高族人消防意识水平。”

环保教育。如《2008年河南登封岳家楼岳氏宗谱》所载《族人守则》中,对环境保护作出了专门的规定:“自觉保护生态平衡及生态环境。力戒乱砍滥伐,捕猎国家令禁的珍禽贵兽。”又如《2008年河南南阳卢氏族谱》所载家训(摘自2018年河南省暨郑州市卢氏文化研究会编印《卢氏家训选编》)第十条为“积善德,保养环境”,把环保教育与人们所常讲的积德结合起来,让人更容易接受和实行。作者认为:“修身养性,存善施仁。仁以养德,俭以洁身。山清水秀,必人稠物丰;瘠土茅荒,怎种养生存?故宗族集居之处,必须蓄植林木,保护水源,爱护耕地,修整道路,改善住房条件,修复名胜古迹,以陶冶心性,高尚情趣。”因而作者呼吁族人:“发扬团结友爱,忠厚诚实之良风,济贫困,扶孤寡,恤残疾,存弱小,以礼待人。不应逞一时之气,霸道强横;为一己之私,贻害大众,任个人之性,欺压弱小,伤害他人,破坏公共设施,影响生态环境。积善从仁,修身养德;我以实待人,人必以诚对我;人成我就,后福无穷,何乐而不为。”《2014年巩义小黄冶刘氏家谱》所载《族人公约》第六条也是关于环保教育方面的内容:“天生万物,以利苍生。取用有度,不竭不净。世无果蔬,衣食何萌。世无生灵,何以为朋?毁林竭泽,生态失衡。穷山恶水,瘴疠烟腾。植树造林,保护环境。涵养水源,永惠后生。”

卫生教育。如《2015年内黄县城关镇赵庄冉氏家谱》所载《族规十则》第十则为“讲卫生”，首先引用《吕氏春秋》所言：“圣人深虑天下，莫贵于生。”进而接连发出两问：“圣贤何其‘重人贵生’而‘卫全其生’耶？唯‘重人贵生’又‘野蛮其体魄’而‘卫全其生’者，乃于国之强盛、家之幸福、己之康寿功莫大焉。今吾族人之于‘卫生’当何为？”接着提出自己的主张来教育族人：“惟恒久坚持‘合理膳食、适量运动、戒烟限酒、心理平衡’之健康文明生活方式而行之是也。”又如《2018年魏氏宗谱息县八里岔乡魏寨支系》所载《魏氏族规》也有“讲卫生”条，其规定：“积极开展新农村建设，加强村容村貌整治工作，改善和美化人居环境，逐步实现城乡一体化。教育族人不随时随地乱扔垃圾、秽物；柴草、粪土定点堆放；猪、马、牛、羊、鸡、鸭务必实施圈养，定期清理圈栏，既积攒肥料，又预防疾病。同时做好牲禽的防疫工作，消除传染病。秋麦二季，不随便焚烧秸秆，做到返秆于田地，以净化空气，治理污染，有益个人健康，保护我们共有的家园。”

法治教育。中原家训中常见有教育族人遵纪守法的内容。《2008年信阳义门陈氏支谱回祖支系》所载《族训十条》教育族人：“国家的各项政策与法令，是保子孙安全的机器，是维护国家和人民安全的保证。我回祖后裔应自觉拥政学法、懂法、守法，做遵纪守法的模范，做义门陈后裔的优秀子孙，为早日实现和谐社会而贡献自己的力量。”《2009年唐河曲氏族谱》所载《十规范》也有类似内容：“家有家规，国有国法。为（国）〔官〕应严于律己，清正廉明；为民要遵纪守法，行事端正。唯有这样，方可安居乐业，繁衍生息，世代昌隆。”《2013年禹州市闫寨王氏族谱》所载《闫寨王氏族约》即本着法治精神，以国家相关法律为依据，制定本族的族约。族约认为：“当今社会时逢盛世，各项法律健全：危害国家利益和社会安全的处罚有《中华人民共和国宪法》《中华人民共和国刑法》；争强好胜、打架斗殴、偷盗抢劫、破坏公共财物的处罚有《中华人民共和国民法》《中华人民共和国治安管理处罚条例》；乱砍滥伐、私开乱挖的处罚有《中华人民共和国森林法》《中华人民共和国土地法》《中华人民共和国环境保护法》；侮辱、虐待、遗弃父母和家庭成员的有《中华人民共和国婚姻法》《中华人民共和国老年人权益保障法》《中华人民共和国妇女权益保障法》等。我们的一切行为都不得超越法律的界限，必须在法律允许范围内活动。”在教育族人遵纪守法方面，作者非常形象地写道：“做好做坏一步隔，守法犯法一念差，遵纪守法朝朝乐，为非作歹日夜忧；为人莫做亏心事，‘110’响心不惊，谨防失足千古恨，后悔药方无处寻。”

第二节　中原家谱所载优秀家训特点探析

经过对中原家谱所载家训的整理，我们对中原家训文献与文化有了进一步的认识。总结起来，有形式多样、内容丰富、历久弥新和影响广泛等几个特点。

一、中原家训形式多样

中原家谱所载家训有着各种各样的形式，有的采用传统家训的形式，重视传统文化中的儒家伦理思想。这其中又有直接影印或摘录旧谱所载传统家训和修改、仿写传统家训两种情况。前者如《2005 年罗山葛家山葛氏族谱（固本堂）》就收录了影印的光绪九年（1883）创修《葛氏宗谱》卷一《谱规》和《民国八年（1919）续修葛氏族谱》之《凡例》，而这里的《谱规》与《凡例》中多数都是家训性质的文字。后者如《2015 年内黄县城关镇赵庄冉氏家谱》所载《族规十则》和《家训四戒》，就是“辑之于古、采之于今、或增或删编而成之”。有的则不拘泥于传统，采用了新的形式，分条列举家训言语。如《2001 年河南洛阳吉利区白坡权氏族谱》所载《权氏家族族规祖训》，就是在修谱时“经第五次修续谱执事会、理事会全体委员研究决定特制定”的新的家训。

自古以来，诗词都是社会各个阶层人们所熟悉的文学作品形式，有很多中原家训便采取了格言警句或律诗的形式。这种形式的家训看起来整齐划一，读起来朗朗上口，有利于在家族乃至社会上的传播。如《1997 年河南济源逢石田氏家谱（三修）》所载《田氏家族四规、五训》，都是由字数不等的格言、警句或律诗写成。《2016 年封丘黄德镇后老岸李氏族谱》所载《家训三字经》，用人们喜闻乐见的“三字经”形式教育族人。《2014 年郏县前王庄王氏家乘》所载《家训谚语百条》辑录了与家教有关的 100 条民间谚语，通俗易懂，让人们更容易接受。

二、中原家训内容丰富

中原家谱所载家训内容十分丰富，涉及个人品德、家庭生活、家族事务、邻里街坊、社会国家等多个层面，每个层面里，又有许多方面的内容，可谓是家庭教育的百科全书。

在个人品德教育这一层面,最重要的也是家训里面强调最多的是儒家伦理纲常教育。即便是随着时代的发展,社会的进步,孝敬父母和兄弟姐妹相互友爱是中原儿女一直不变的家庭理念。这从旧谱及新谱中所载家训中我们可以清楚地看到。如《1931 年项城魏氏族谱》所载《项城魏氏规约》,秉承“孝弟为人之立身大本”的理念,认为居家必须孝亲、敬兄,否则就是“本根丧失,世所不齿”。《项城魏氏规约》还进一步指出:“我魏氏中……倘有甘居忤逆,不孝不弟不受规戒,或屡经规戒怙恶不悛,此家庭之凶顽,人间之恶臭,族长族众共同协议,秉笔除去谱名,并不许参与岁时合祭。”又如《2016 年新蔡沈岗杨氏家谱》所载《家训十二条》的第一条即孝敬父母,第二条为和睦兄弟,并且进行了详细的解释,教育族人应该如何去做到以上两条。

在家庭的日常生活层面,家训也对族人的行为举止做出了约束。如饮食方面,《2016 年商丘市梁园区白云办事处大陈庄陈氏族谱》所载《家规》规定:“不能满桌子乱挑菜,只能夹靠自己一边的。”

在家族事务层面,旧谱所载家训规定较多,当代的家族意识没有以前强烈,对家族事务的规定也就随之减少了。如《2005 年罗山葛家山葛氏族谱(固本堂)》所载光绪九年(1883)创修《葛氏宗谱》卷一《谱规》中就特别规定,要“崇祀典”,对家族祭祀祖先的各项事务做出了具体规定,并对违反规定的行为采取了相应的惩罚措施,而新谱中的类似规定则越来越少。

家训中往往对宗族邻里乡党的和睦非常重视,“重族谊”“睦邻里”成为家训特别是传统家训中常见的词语。如《1962 年民权王氏族谱》所载《家规十二则》第四条就为“睦邻里”。

至于社会与国家层面,旧谱和新谱中的家训也都有涉及。如《2008 年信阳义门陈氏支谱回祖支系》所载《族训十条》就规定有“热爱祖国”“遵纪守法”等,认为“爱国为百行之首”,陈氏族人应当“争做爱国模范,誓做兴邦表率”,“应自觉拥政学法、懂法、守法,做遵纪守法的模范”,“为早日实现和谐社会而贡献自己的力量”。

三、中原家训历久弥新

从明清时期旧谱所载的传统家训,到当代的新修家谱所载家训,几百年来,中原家训就像中原儿女生生不息地生活在这片热土一样保持着旺盛的生命力,而且历久弥新。

中原传统家训深受中华传统文化影响，尤其是儒家伦理思想，对其影响最深。儒家伦理思想，正是通过家训这一桥梁，传播到中原大地的每一个家族。父慈子孝、兄友弟恭、和睦宗族、赋役当供、勤于农桑、戒争讼等理念是中原传统家训中常见的关键词。如《1941 年新乡县茹岗茹氏宗谱》所载《家规十四则》，就有"戒抗赋役""戒不忍""戒简慢师长""戒结亲不择门户""戒妇女出游"等条，带有明显的传统社会烙印。而到了新谱中所载家训，为了适应新的时代要求，家训也有了新的变化。比如要求族人要适应社会主义社会的新生活，热爱祖国、热爱人民、拥护中国共产党，公职人员要"努力工作、服务'四化'、报效祖国"(《1990 年沈丘郸城界首于氏宗谱》所载《于氏(阁)〔閤〕族公约》)，严禁封建迷信活动等内容。又如《2012 年安阳永和伍庄杨氏家谱》所载《伍庄杨氏家族家规、家训》规定："不包办婚姻，执行国家政策，不讲财礼。婚丧喜庆要移风易俗，新事新办，不铺涨，不浪费，不图虚名。"《2018 年魏氏宗谱息县八里岔乡魏寨支系》所载《魏氏族规》第一条规定要爱国家，因为"国为家之本，国强则民安、家兴"，"凡我族人应积极响应党和政府的号召，努力学习，践行社会主义核心价值观，勇于担负起保卫祖国，建设祖国的重任，与时俱进，不断创新，全心全意为民谋福祉，同心同德为国家谋发展"。

随着现代经济社会的全面高速发展，重视卫生、消防等新的理念也融入了中原新谱家训之中，这也体现了中原家训历久弥新的生命力。如上述《2018 年魏氏宗谱息县八里岔乡魏寨支系》所载《魏氏族规》第十四条为讲卫生，第十五条讲要重消防，而这些在旧谱中是不可能出现的。

四、中原家训影响广泛

千百年来，中原家谱所载家训文献广泛存在于中原大地的千千万万个家族之中，对生长在这片热土的人们影响广泛。特别是在传统社会中，家训的地位非常突出。这是因为"我国传统社会的学校教育并不发达，社会教育与一般人又相当隔膜，故广大民众的教育便只有靠家训来完成"①。

传统观念认为，家谱是家族内部文献，应当保密，每一位家族成员都有义务对家谱做到秘不示人，甚至少数当代中原新谱的编修者仍持有这种观点。如

① 朱明勋：《中国家训史论稿》，巴蜀书社 2008 年版，第 337 页。

《2013年禹州市闫寨王氏族谱》所载《闫寨王姓族训、家规》规定:“族谱是血缘传承世系的重要凭借,也是家族、家庭的档案。故而有‘黄金犹可借,家谱不可借’的古训。使家谱成为秘不可示人的传家之宝。”但是,中原家训的传播并没有因为家谱的这一私密性特征而受到局限,有许多优秀的中原家训突破了一家一族的限制,从一个家族走向了另一个家族,甚至整个社会,产生了广泛的影响。如朗朗上口的《魏氏祖训》就广泛存在于河南的多个魏氏家族,豫北的《2015年林州市任村魏氏家谱》、豫东的《2017年河南永城魏氏宗谱》、豫西的《2018年魏氏宗谱息县八里岔乡魏寨支系》等多地魏氏家族共同遵守着这一祖训。

一些名人家训更是影响广泛,对多地的本族后人都有深刻的影响。如白居易家训,通过《2016年白居易家谱(新郑卷)》《2018年白居易家谱(淮阳卷)》等在河南各地的白氏家族中广泛流行。巩义康百万家族的“留余”家训,也在社会上影响广泛,如《2008年巩义程氏谱》所载《家训警言》就专门摘录了巩义康百万庄园“留余”匾上的家训:“留有余,不尽之巧以还造化;留有余,不尽之禄以还朝廷;留有余,不尽之财以还百姓;留有余,不尽之福以还子孙。”至于“精忠报国”或“尽忠报国”这样的岳母家训不仅仅是存在于各地的岳氏家族之中,更是在全社会产生了广泛的影响,成为中原儿女甚至炎黄子孙在国家与民族的危难时刻共同遵守的庄重诺言。

河南人口众多,这也是中原家训影响广泛的一个客观背景。随着中原儿女迁居他乡,甚至移居海外,他们把世代遵守的中原家训带到了全国各地乃至世界各国,使得中原家训的影响进一步扩大。《2013年巩义市西村镇李家窑村李氏族谱》所载《李氏祖训英文版》就是其中的一个例子。

总之,中原家谱所载优秀家训,是中原家谱文化乃至中原文化的重要组成部分,是我们奋力实现中原崛起的重要精神财富,我们应当将其传承下去并发扬光大。

第十章　中原家谱与家训反映优良家风个案研究

家训的教育作用,要通过家族各位成员的共同努力来实现。家训经过长时段潜移默化的影响,逐步形成了各个家族不同的家风。中原家谱所载人物传记等文献,反映了家族优良的家风。我们依据中原家谱所载人物传记等文献,结合田野调查,通过开展家风的个案研究,展现各个家族的优良家风,而这代代相传的家风,也正是家训教育作用的实现。

第一节　《白居易家谱》反映白氏家族优良家风

白居易(772—846),字乐天,号香山居士,祖籍山西太原,到其曾祖父时迁居下邽,生于河南新郑。白居易是唐代伟大的现实主义诗人,与李白、杜甫并称唐代三大诗人。白居易逝世于洛阳,葬于龙门香山。白居易的后人有许多世世代代生活在中原大地。洛阳、郑州、周口等地的白氏后人祖祖辈辈遵循着白居易家训,传承着优良的家风,无愧于祖先。

在众多的中原家谱中,《2016 年白居易家谱(新郑卷)》《2018 年白居易家谱(淮阳卷)》等河南多地的白氏家族都载有选自《续座右铭》的《白居易家训》,成为白氏子孙世代遵守的祖训。兹摘录如下:

白居易家训

勿慕贵与富,勿忧贱与贫,自问道何如,贵贱安足云?

闻毁勿戚戚,闻誉勿欣欣,自顾行何如,毁誉安足论?

无以意傲物,以远辱于人,无以色求事,以自重其身。

游与邪分歧,居与正为邻。

修外以及内，静养和与真，养内不遗外，动率义与仁。
千里始足下，高山起微尘，吾道亦如此，行之贵日新。
不敢规他人，聊自书诸绅，终身且自勖，身殁贻后昆。
后昆苟反是，非我之子孙！

白氏后人秉承祖先的家训理念，认认真真做事，踏踏实实做人，为国家与社会积极奉献，赢得了人们的尊重与爱戴。

据《2016年白居易家谱（新郑卷）》记载，清末民初时期，在新郑县西辛店街有一座叫万寿堂的中药铺。万寿堂的宗旨是："治病救人，万民长寿，厚德待人，业精于勤。"该中药铺由白居易的四十八代孙白德禄在道光年间创办，其子白留保继承并发展壮大，父子二人医术精湛，和蔼待人，经商有道，帮困济贫，远近闻名。白氏万寿堂家教良好，世代遵循"业精于勤，厚德待人"的祖训，使得白氏的美德代代传承。当邻里有困难时，万寿堂白氏总是及时送去钱物。1942年，河南全省都出现了大灾荒，附近许多人家都得到万寿堂的周济。老掌柜白维清的家教家风，已传至玄孙代，人人有文化、素质高，个个态度和蔼、平易近人，不会大声说话，没有脏话粗话，从未与他人争吵过。截至家谱编修时为止，万寿堂的后人有硕士研究生2人，高级工程师1人，工程师多人，本科生11人，大专生7人，除7人继续从事医务工作外，其余在国家科研单位、文化教育界、工商企业界等领域，孜孜不倦，无私奉献。①

《2016年白居易家谱（新郑卷）》还记载有白氏百祥公的事迹，也体现了白氏的优良家风。新郑辛店白镜，字湛斋，号百祥。白镜幼年家贫，但他心底慈善，为人豪爽，中年后家业图腾，田产数百亩，成为辛店豪富。白镜虽富却不忘根本，常常忆起幼时之艰辛，因而他怜贫惜苦，常常给饥贫之人施以米谷。有危困之人，他常常慷慨相助，有借贷者从不求归还，还说："还则岂不更困？"白镜晚年总居大门侧的小房内，有乞讨之人，白镜必亲送饭食，冬天害怕天寒饭冷便以炉火煨粥施于饥者。有佣工夜归时常暗携食物，白镜也假装没看见，有谄媚者前来告密，白镜却说："休言，一人在此饱腹，家中老小何食。"有张姓人家儿孙众多，房舍拥挤，想出资购买白家两处空宅院，白镜知道后竟分文不取，拱手相让。白镜一生从不与人争讼，说："吃亏是福。"白镜一生的作为，举不胜举，周边各临

① 参见《2016年白居易家谱（新郑卷）》，河南省图书馆藏，第288—289页。

县皆有传颂。1942年，白镜无疾而终，享年103岁，被人们认为是厚德载物，善有善报。①

《2016年白居易家谱（新郑卷）》在家训之后，附有一篇记述被评为"五好文明家庭"的时任郑州市人大常委会主任、全国人大代表白红战先进事迹的文章。文章分为五个部分，分别为"爱国守法，敬业奉献""家风崇实，明礼诚信""夫妻和睦，孝老爱亲""从严教子，勤俭持家""倡导文明，情趣健康"，讲述了新郑白氏家族的优秀代表人物白红战弘扬优良家风的事迹。白红战1982年大学毕业后，被分配到航空工业总公司新乡103厂担任设计员，他刻苦学习，埋头苦干，充分发挥专业特长，积极研发创新，填补了全国汽车动力转向系统的空白。很快，他被提拔为工艺科科长、副厂长。1995年，河南省首次在全省公选副厅级领导干部，白红战以综合成绩第一名被任命为省国防科工委副主任。2001年调任郑州市副市长，分管工业和安全生产。2003年，转任郑州市委常委、秘书长。2009年任郑州市人大常委会主任。该文称："老老实实做人，踏踏实实做事，是白红战的父母从小教育子女的要求，也是白家的家风。他的父亲曾经是新郑市的一名人民教师，从教五十余年，为人师表，教书育人，桃李满天下。他的母亲虽然没有上过学，却明智通达，从小严格要求子女。受父母耳濡目染的影响，白红战秉承家风，以诚待人，务实做事。"②家风是要靠每一个家族成员表现出来的，在白红战身上，正体现了新郑白氏的优良家风。

从唐代大诗人白居易，到清末民初的白氏万寿堂经营中药、治病救人，到白百祥这样的乡里道德楷模，再到当代白红战这样的白氏后人建设"五好"家庭，无不是白氏优良家风的代代传承。

第二节　清初大儒孙奇逢《孝友堂家规》与孙氏家风

孙奇逢（1584—1675），字启泰，号钟元，祖籍河北保定容城，晚年迁居河南辉县城南的夏峰，并在此讲学20余年，追随他求学的人很多，世称夏峰先生，被誉为"北方孔子"，其学被称为夏峰北学。

明朝灭亡后，清廷屡召不仕，人称"孙征君"。与李颙、黄宗羲齐名，合称明

① 参见《2016年白居易家谱（新郑卷）》，河南省图书馆藏，第290页。
② 参见《2016年白居易家谱（新郑卷）》，河南省图书馆藏，第286页。

末清初三大儒。孙奇逢一生著述颇丰,他的学术著作主要有《理学宗传》《圣学录》《北学编》《洛学编》《四书近指》《读易大旨》和《书经近指》。

孙奇逢的家规家训在中国家训史上具有重要的地位,主要是《孝友堂家规》和《孝友堂家训》。"孝友堂"是孙奇逢在容城时的故居,后为容城孙氏堂号。

《孝友堂家规》是孙奇逢晚年亲自编写的一部家规,在《八千卷楼书目》和《清史稿·艺文志》中均有著录,主要有三个方面的内容:一是家规18条,二是6则历代的训子言,三是家规后言。家规18条是:"安贫以存士节,寡营以养廉耻,洁室以妥先灵,斋躬以承祭祀,既翕以协兄弟,好合以乐妻孥,择德以结婚姻,敦睦以联宗党,隆师以教子孙,勿欺以交朋友,正色以对贤豪,含洪以容横逆,守分以远衅隙,谨言以杜风波,暗修以淡声闻,好古以择趋避,克勤以绝耽乐之蠹己,克俭以辨饥渴之害心。"历代的训子言6则,包括孔子教伯鱼学诗礼,周公教鲁公不要求备一人等。家规后言采用问答形式,说明了一些治家齐家的问题,也对家规中个别子孙可能存疑的地方做了解释。

《孝友堂家训》由孙奇逢后人辑录孙氏训其子、侄、孙之语而成。其中题"示某某曰"的为书信,题"谓某某曰"的则是当面的教诲。这篇家训立意深刻,包括注重蒙养、教诫子弟、孝悌力田、学以致用、忍让容人、居家忠实、谦虚好学、开阔胸襟、行己有耻等各方面内容。其中有许多流传后世的格言名句,比如,"子弟不成人,富贵适以益其恶;子弟能自立,贫贱益以固其节","子弟中得一贤人,胜得数贵人也",等等。孙奇逢在《家训》中强调,治家必须立本,"居家之道,须先办一副忠实心,贯彻内外上下,然后总计一家标本缓急之情形,而次第出之,本源澄澈,即有淤流,不难疏导。患在不立本而骛末,浊其源而冀流之清也"。孙奇逢认为,端正启蒙教育是治家第一要事,"孩提知爱,稍长知敬,此性生之良也。知识开而习操其权,性失初矣。古人重蒙养正,以慎其习,使不漓其性耳。今日孺子转盼便皆长成,此日蒙养不端,待习惯成性,始思补救,晚矣。端蒙养,是家庭第一关系事,为诸孺子父者,各勉之"。孙奇逢主张培养子孙成材是家庭教育最为要紧的事情,"士大夫教诫子弟,是第一要紧事。子弟不成人,富贵适以益其恶;子弟能自立,贫贱益以固其节"。

据河南师范大学历史文化学院赵振教授考证:"《孝友堂家规》在长期传播的过程中,形成了不同的版本系统,虽然这些版本之间存在着这样或那样的差异,但核心的东西一直没变,那就是孙奇逢辑录前人的《家规六则》与自撰的《家规十八则》一直是构成不同版本《家规》的基本内容。并且这些不同版本的《家规》相互补充，相互发明，从而产生了积极的社会影响，促使孙氏一门形成了耕读立家、孝友传家的良好家风。"①

《孝友堂家规》及《孝友堂家训》体现了作为思想家、教育家的孙奇逢在日常生活中的具体实践，其知行合一、品行为先的教育理念是先进的。书中涉及生活中为人处世、亲师取友、待人接物等方方面面，不作高远之论，切合身心实际，因此得到社会上有识之士的重视，流传很广。也正是在此书的长期影响下，孙氏一族耕读传家，孝友之风绵延数百年。

与孙奇逢同时代的思想家傅山在《霜红龛集》中写道："顷过共城，见孙钟元先生，真诚谦和，令人诸意全消也。其家门雍穆，有礼有法，吾敬之爱之。"可见孙氏优良家风受到了人们的广泛称赞。孙奇逢的后人分居河北故乡与河南讲学地两个地方，但无论是在燕赵大地的容城，还是在中原大地的辉县，孙奇逢的后人都在用自己的实际行动践行着先人的家训，弘扬着孙氏的优良家风。孙奇逢家训思想显示出其超越时空的巨大生命力。

笔者曾多次到过孙奇逢晚年讲学的辉县市孟庄镇东夏峰村兼山堂，结识了多位孙氏后人。孙奇逢十五世孙孙敬洲、徐芳夫妇，多年来为弘扬征君文化、传承孙氏家风作出了积极贡献。2015 年 1 月，孙敬洲夫妇在兼山堂门外的大街上，临时搭起会场，举行了"先儒孙奇逢诞辰 430 周年庆典仪式"，来自山东大学、河南省社会科学院、河南师范大学等多个高校与科研机构的专家学者、领导及数百名当地乡亲参加了仪式。会上，大家重温了孙奇逢的宏大思想体系，对其家庭教育思想也有了进一步的了解。这样的仪式本身，也是对孙奇逢良好家风的弘扬和传承。

孙奇逢在《孝友堂家训》中指出："子弟中得一贤人，胜得数贵人也。"也就是说，他的目的"是将子弟培育成贤人、君子、好人，而不是贵人、官吏"②。这对孙氏后人影响深远。孙氏后人现如今有的在乡务农，有的经商做生意，有的从事新闻宣传工作，但无论在什么样的岗位上，大多都做出了应有的成绩，没有辱没先人之家风。据了解，在农村打麻将之风盛行的情况下，孙氏后人几乎没人

① 赵振：《孙奇逢〈孝友堂家规〉源流考》，见中国历史文献研究会编《历史文献研究》总第 32 辑，华东师范大学出版社 2013 年版，第 99 页。

② 徐少锦、陈延斌：《中国家训史》，陕西人民出版社 2003 年版，第 673 页。

参与赌博等不良之风。有的孙氏后人在农忙及工作之余,还能致力于文化知识的学习,提高自己的文化素养。孙氏后人中的少年大多数都能努力学习,连几岁大的孩童都会背诵《孝友堂家规》。以上这些事例不能不说明孙氏良好的家风得到了世代传承。

孙敬洲等孙氏后人还发起成立了兼山堂文物保护协会,后来又组建夏峰学会,不断将征君文化与优良家风发扬光大。孙敬洲等孙氏族人先后又组织召开了孙奇逢思想研讨会等多次学术活动,并且坚持多年定期召开读书会、兼山讲坛,建立微信群,与留居容城故里的孙氏后人,全国各地的夏峰北学研究学者、爱好者等一道,学习探讨征君文化,传承孙氏优良家风,并且在一定程度上带动了家乡辉县市的文化建设,引起了社会各界的广泛关注。

第三节　新乡《尚氏族谱》与尚氏优良家风

在新乡市牧野区牧野镇西牧村,也就是新乡市牧野大道与宏力大道交叉口西南角附近,有一座尚氏宗祠,是新乡市重点文物保护单位。

《2008 年新乡市西牧村尚氏族谱》记有尚氏宗祠的堂联:“有书可读有田可耕安得忘乎祖父,或为善士或为良民是所望于子孙。”对尚氏子孙来说是传家之训。清道光二年(1822)新乡饮马口赵氏家族赵珂《尚氏续族谱序》,言尚氏家族“自元明迄国朝四百余岁矣,世以耕读传家,虽无达官显宦以荣宗族,然列胶庠者无挑达习,司邑铎者有善诱称,凡中州缙绅先生皆知鄘南尚氏有先进之遗风焉”,是对尚氏家风的真实描述。

《尚氏族谱》记载有邑庠生员范希元《皇清例授登仕郎恩赐耆老尚公含玉墓表》,称:“公事亲极孝,事长极弟,自治勤俭谨慎,待人忠厚和平,宗族乡里皆以孝悌忠信见称焉。”希望“后之子孙其亦法其懿行,无负家声”,这是尚氏家风的表现,也是对尚氏子孙的教育。

《乾隆新乡县志·孝友传》载有明代新乡尚氏家族尚忠的事迹:“性敦朴孝友,勇于为善,祖产所遗,悉尽让二弟。值大疫,有死不能葬者,乃荷锸随所见瘗埋之。”尚忠的事迹,不仅体现了对二弟的友爱,而且他在大疫面前的义举,表现了对世人的仁爱之心,是为大爱无疆。

“耕读传家”是众多家族的立身之本,“忠厚正直”是众多家族的立世信条,也是新乡尚氏家族的优良家风。《2008 年新乡市西牧村尚氏族谱》载有《尚万成传》,而这篇传记摘自《新乡县续志》卷六《人物 · 技术》,记述了尚氏家族一位耕读传家的好子孙的事迹。

尚万成是新乡杨家岗(今牧野区杨岗)人,“性好读书,以家贫不能备修脯礼”,没能够跟随先生读书学习。18 岁时,父母相继去世,家里更加贫穷了,然而他的好学之心却更强了。当时有个姓李的先生“设教乡间”,每当遇到刮风下雨不能下地干农活时,尚万成就带上书跟随李先生读书学习。据其传所载,“冬春诸生上夜课,君则篝灯往从肄习每至夜分,昼则躬耕陇上,犹时时背诵默绎不稍辍。如是者数年,诸生所未领悟而君一过了了。先生益爱之,乐与讲论。故君虽不克专力于学而心地明澈,义理精邃。凡所言论,靡不津津有味。虽老师耆宿与之谈,不知其幼年失学也”。到了壮年之时,尚万成“潜心于杂学。凡医卜算数拳技之术,殚心研究,皆能言其奥窍。有就正者口授指画,必使闻者有会于心而后已。尤精于堪舆,凡古今茔兆无远迩,身历其地必周览其形势,详其得失,决其盛衰,无毫发爽,以故人争聘致之”。尚万成也乐意为乡亲们服务,他“性平和爽直,善言解纷,为乡里所倚重”。街坊邻里若有争端,多来找尚万成评理,经他一调解,大家的矛盾纠纷就解决了。就是这样一位族人的传记,体现了尚氏家族耕读传家、忠厚正直的祖训,尚万成继承了尚氏家族的优良家风,并将其发扬光大。

北宋司马光《家训》有言:“积金以遗子孙,子孙未必能守。积书以遗子孙,子孙未必能读。不如积阴德于冥冥之中,以为子孙长久之计。此先贤之格言,乃后人之龟鉴。”意思是说,积累金银来留给后代子孙,后代子孙未必守得住。积累书籍来留给后代子孙,后代子孙未必阅读。不如默默行善积德,作为后代子孙长久的打算。这是先贤们的格言,是后人的借鉴。一言以蔽之:“积金不如积德。”

在福州林祠有林则徐的一副对联:“子孙若如我,留钱做什么?贤而多财,则损其志;子孙不如我,留钱做什么?愚而多财,益增其过。”这副对联告诫人们:留钱给子孙,或损其志,或增其过,害处甚多,并非良策。子孙如果像我一样卓异,那么,我就没必要留钱给他,贤能却拥有过多钱财,会消磨他的斗志;子孙如果是平庸之辈,那么,我也没必要留钱给他,愚钝却拥有过多钱财,会增加他的过失。为人父母对待子女,不宜留过多的财产给他们,因为这样可能会培养他们的懒惰性格，相反，为人父母应该培养子女吃苦耐劳的精神，告诉他们学会一技之长，不要依靠父辈们的荫庇生活。

新乡市西牧村出土的明代《尚嘉祐墓志铭》中，就有“子孙强如我，要钱做甚么”的句子，这也是尚氏对后人的训诫，这要比福州林祠中的林则徐对联早几百年。（当然，这样的话应该在当时社会广为流传，不是某一个家族的“专利”。如据孙奇逢十五世孙孙敬洲先生向笔者所示的《孙氏茔谱》，孙奇逢祖父运判公孙臣也有类似家训。）现在，尚氏后人把这一墓志拓片的照片放大，悬挂在西牧村尚氏宗祠里，继续教育着千万名尚氏子孙。我们认为，这不仅仅是新乡尚氏家族的优秀家训与优良家风，同时也是我们河南普通家族中优秀家训与优良家风的代表，值得全社会来学习。

在如今的新乡尚氏家族后人之中，有几位热心家族历史文化传统包括家训家风传承的人士。如尚学德老人，自费编写并印刷《牧野尚氏》等资料，宣传尚氏优良家风。西牧村的尚得祥老人，奔波多处，为尚氏宗祠内部的宣传材料制作等家族事务费心，让尚氏家风代代传承，使宗祠成为教育尚氏族人的基地。这些热心人士本身的行为，也是尚氏优良家风的体现。

第四节　传承与创新：弘扬优秀家训、传承优良家风与践行社会主义核心价值观的统一

家风是一个家庭乃至家族成员所表现出来的一种风气，是该家庭、家族成员共同认可并身体力行的行为规范和价值观念。良好家风的形成并不是一朝一夕的事情，它需要一代又一代人长期积累而形成。良好家风一旦形成，对人的一生，乃至该家族的子孙后代，影响是非常深远的。正像韩昇教授所言：“传统的力量在于造就一代又一代的新人。”[①]家风也不是一成不变的，它会随着社会的发展而不断发展变化，向着更为完善，更加适应社会的方向发展。

在当今社会，弘扬优秀家训、传承优良家风，不仅是某一个家庭、家族的事情，而是整个社会与国家的事情。为了实现中华民族伟大复兴的中国梦，我们必须在全社会大力倡导社会主义核心价值观，提高广大人民群众的道德素养。我们要用优秀家训来教育每一个家族、家庭的成员，传承优良家风，并与践行社

① 韩昇：《良训传家·序言》，生活·读书·新知三联书店 2017 年版，第 5 页。

会主义核心价值观相统一。中原家训家风文化是中原文化的重要组成部分，而中原文化又是中华传统文化的重要内容，我们河南在弘扬中原家训家风文化方面责无旁贷。

"天下之本在国，国之本在家。"家是最小国，国是千万家。家风的"家"，是家庭的"家"，也是国家的"家"。不论时代发生多大变化，不论生活格局发生多大变化，我们都要重视家庭建设，注重家庭、注重家教、注重家风，使得千千万万个家庭成为国家发展、民族进步、社会和谐的重要基点。

家训家风是中华传统文化的重要内容，对培育和践行社会主义核心价值观有着重要的借鉴意义。正像有学者指出的那样："社会主义家文化建设是涵育社会主义核心价值观的'接地气'工程。"①而家训家风是家文化建设的重要支柱。弘扬和践行优良家风为培育和弘扬社会主义核心价值观奠定道德基础，优良家风及其传承对社会主义核心价值观的践行具有深化意义，同时也是经济社会发展不竭的精神动力。虽然社会主义核心价值观的 24 个字我们不能在传统家训中都能找到一一对应的内容，但是其基本意向则是一致的。良好的家风，小而言之是为了自己的家庭，我们的国家就是由千千万万个家庭组成的，大而言之也是为国家培养了"爱国、敬业、诚信、友善"的公民，培养了一个个践行社会主义核心价值观的公民。从古代的韩愈家训、岳飞家训，到当代的焦裕禄家训，中原家训中的爱国教育、道德教育、为官教育等，都可为践行社会主义核心价值观作出积极贡献。

家训家风是把中华民族几千年的传统美德与社会主义核心价值观联系起来的桥梁和纽带。有学者指出："家训家风奠定了社会主义核心价值观的道德人格基础、强化了社会主义核心价值观的道德价值认同、融通了社会主义核心价值观与中华民族传统美德的精神血脉。"②中华优秀传统文化是老祖宗留给我们的极其宝贵的精神财富，我们必须传承好、弘扬好优秀传统文化，而家训家风文化正是我们传承弘扬优秀传统文化的重要抓手。不仅如此，家风家训还把传统美德与社会主义核心价值观紧密联系起来，成为中华优秀传统文化与当代社会主义文化传承中的重要津梁。

---

① 陈延斌、张琳：《建设中国特色社会主义家文化的若干思考》，《马克思主义研究》2017 年第 8 期。

② 刘先春、柳宝军：《家训家风：培育和涵养社会主义核心价值观的道德根基与有效载体》，《思想教育研究》2016 年第 1 期。

中原家训家风文化资源丰厚,而在当今时代,我们如何把资源优势转变为社会发展的内在动力因素,是一个值得认真思考的问题。其答案是多元的,但有一点值得肯定的是,家训文化的"创造性转化"和"创新性发展"必须要以社会主义核心价值观为基本指导原则,并且"必须结合现阶段经济社会发展的现实和家庭教育的新特点"。① 针对当前河南家谱编修的迅速发展,我们应当加强引导,特别是家谱中家训的编写,要与社会主义核心价值观相适应,从而达到弘扬优秀家训、传承优良家风与践行社会主义核心价值观的统一,为奋力谱写新时代中原更加出彩的绚丽篇章,为实现中华民族伟大复兴的中国梦贡献家训家风的力量。

① 王素云:《中原地区优秀传统家训文化的现代传承》,《河南牧业经济学院学报》2018 年第 5 期。

参考资料

一、著作

[1]范晔:《后汉书》,中华书局1965年版。

[2]房玄龄等:《晋书》,中华书局1974年版。

[3]欧阳修、宋祁:《新唐书》,中华书局1975年版。

[4]董诰编:《全唐文》,中华书局1983年版。

[5]戴德撰,卢辩注:《大戴礼记》,中华书局1985年版。

[6]郑樵:《通志》,中华书局1987年版。

[7]梁启超:《中国近三百年学术史》,东方出版社1996年版。

[8]陈延嘉校点:《全上古三代秦汉三国六朝文》,河北教育出版社1997年版。

[9]王鹤鸣、马远良、王世伟主编:《中国谱牒研究——全国谱牒开发与利用学术研讨会论文集》,上海古籍出版社1999年版。

[10]金沛霖:《图书馆地方文献工作》,北京图书馆出版社2000年版。

[11]梁洪生:《江西公藏谱牒目录提要》,江西教育出版社2002年版。

[12]徐少锦、陈延斌:《中国家训史》,陕西人民出版社2003年版。

[13]冯尔康:《清史史料学》,沈阳出版社2004年版。

[14]李修生主编:《全元文》,凤凰出版社2004年版。

[15]黄宽重、刘增贵编:《家族与社会》,中国大百科全书出版社2005年版。

[16]罗新、叶炜:《新出魏晋南北朝墓志疏证》,中华书局2005年版。

[17]朱炳国主编:《常州家谱提要》,中国文联出版社2005年版。

[18]李林:《满族宗谱研究》,辽宁民族出版社2006年版。

[19]行龙:《走向田野与社会》,生活·读书·新知三联书店2007年版。

[20]陈虹选编:《海南家谱提要》,海南出版社、三环出版社 2008 年版。

[21]顾玉生主编:《江阴家谱提要》,中国文联出版社 2008 年版。

[22]获嘉县地方志编纂委员会编:《获嘉县志(1986—2000)》,中州古籍出版社 2008 年版。

[23]石振声主编:《韩愈故里在修武》(修武文史资料第二十二辑),中州古籍出版社 2008 年版。

[24]赵超:《汉魏南北朝墓志汇编》,天津古籍出版社 2008 年版。

[25]朱明勋:《中国家训史论稿》,巴蜀书社 2008 年版。

[26]陈支平:《福建族谱》,福建人民出版社 2009 年版。

[27]上海图书馆:《中国家谱总目》(1—10 册),上海古籍出版社 2009 年版。

[28]唐松波编:《古代名人家训评注》,金盾出版社 2009 年版。

[29]陈聪艺、林铅海选编:《晋江族谱类钞》,厦门大学出版社 2010 年版。

[30]胡申生:《上海名人家训》,文汇出版社 2010 年版。

[31]梁洪生等:《地方历史文献与区域社会研究》,中国社会科学出版社 2010 年版。

[32]刘庆华编著:《满族家谱序评注》,辽宁民族出版社 2010 年版。

[33]谢琳惠:《洛阳地区家谱提要》,国家图书馆出版社 2010 年版。

[34]徐建华:《中国的家谱》,百花文艺出版社 2010 年版。

[35]《胡桥乡志》编纂委员会:《(辉县市)胡桥乡志》,中州古籍出版社 2011 年版。

[36]苏全有主编:《河南省师范院校图书馆志略》(上、下册),中州古籍出版社 2011 年版。

[37]苏全有、王仁磊主编:《河南师范大学图书馆史稿》,中州古籍出版社 2011 年版。

[38]谈家胜:《国家图书馆所藏徽谱资源研究——32 种稀见徽州家谱叙录》,安徽大学出版社 2011 年版。

[39]王鹤鸣:《中国家谱通论》,上海古籍出版社 2011 年版。

[40]本溪市党史地方志办公室编:《辽东满族家谱选编》,辽宁民族出版社 2012 年版。

[41]张廷银:《族谱所见文学批评资料整理研究》,人民文学出版社 2012 年版。

[42]饶伟新主编:《民间历史文献论丛(第一辑)族谱研究》,社会科学文献出版社 2013 年版。

[43]上海图书馆编,丁凤麟整理:《中国家谱资料选编·序跋卷(全二册)》,上海古籍出版社 2013 年版。

[44]上海图书馆编,周秋芳、王宏整理:《中国家谱资料选编:家规族约卷(全二册)》,上海古籍出版社 2013 年版。

[45]王华北主编:《少数民族谱牒研究》,中央民族大学出版社 2013 年版。

[46]王仁磊:《魏晋南北朝家庭关系研究》,中州古籍出版社 2013 年版。

[47]吴宣德、宗韵辑:《明人谱牒序跋辑略(全二册)》,上海古籍出版社 2013 年版。

[48]王世华编:《徽商家风》,安徽师范大学出版社 2014 年版。

[49]俞政:《案例背后的晚清史》,苏州大学出版社 2014 年版。

[50]赵振:《中国历代家训文献叙录》,齐鲁书社 2014 年版。

[51]中共福建省委文明办、福建省地方志编纂委员会、福建省妇女联合会编译:《福建家训》,海峡文艺出版社 2014 年版。

[52]陈寿灿、杨云等:《以德齐家——浙江家风家训研究》,浙江工商大学出版社 2015 年版。

[53]陈爽:《出土墓志所见中古谱牒研究》,学林出版社 2015 年版。

[54]绍兴市档案馆、绍兴图书馆、绍兴市家谱协会编:《绍兴家谱总目提要》,西泠印社出版社 2015 年版。

[55]王志民、孔祥林、朱松美等:《中国名门家风》丛书,人民出版社 2015 年版。

[56]魏怀习主编:《家谱编修实用大全》,中州古籍出版社 2015 年版。

[57]无锡市图书馆编:《无锡地区家谱知见目录》,广陵书社 2015 年版。

[58]张颐武:《中华家风丛书》,中华工商联合出版社 2015 年版。

[59]管仁富主编:《河南家训家规》,中州古籍出版社 2016 年版。

[60]励双杰:《名人家谱摭谈》,广西师范大学出版社 2016 年版。

[61]柳永平编著:《晋商家训》,山西经济出版社 2016 年版。

[62]陶清澈编著:《名门家训》,哈尔滨出版社 2016 年版。

[63]王卫平、李学如主编:《苏州家训选编》,苏州大学出版社 2016 年版。

[64]中共湖南省纪律检查委员会、中共湖南省委党史研究室编著:《家规·家训·家风:湖南故事》,湖南人民出版社 2016 年版。

[65]中共江苏省委宣传部编著:《江苏历史名人家训选编》,江苏人民出版社 2016 年版。

[66]本书编委会编写,戴承元注译:《安康优秀传统家训注译》,陕西人民出版社 2017 年版。

[67]本书编委会编著:《家正国兴:传统家规家训的历史与价值》,中国方正出版社 2017 年版。

[68]陈万里:《佛山家风家教研究》,南方日报出版社 2017 年版。

[69]韩昇:《良训传家》,生活·读书·新知三联书店 2017 年版。

[70]楼含松主编:《中国历代家训集成(全 12 册)》,浙江古籍出版社 2017 年版。

[71]于奎战编著:《中国历代名人家风家训家规》,浙江人民出版社 2017 年版。

[72]曾礼军:《江南望族家训研究》,中国社会科学出版社 2017 年版。

[73]中央纪委国家监察委员会网络中心编:《中国家规》,中国方正出版社 2017 年版。

[74]广东省人民政府地方志办公室编:《广东家训选编》,广东人民出版社 2019 年版。

[75]申红星:《明清以来的豫北宗族与地方社会》,光明日报出版社 2019 年版。

[76]苏全有主编:《新乡地方文化研究探微》,中州古籍出版社 2019 年版。

[77]中华人民共和国民政部编:《中华人民共和国行政区划简册 2020》,中国地图出版社 2020 年版。

[78]岳庚寅主编:《岳飞与新乡》,中州古籍出版社 2021 年版。

二、论文

[1]马雍:《略谈有关高昌的几件新出土文书》,《考古》1972 年第 4 期。

[2]陈直:《南北朝谱牒形式的发现和索隐》,《西北大学学报》1980 年第 3 期。

[3]李裕民:《北朝家谱研究》,中国谱牒学研究会编,武新立主编:《谱牒学研究》第 3 辑,书目文献出版社 1992 年版。

[4]马玉山:《"家训""家诫"的盛行与儒学的普及传播》,《孔子研究》1993 年第 4 期。

[5]王素:《吐鲁番出土〈某氏族谱〉新探》,《敦煌研究》1993 年第 3 期。

[6]赵长海:《论信息时代高校图书馆地方文献工作——以河南文献网为例》,《大学图书馆学报》2004 年第 1 期。

[7]张新斌:《河南寻根文化资源开发的战略思考》,《黄河科技大学学报》2006 年第 3 期。

[8]赵世瑜:《祖先记忆、家园象征与族群历史——山西洪洞大槐树传说解析》,《历史研究》2006 年第 1 期。

[9]谢琳惠:《河洛地区洛宁张氏家谱典型特征探微》,《图书馆》2007 年第 5 期。

[10]谢琳惠:《河洛地区家谱特点初探》,《图书馆理论与实践》2008 年第 1 期。

[11]谢琳惠:《家谱文化在和谐社会建设进程中的弘扬》,《图书馆》2009 年第 6 期。

[12]李凤花:《浅谈家谱的搜集、整理与开发利用——以商丘师院图书馆为例》,《商业文化(下半月)》2012 年第 2 期。

[13]申红星:《试述孙奇逢的家庭教育思想》,《牡丹江教育学院学报》2012 年第 1 期。

[14]陈爽:《出土墓志所见中古谱牒探迹》,《中国史研究》2013 年第 4 期。

[15]赵振:《孙奇逢〈孝友堂家规〉源流考》,中国历史文献研究会编:《历史文献研究》总第 32 辑,华东师范大学出版社 2013 年版。

[16]钱杭:《关注"新谱"——中国谱学史研究的深化之路》,《光明日报》2014 年 5 月 27 日第 16 版。

[17]申红星:《试述明清时期北方郭氏宗族的兴衰——以〈郭氏家谱〉为中心》,《辽宁行政学院学报》2014 年第 2 期。

[18]徐雁:《“百代孝慈高仰止,千年支派永流长”——20世纪五六十年代家谱文献毁损钩沉》,《图书馆论坛》2014年第12期。

[19]张新斌:《根亲文化的讨论与思考》,《中原文化研究》2014年第3期。

[20]周春辉:《论家风的文化传承与历史嬗变》,《中州学刊》2014年第8期。

[21]钱杭:《中国现代谱牒性质转变的重要节点——以〈前十条〉附件中的“河南报告”为中心》,《清华大学学报(哲学社会科学版)》2015年第6期。

[22]申红星:《清前期豫北农村郭氏族人日常生活述略》,《农业考古》2015年第3期。

[23]王仁磊:《魏晋南北朝墓志家谱初探》,楼劲主编:《魏晋南北朝史的新探索:中国魏晋南北朝史学会第十一届年会暨国际学术研讨会论文集》,中国社会科学出版社2015年版。

[24]王仁磊:《中原家谱的主要内容及其史料价值管窥——以新乡家谱为中心的考察》,《河南科技学院学报》2015年第1期。

[25]王忠田:《家谱叙事话语特征研究——以河洛地区若干家谱为例》,《地方文化研究》2015年第2期。

[26]谢琳惠:《家谱中“祖”字文化内涵探究——以河洛地区若干家谱为例》,《图书馆》2015年第8期。

[27]张怀涛:《耕读传家有义方——感悟中国传统家训中的阅读观》,《图书馆理论与实践》2015年第5期。

[28]张新斌:《寻根文化热潮的三大特征及发展态势》,《中原文化研究》2015年第4期。

[29]白海燕:《2014—2015年家风研究述评》,《周口师范学院学报》2016年第1期。

[30]刘先春、柳宝军:《家训家风:培育和涵养社会主义核心价值观的道德根基与有效载体》,《思想教育研究》2016年第1期。

[31]钱杭:《20世纪60年代初河南中部农村的宗族与族谱——细读〈前十条〉附件中的〈偃师报告〉》,《社会科学》2016年第4期。

[32]申红星:《明清以来豫北族谱修撰问题研究》,《新乡学院学报》2016年第5期。

[33]唐思语:《河南新乡地区家祠楹联述论》,《传承》2016 年第 7 期。

[34]陈延斌、张琳:《建设中国特色社会主义家文化的若干思考》,《马克思主义研究》2017 年第 8 期。

[35]高永强:《论家训家风在社会主义核心价值观大众认同机制中的作用》,《道德与文明》2017 年第 5 期。

[36]牛绍娜、陈延斌:《优秀家风培育与社会主义核心价值观建设》,《湖南大学学报(社会科学版)》2017 年第 1 期。

[37]张怀涛:《阅读推广的空间拓展》,《高校图书馆工作》2017 年第 1 期。

[38]赵玉芬:《近 20 年中国传统家训文化研究综述》,《河南理工大学学报(社会科学版)》2017 年第 2 期。

[39]巴晓峰:《开封回族家谱中的伊斯兰本土化倾向》,《回族研究》2018 年第 1 期。

[40]栾淳钰:《改革开放四十年来家风研究学术史》,《毛泽东思想研究》2018 年第 5 期。

[41]王仁磊:《当代中原家谱的新修及其时代特征》,《河南科技学院学报》2018 年第 5 期。

[42]王仁磊:《魏晋南北朝遗训初探》,《北方论丛》2018 年第 1 期。

[43]王素云:《中原地区优秀传统家训文化的现代传承》,《河南牧业经济学院学报》2018 年第 5 期。

[44]李梦冰、吴大昕:《清代河南省武陟县庶民宗族族谱的编修特点》,赵令志主编:《民族史研究》第 15 辑,中央民族大学出版社 2019 年版。

[45]马学思:《社会主义核心价值观视域下山西家风家训的时代价值及转化路径》,《山西高等学校社会科学学报》2019 年第 12 期。

[46]毛帅:《河南家风家训的历史脉络与价值内涵》,《文化学刊》2019 年第 2 期。

[47]秦法跃:《新时代焦裕禄家风的价值阐释》,《河南大学学报(社会科学版)》2019 年第 6 期。

[48]邱胜利:《豫北蒙古族源流及其文化认同》,《中州学刊》2019 年第 9 期。

[49]习近平:《在黄河流域生态保护和高质量发展座谈会上的讲话》,《求

是》2019 年第 20 期。

[50]张燕妮:《中原优秀家训的文化传承》,《知与行》2019 年第 3 期。

[51]赵爱勤:《南阳家谱收藏与研究》,河南师范大学图书馆编:《第二届全国图书馆地方文献建设学术研讨会论文集》,河南师范大学图书馆,2019 年。

[52]高文豪:《河南新修家谱初探》,郑州大学硕士学位论文,2020 年。

[53]谢琳惠:《基于黄河文化传承的馆藏中原家谱研究》,《河南图书馆学刊》2020 年第 9 期。

[54]杨莉:《河南新蔡〈杨氏家谱〉研究》,《萍乡学院学报》2020 年第 4 期。

[55]李俊杰:《明清河南与皖南地区家训族规对比分析》,《池州学院学报》2021 年第 5 期。

后 记

本书源自我前几年相继完成的三个科研项目。一是河南省教育厅人文社会科学一般项目《中原家谱研究》(2014-GH-586),二是河南省教育厅人文社会科学重点项目《新乡地区家谱提要及名人家谱研究》(2016-ZD-067),三是河南省哲学社会科学规划一般项目《中原家谱所载家训文献整理与优良家风研究》(2016BZH004)。今日有幸被纳入"牧野论史——河南师范大学历史文化学院史学文库",本书才得以和大家见面。

2010年至2019年,我在河南师范大学图书馆工作,主要负责新乡地方文献特色馆藏建设,家谱整理是其中的一项重要内容。因为我在工作之前读博期间主要研究魏晋南北朝家庭史,所以我对家谱的收集也格外关注。几年来,我与同事们一道,共收集新乡家谱约200种。由于家谱文献的特殊性,每收集一种都非常不易,其中许多家谱的收集背后都有一个个鲜活的故事,现在回想起来还历历在目。在本书付梓之际,也借此机会再次向捐赠家谱的各位热心人士表示衷心的感谢!

在家谱收集达到一定规模之后,我也试着申报了几个项目,对馆藏新乡家谱进行整理和研究,并多次到河南省图书馆、郑州中华家谱馆、商丘师范学院图书馆等机构查看其他地区的中原家谱,并进一步结合家训整理与家风研究,形成了上述三个项目的结项报告,共有约40万字。本书出版前夕,我又对之进行了系统整合与修改,删减为如今的书稿。此外,前几年我还参与了一项国家社科基金项目"传统家训视野下的儒学传播与实践研究"(13BZX044),并撰写了其中一章约4万字,也促使我对家训文化有了一些初步思考。因为目前我的学术兴趣主要在石刻文献与魏晋南北朝史研究,所以在此附记一下,也算是对前些年家谱家训研究的一个小结。

尽管本书在写作过程中付出了一定的心血,也参考借鉴了前人的一些研究成果,但书中仍然难免会有这样那样的不足,比如对中原家谱历史的探索还不够完善,在所关注的中原家谱中,以自己更为熟悉的新乡家谱所占比例较高,即使是新乡家谱提要的编写也只是一个开端,还有很多新乡家谱没有涉及,对中原家训的研究还不够深入……还请大家多多批评指正。对中原家谱与家训的探索永无止境,若此书对大家的探索有所助益,则我心甚慰。

感谢河南师范大学历史文化学院将本书纳入学院史学文库并资助出版!感谢本书所涉及家谱的默默无闻的编修者群体!感谢几年来在查找家谱资料过程中遇到的各位朋友的帮助!感谢河南人民出版社编辑老师的辛苦付出!……我要感谢的人太多,担心挂一漏万,这里就不一一列出各位的名字了,从内心深处道一声谢谢!

今天是儿子王义方10岁生日,女儿王义宁也已经7岁多了,愿他们能够从众多优秀的中原家训中汲取营养,秉承优良家风,健康快乐成长!

王仁磊

2022年4月23日于牧野白鹿阁